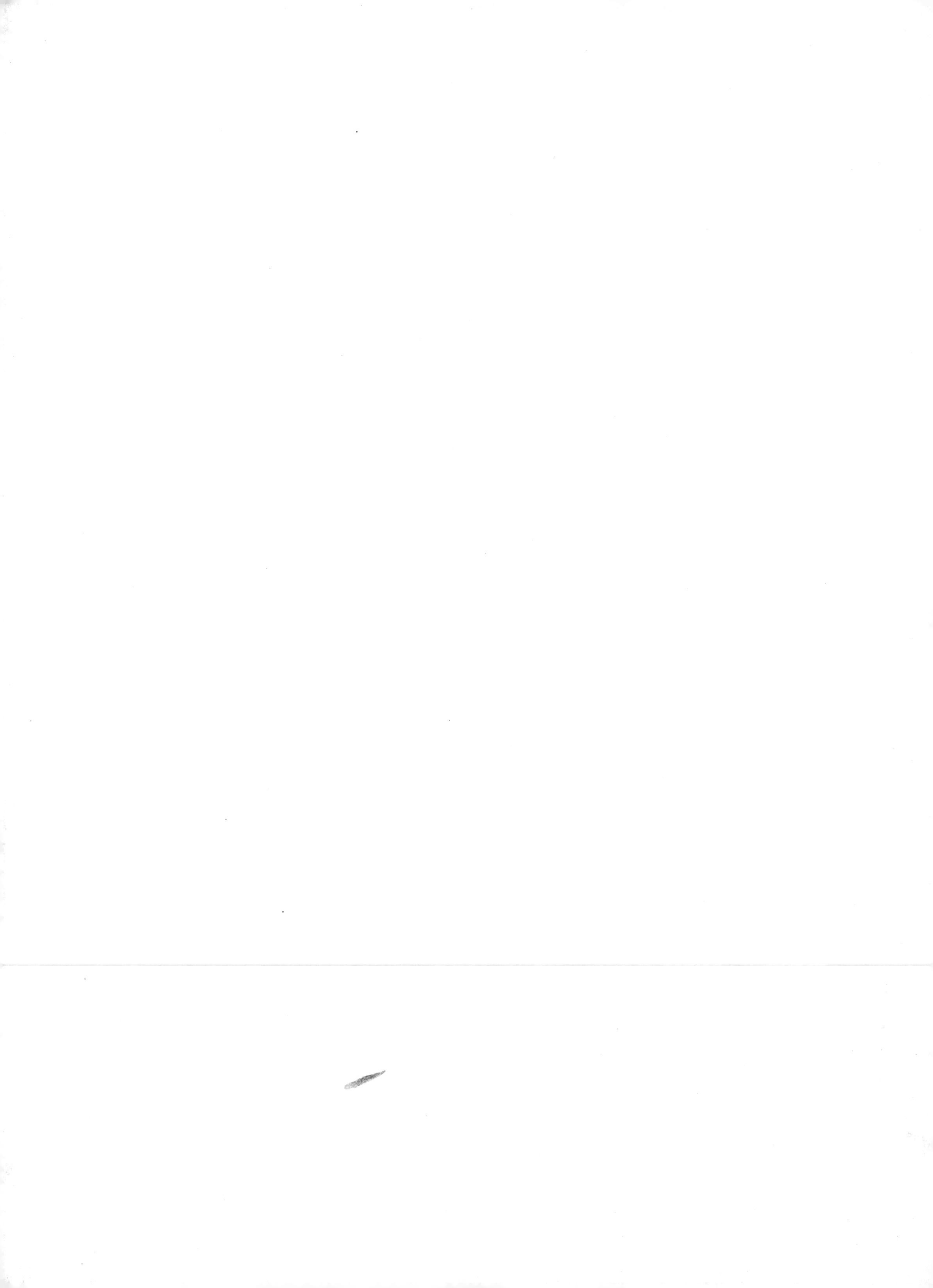

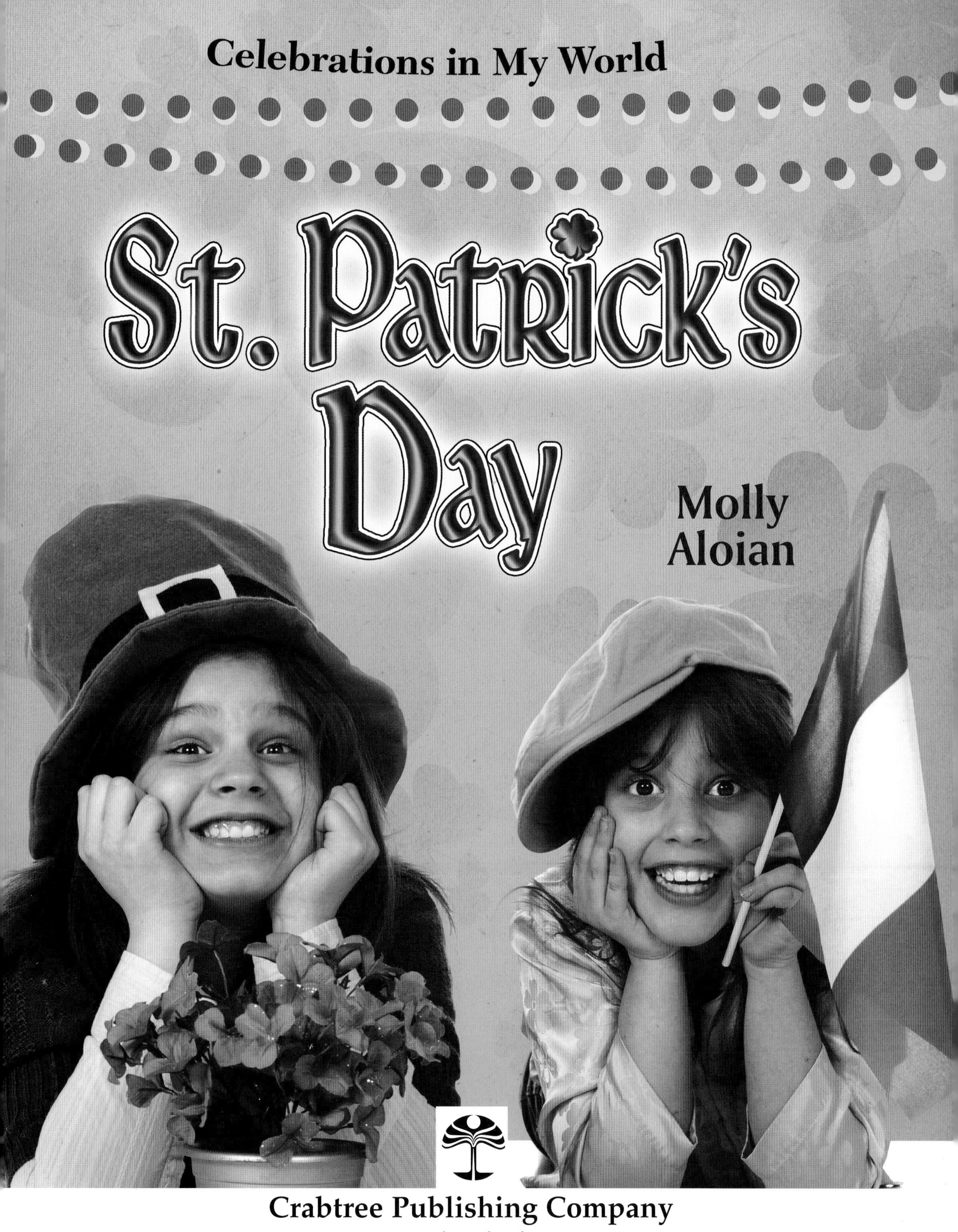

Celebrations in My World

St. Patrick's Day

Molly Aloian

Crabtree Publishing Company
www.crabtreebooks.com

Crabtree Publishing Company
www.crabtreebooks.com

Author: Molly Aloian
Coordinating editor: Chester Fisher
Series and project editor: Penny Dowdy
Editor: Adrianna Morganelli
Proofreader: Crystal Sikkens
Editorial director: Kathy Middleton
Production coordinator: Katherine Berti
Prepress technician: Katherine Berti
Project manager: Kumar Kunal (Q2AMEDIA)
Art direction: Dibakar Acharjee (Q2AMEDIA)
Cover design: Tarang Saggar (Q2AMEDIA)
Design: Neha Kaul (Q2AMEDIA)
Photo research: Farheen Aadil (Q2AMEDIA)

Photographs:
Alamy: Adam Eastland: p. 15; Andrew Fox: p. 31; Richard Levine: p. 4
Associated Press: p. 22
Canstock Photo: Nancy Kennedy: p. 19; Phakimata: p. 10
Corbis: Bettmann: p. 12; Blaine Harrington III: p. 21; Claudia Kunin: p. 6; Ted Spiegel: p. 13
Dreamstime: Richard Gunion: p. 11; Spooky2006: p. 8
Fotolia: Jose Manuel Gelpi: p. 17; Glenda Powers: p. 1 (foreground)
Getty Images: p. 14
Jupiter Images: Bruno Barbier: p. 26
Photographers Direct: Joe Fox: p. 20; Sally Weigand: p. 16
Photolibrary: Mary Evans Picture Library: p. 5; North Wind Pictures: p. 9
Shutterstock: p. 7, 27; Gualtiero Boffi: p. 23; Sarah Bossert: p. 18; Linda Bucklin: p. 24; Mandy Godbehear: front cover; Timothy R. Nichols: p. 25; Pres Panayotov: p. 29; C Salisbury: p. 1 (background); Steve Wood: p. 28; Terrie L. Zeller: p. 30

Library and Archives Canada Cataloguing in Publication

Aloian, Molly
St. Patrick's Day / Molly Aloian.

(Celebrations in my world)
Includes index.
ISBN 978-0-7787-4758-1 (bound).--ISBN 978-0-7787-4776-5 (pbk.)

1. Saint Patrick's Day--Juvenile literature. 2. Saint Patrick's Day--History--Juvenile literature. I. Title. II. Title: Saint Patrick's Day. III. Series: Celebrations in my world

GT4995.P3A46 2010 j394.262 C2009-902028-9

Library of Congress Cataloging-in-Publication Data

Aloian, Molly.
St. Patrick's day / Molly Aloian.
p. cm. -- (Celebrations in my world)
Includes index.
ISBN 978-0-7787-4776-5 (pbk. : alk. paper) -- ISBN 978-0-7787-4758-1 (reinforced library binding : alk. paper)
1. Saint Patrick's Day--Juvenile literature. I. Title. II. Series.

GT4995.P3A46 2010
394.262--dc22

2009014153

Crabtree Publishing Company
www.crabtreebooks.com 1-800-387-7650
 In Canada: We acknowledge the financial support of the Government of Canada through the Book Publishing Industry Development Program (BPIDP) for our publishing activities.

Published in Canada
Crabtree Publishing
616 Welland Ave.
St. Catharines, ON
L2M 5V6

Published in the United States
Crabtree Publishing
PMB16A
350 Fifth Ave., Suite 3308
New York, NY 10118

Published in the United Kingdom
Crabtree Publishing
White Cross Mills
High Town, Lancaster
LA1 4XS

Published in Australia
Crabtree Publishing
386 Mt. Alexander Rd.
Ascot Vale (Melbourne)
VIC 3032

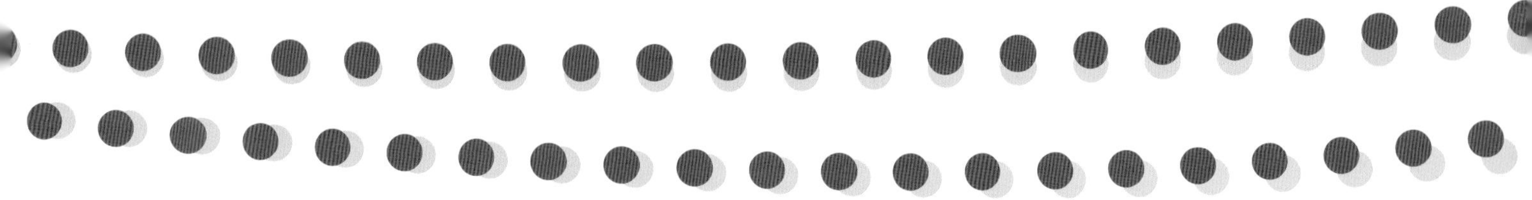

Contents

What is St. Patrick's Day?

St. Patrick's Day is a holiday. People celebrate St. Patrick's Day each year on March 17. Irish people have been celebrating this holiday for over one thousand years! People from other backgrounds like to celebrate, too.

These children are performing in a St. Patrick's Day parade in New York City.

DID YOU KNOW?

Millions of people living in the United States and Canada have Irish ***ancestors****.*

The holiday honors Saint Patrick.

On St. Patrick's Day, people **honor** and remember Saint Patrick. People use "St." as a short form for the word "Saint." Saint Patrick was a **priest** in **Ireland**. The story of Saint Patrick spread around the world.

Young Patrick

Many people believe that Patrick was born in England. His family was rich. When Patrick was just 16 years old, he was kidnapped. His kidnappers took him to Ireland. They forced him to be a slave.

Saint Patrick was forced to work as a shepherd.

DID YOU KNOW?

A shepherd is a person who takes care of sheep. A shepherd spends a lot of time alone in fields.

Patrick's life was hard, and he was lonely. He prayed and had visions. One day, he heard a voice telling him to run away. Patrick escaped on a ship. When he was finally free, he went back home and began studying religion. He became a priest.

This statue was built in honor of Saint Patrick.

Return to Ireland

In his prayers, Patrick heard God tell him to go back to Ireland. Patrick returned to the land where he was a slave. He traveled from village to village teaching people about Christianity.

Many Irish people followed druids. Druids believed in gods of nature. People thought that druids had magical powers and could see the future. The druids tried to kill Patrick but he refused to leave Ireland.

- Patrick wanted people to read the Bible.

Druids held ceremonies in forests.

DID YOU KNOW?

Ireland has no snakes. Some people believe Saint Patrick made all the snakes leave Ireland.

Becoming a Saint

In Ireland, Patrick performed miracles, helped build hundreds of churches and schools, and offered kindness to many sick people. He died on March 17 in the year 461.

Irish people loved him so much that they made him a saint. In Ireland, there are more than 60 churches named after Saint Patrick.

- Saint Patrick's Cathedral in New York was named after Saint Patrick.

DID YOU KNOW?

Many churches and schools around the world have been named after Saint Patrick.

This image of Saint Patrick is made out of stained glass.

Irish Immigrants

During the 1700s, many Irish people left Ireland and went to live in America. Many of these Irish **immigrants** lived in New York and Boston. In 1737, Boston held the first American St. Patrick's Day celebration.

Irish immigrants brought their families and traditions to America.

DID YOU KNOW?

Irish people are very proud to be Irish. The phrase "Erin Go Bragh" means "Ireland forever."

People gather today to celebrate just as they did in the 1700s.

A group of immigrants, called the Charitable Irish Society, organized the celebration. Each year, more and more people wanted to take part in the celebration and spend time with other Irish people.

Around the World

During the 1800s, a disaster called the Great Potato **Famine**, struck Ireland. People living there did not have enough food. More than one million Irish people left to go to the United States. Hundreds of thousands went to Canada. Many others went to England and Australia, as well as other countries.

People starved during the Great Potato Famine.

Irish immigrants continued to celebrate St. Patrick's Day in their new homes. In Australia, the cities of Sydney and Brisbane hold parades each year. Montreal's St. Patrick's Day parade is the oldest in Canada.

A girl in Tokyo, Japan, carries the Japanese and Irish flags in a St. Patrick's Day parade.

DID YOU KNOW?

There are three colors on the Irish flag, green, white, and orange. The flag is called the Tricolor. "Tri" means three.

Feeling Green

Green is Ireland's national color. The color green reminds people of St. Patrick's Day. Many people decorate their homes, offices, schools, and businesses with green decorations to celebrate the holiday.

People hang decorations to get ready for St. Patrick's Day.

DID YOU KNOW?

*Ireland is also called the **Emerald** Isle. Emeralds are green stones. Ireland is called the Emerald Isle because the country has many green fields.*

Green streamers, tablecloths, and banners are popular decorations. People wear green clothes, shoes, and hats to honor Saint Patrick and Ireland. This tradition is often called "the wearing of the green."

People show their pride by wearing green on St. Patrick's Day.

St. Patrick's Day Foods

People eat special foods to celebrate St. Patrick's Day. Some people eat Irish stew, which is made of lamb, potatoes, and other vegetables. Corned beef and cabbage are other popular St. Patrick's Day foods.

Corned beef and cabbage make a delicious St. Patrick's Day meal.

DID YOU KNOW?

On St. Patrick's Day, many people add green food coloring to their drinks!

Irish soda bread tastes best when it is still warm.

Some people also eat Irish soda bread. It is a cake-like bread that uses baking soda instead of **yeast** to make the bread rise. Some people add raisins or nuts. To celebrate St. Patrick's Day, ask an adult to help you make green Jell-O, green drinks, green cupcakes, or green pancakes.

Irish Music

Many people listen to or sing Irish songs on St. Patrick's Day. Traditional St. Patrick's Day songs include "Danny Boy," "Too-Ra-Loo-Ra-Loo-Ral," "My Wild Irish Rose," and "When Irish Eyes are Smiling."

People celebrate St. Patrick's Day by making music.

DID YOU KNOW?

Irish people have been playing fiddles and tin whistles for hundreds of years.

Irish dancers perform for an audience.

Certain instruments are traditional for Irish music. People play bagpipes or harps to celebrate St. Patrick's Day. The harp is one of Ireland's oldest instruments. Irish dancers perform **jigs** or **clogging** routines as people play their instruments.

Shamrocks

Do you know what a shamrock is? A shamrock is a small green plant that usually has three leaves. It is a type of clover. A shamrock is a **symbol** for Ireland. A symbol is something that stands for something else.

The Boston Celtics basketball team uses the shamrock as an emblem on their uniforms.

DID YOU KNOW?

Some people believe that it is lucky to find a four-leaf clover.

Each leaf on the shamrock represents a part in the Holy Trinity.

According to legend, Saint Patrick used the shamrock's three leaves to teach people about the Christian Holy Trinity—the Father, the Son, and the **Holy Spirit**. The word "trinity" means something that has three parts.

Leprechauns

The leprechaun is another symbol of St. Patrick's Day. A leprechaun is a magical spirit. Leprechauns are little men who dress in green and carry tools. They fix the shoes of Irish fairies who love to dance.

The fairies leave gold coins for the leprechauns to thank them for their work. The leprechauns save their gold in large pots.

- In Ireland long ago, people believed that leprechauns were mean.

DID YOU KNOW?

Some people dress up as leprechauns or fairies to celebrate St. Patrick's Day.

There are many stories about people who have searched for a leprechaun's pot of gold.

St. Patrick's Day Parades

Parades are an important part of St. Patrick's Day celebrations. People march, wave Irish flags, and cheer. Parades also have music and dancing. Children dress up and march in parades, too.

These children are waving Irish flags.

DID YOU KNOW?

Many cities in North America, including Boston, New York, Philadelphia, Chicago, and Montreal, have parades on St. Patrick's Day.

Marching in a parade honors and celebrates Irish-Americans.

One of the largest St. Patrick's Day parades is in New York City. Almost three million people watch the parade each year. New Yorkers have been marching in the St. Patrick's Day parade for more than 200 years!

Green River

In Illinois, the Chicago Journeymen Plumbers dye the Chicago River green on St. Patrick's Day. The green water lasts for just one day. It is not harmful to the animals or plants in the water.

Over 100,000 people watch the Chicago River turn green each year.

DID YOU KNOW?

The dye put in the Chicago River looks orange at first. Then it turns green.

On St. Patrick's Day the lights on the Empire State Building are changed to green.

In Sydney, Australia, green water shoots from the city fountains. In London, England, the St. Patrick's Day festival features Irish food, dance, crafts, and music. In New York, the Empire State Building shines with green lights.

Irish for a Day!

You do not have to be Irish to celebrate St. Patrick's Day. Anyone can celebrate in their own way. It is a great day to spend time with friends and family and enjoy an Irish meal together.

This child is making St. Patrick's Day decorations.

DID YOU KNOW?

People often request green flowers for St. Patrick's Day parades and celebrations.

These children are having fun on St. Patrick's Day.

In Ireland, St. Patrick's Day is a religious holiday. People attend church for special services. People in the United States and Canada may also go to church. It is the perfect day to celebrate Saint Patrick and the history and traditions of Irish people.

Glossary

ancestor A person from whom an individual or group is descended

clogging A dance in which the dancers wear special shoes called clogs

emerald A green gem

famine A shortage of food

Holy Spirit The third part of the Christian Trinity

honor To respect or admire

immigrant A person who comes to a country to live

Ireland An island near Great Britain surrounded by the North Atlantic Ocean

jig A lively, bouncy dance

priest An important member of a church

symbol Something that stands for something else

yeast The substance that makes bread rise

Index

Printed in China—CT

LOUIS JOBIN
MAÎTRE-SCULPTEUR

MARIO BÉLAND
Conservateur de l'art ancien au Musée du Québec

LOUIS JOBIN
MAÎTRE-SCULPTEUR

MUSÉE DU QUÉBEC
fides

La présente publication a été réalisée à l'occasion de l'exposition
Louis Jobin, maître-sculpteur,
préparée par Mario Béland, conservateur de l'art ancien,
et présentée au Musée du Québec du 8 mai au 7 septembre 1986.
Cette exposition a été rendue possible grâce à une subvention
des Musées nationaux du Canada
dans le cadre du « Programme d'aide aux musées ».

Éditeur délégué: Pierre Murgia, Musée du Québec.
Graphiste-conseil: Couthuran inc.
Typographie: Compélec inc.
Photogravure (illustrations en couleurs): Lithochrome inc.
Impression: Thérien Frères.
Couverture: Saint Georges terrassant le dragon. Saint-Georges-Ouest.
Photo: Patrick Altman, Musée du Québec.

Musée du Québec: ISBN 2-551-06617-4
Fides: ISBN 2-7621-1314-8
Dépôt légal – 2e trimestre 1986
Bibliothèque nationale du Québec
Bibliothèque nationale du Canada

Le Musée du Québec est une société d'état
subventionnée par le ministère des Affaires culturelles du Québec.

PRÉFACE

Enfin, la première exposition rétrospective et la première publication d'importance entièrement consacrées à un sculpteur ancien du Québec, Louis Jobin *(1845-1928). Ce n'est pas qu'il soit trop tard, car c'est aussi le temps qui consacre l'artiste et son oeuvre. Il fallait s'y bien préparer.*

*Le Musée du Québec, depuis plus d'un demi-siècle, continue de vivre sa vocation qui est d'étudier, de conserver et de diffuser notre héritage artistique national. Et c'est ainsi que, en 1936, le Musée acquiert sa toute première oeuvre de Jobin, l'*Indien *(cat. n° 57). Puis, c'est l'*Inventaire des oeuvres d'art *entrepris par Gérard Morisset en 1937, et c'est l'acquisition de sculptures majeures en 1951, avec la collection Paul-Gouin (cat. nos 14 et 15); l'année suivante, le Musée présente la première* Exposition rétrospective de l'art au Canada français.

Entre 1953 et 1964, sous la direction de Gérard Morisset, le Musée ajoute 821 pièces à sa collection de sculptures et en fait circuler bon nombre à Vancouver, à Paris et à Bordeaux dans des expositions d'envergure destinées à faire connaître notre patrimoine.

En 1967, grâce à M. Jean Trudel, alors conservateur de l'art ancien et aujourd'hui conservateur en chef, le Musée publie son premier catalogue sur la sculpture : « Sculpture traditionnelle du Québec », suivi, en 1969, de « Profil de la sculpture québécoise ».

On peut affirmer que les années évoquées ont été déterminantes : en effet, le Musée a ainsi innové aux plans de la recherche, de la diffusion des connaissances et de la sensibilisation du public à la conservation du patrimoine artistique québécois. Sa contribution, conjuguée avec l'enseignement prodigué dans nos universités, a suscité l'avènement de toute une génération d'historiens de l'art du Québec.

L'exposition Louis Jobin, maître-sculpteur *s'inscrit donc dans l'évolution continue et naturelle du Musée.*

C'est avec beaucoup de conviction et d'enthousiasme que, à l'automne 1984, Pierre Lachapelle, alors directeur général du Musée, a donné son accord à ce projet. Ce fut dès lors sous la direction du conservateur en chef, Jean Trudel, que le conservateur de l'art ancien, Mario Béland, a pu mener à bon port ses recherches, réaliser l'exposition et écrire ce catalogue.

Cette recherche aura fait avancer nos connaissances sur Louis Jobin et son oeuvre; cette exposition et ce catalogue nous feront prendre conscience de la place qu'il occupe toujours dans l'histoire de notre patrimoine artistique.

L'exposition Louis Jobin, maître-sculpteur *aura été l'occasion pour le Musée du Québec de restaurer plusieurs oeuvres de sa collection permanente, cela grâce à Monsieur Claude Payer, restaurateur, et à l'indispensable collaboration du Centre de Conservation du Québec. À cet effet, il faudrait peut-être souligner qu'une bonne partie des oeuvres de Jobin sont toujours exposées aux intempéries et qu'une attention particulière doit être apportée à leur conservation si on ne veut pas les voir se détériorer irrémédiablement.*

Nous remercions les nombreuses institutions, fabriques et communautés religieuses notamment, qui nous ont prêté des oeuvres du sculpteur. Nous savons gré aux Musées nationaux du Canada de nous avoir accordé une importante subvention pour la réalisation de l'exposition et de la version en langue anglaise du catalogue.

Enfin, notre gratitude va à la Corporation des éditions Fides qui s'est jointe à nous pour la production et la distribution de la présente publication.

André Kaltenback
Directeur général par intérim

REMERCIEMENTS

Je désire exprimer ma plus vive gratitude à tous ceux et à toutes celles qui m'ont apporté leur aide dans la préparation de l'exposition « Louis Jobin, maître-sculpteur » et dans la réalisation de cet ouvrage. La collaboration la plus précieuse m'est venue de Mme Lise Drolet qui, de juin 1985 à mai 1986, m'a assisté dans mon travail. Mes remerciements vont aussi à M. John R. Porter, professeur d'histoire de l'art à l'université Laval et directeur de ma thèse de doctorat, pour sa constante disponibilité et les précieux conseils qu'il m'a donnés au cours de mes recherches et lors de la rédaction de ce livre. Messieurs Guy-André Roy du ministère des Affaires culturelles, Jean Bélisle de l'université Concordia à Montréal et Frederick Fried, de New York, m'ont fourni plusieurs informations essentielles sur Louis Jobin et méritent ma plus vive gratitude. Ma reconnaissance va également à M. Jean-Pierre Guay pour sa révision judicieuse du manuscrit.

Je tiens aussi à remercier les conservateurs et les archivistes des musées et institutions qui m'ont facilité l'accès aux oeuvres, aux dossiers de collections ou à des fonds d'archives. Des Archives de l'Assemblée nationale, M. André Beaulieu. Des Archives de la Ville de Québec, M. Jocelyn Beaulieu. Des Archives du Séminaire de Québec, M. l'abbé Laurent Tailleur. Des Archives judiciaires du Québec, M. Pierre Sanche. Des Archives nationales du Québec à Montréal, MM. Jean-Marc Garant et Paul-André Leclerc. De la Bibliothèque nationale du Québec à Montréal, M. Jacques King. Du Centre muséographique de l'université Laval, M. Jean des Gagniers et Mme Gisèle Wagner. Du Musée de la civilisation du Québec, M. Guy Doré et Mme Thérèse Latour. Du Musée des arts décoratifs de Montréal, M. Pierre Chénier. Du Musée des beaux-arts de Montréal, M. Yves Lacasse. Du Musée des beaux-arts de l'Ontario à Toronto, Mme Christine Boyanoski. Du Musée des beaux-arts du Canada à Ottawa, MM. Charles C. Hill et Pierre Landry. Du Musée du Château de Ramezay à Montréal, M. Pierre Brouillard et Mme Louise McNamara. Du Musée du Saguenay-Lac-Saint-Jean, Mmes Renée Wells et Geneviève Gagnon, ainsi que M. Guy Coutu. Du Musée du Séminaire de Québec, Mme Carolle Gagnon et M. Magella Paradis. Du Musée et des Archives de la Basilique de Sainte-Anne-de-Beaupré, les pères Laurent Proulx, Samuel Baillargeon et Jean-Marie Lemieux. Du Musée et des archives des augustines de l'Hôtel-Dieu de Québec, les soeurs Isabelle Gosselin et Claire Gagnon. Du Musée McCord de Montréal, M. Conrad Graham et Mme Lise Racette. Du Musée national de l'Homme à Ottawa, M. Paul Carpentier, Mmes Renée L. Landry et Judith Tomlin, et M.John Corneil. Du Musée Royal du 22e Régiment à Québec, le lieutenant-colonel Lucien Turcotte. De Parcs Canada Région du Québec, MM. Richard Gauthier et Paul-Aimé Lacroix, ainsi que Mme Ginette Gaulin. Du Royal Ontario Museum à Toronto, Mmes Mary Allodi et Janet Holmes. Du Service de l'urbanisme de la ville de Québec, M. Robert Caron. De la Société historique du Saguenay-Lac-Saint-Jean, M. Roland Bélanger.

Mes remerciements vont également à plusieurs membres de communautés religieuses et du clergé : au frère Gilles Beaudet des frères des écoles chrétiennes de Montréal, au père Hervé Blais des franciscains de Montréal, au père Georges-Hébert Germain des franciscains de Québec, à soeur Marie-Berthe Méthot des augustines de l'Hôtel-Dieu du Sacré-Coeur de Québec, aux soeurs Marguerite Poulin et Flore Pelchat des soeurs de la Charité de Québec, au frère Jean-Paul Provencher des frères du Sacré-Coeur d'Arthabaska, aux soeurs Gracia Savard et Jacqueline Gagnon des augustines de Chicoutimi, à soeur Thérèse A. Yelle du Carmel de Montréal, à Mgr P.-E. Deschênes de Saint-Thomas de Montmagny, et aux abbés Raoul Bellavance de Saint-Romuald d'Etchemin, Guy Blondeau de Sainte-Foy, Camille Castonguay de Sainte-Hélène de Kamouraska, Charles Cloutier de Saint-Georges-Ouest de Beauce, Martin Cloutier de Saint-Patrice de Rivière-du-Loup, Roger Cormier de Saint-Georges de Windsor, Fernand Champagne de Saint-Casimir de Portneuf, Antoine Després de Saint-Jean-Baptiste de Québec, Clément Fecteau de Saint-Calixte de Plessisville, Gilles Hébert de Saint-Pierre-Apôtre de Montréal, Onésime Isabelle et Robert Mercier de Saint-Henri de Lévis, Roger Lacasse et Germain Lamontagne de Saint-Michel de Bellechasse, Raymond Laplante de Saint-Augustin de Desmaures, Henri Morency et Édouard Hamel de Saint-Charles de Bellechasse, Eugène Morin de Saint-Jean de l'Île d'Orléans, Robert Poitras de Cap-Santé, Philippe Poulin de Pont-Rouge, Joseph Tanguay de Lauzon et J.-Eudes Trudeau de Saint-Antoine de Longueuil.

De précieuses informations m'ont été transmises par Mme Judith Bernier, Mme Émilia Boivin-Allaire, Mme Bergerette Boulet, M. Gaston Cloutier, M.Léopold Désy, Mme Fernande Drolet, M. Jacques Dussault, Mme Mariette Dussault, M. Yvan Fortier, M. Gino Gariépy, M. Jocelyn Huard, M. Serge Joyal, M. David Karel, M. Luc Lacoursière, Mme Ginette Laroche-Joly, Mme Odette Legendre, M. David Mendel, M. Luc Noppen, Mme Charlotte Perron, M. Romuald Rodrique, M. Yvon Roy, M. Paul Trépanier et Mme Hélène Turcotte.

Je tiens aussi à remercier le Centre de conservation du Québec pour sa contribution à l'exposition, et plus particulièrement son directeur, M. Jacques Le Barbenchon, ainsi que les restaurateurs, MM. Claude Payer et Jérôme René Morissette, et Mme Michelle Lepage.

Enfin, je désire souligner la collaboration enthousiaste du personnel du Musée du Québec, du directeur général par intérim, M. André Kaltenback, des conservateur en chef et conservateur en chef adjoint, MM. Jean Trudel et Gaétan Chouinard notamment, de M. André Marchand, directeur de l'Éducation et des Communications, de M. Pierre Murgia, responsable des publications, de M. Michel Dumas responsable de l'information et des relations publiques, de M. Yvon Milliard, archiviste des collections, de Mme Lyse Brousseau, designer, et de son équipe, de même que du personnel de divers services du Musée, M. Denis Allard, Mme Louise Allard, M. Denis Allison, M. Patrick Altman, Mme Suzette Brousseau, Mme Louise Dubois, Mme Gisèle Filion, M. Aurélien Gignac, M. Martin Jolicoeur, Mme Michelle Laperrière, M. Denis Martin, M. Achille Murphy, Mme Lise Nadeau et Mme Johanne Turbide.

M.B.

LISTE DES PRÊTEURS

Archives judiciaires de Québec, Québec
Archives nationales du Québec, Montréal
Collections de l'université Laval, Sainte-Foy
Fabrique Notre-Dame-de-Foy, Sainte-Foy
Fabrique Saint-Augustin, Saint-Augustin-de-Desmaures
Fabrique Saint-Calixte, Plessisville
Fabrique Saint-Casimir, Saint-Casimir de Portneuf
Fabrique Sainte-Famille, Cap-Santé
Fabrique Saint-Georges, Saint-Georges-Ouest, Beauce
Fabrique Saint-Georges, Saint-Georges-de-Windsor
Fabrique Saint-Henri, Saint-Henri de Lévis
Fabrique Saint-Jean, Saint-Jean de l'Île d'Orléans
Fabrique Saint-Jean-Baptiste, Québec
Fabrique Sainte-Jeanne-de-Chantal, Sainte-Jeanne-de-Pont-Rouge
Fabrique Saint-Joseph, Lauzon
Fabrique Saint-Michel, Saint-Michel de Bellechasse
Franciscains, Québec
Monastère du Carmel, Montréal
Musée de la basilique de Sainte-Anne-de-Beaupré
Musée de la civilisation, Québec
Musée des Augustines de l'Hôtel-Dieu de Québec, Québec
Musée des beaux-arts du Canada/National Gallery of Canada, Ottawa
Musée des Soeurs de la Charité de Québec, Giffard
Musée du Château de Ramezay, Montréal
Musée du Québec, Québec
Musée du Séminaire de Québec, Québec
Musée McCord, université McGill, Montréal
Musée national de l'Homme, Musées nationaux du Canada, Ottawa
Le Musée Royal 22e Régiment, La Citadelle, Québec
Parcs Canada, région du Québec, Gestion des collections
Royal Ontario Museum, Toronto

AVIS AU LECTEUR

Cet ouvrage comporte deux parties : une synthèse de la carrière et de l'oeuvre de Louis Jobin, et un catalogue des objets (n^os^ I-XLIX) et des oeuvres (n°s 1-59) présentés au Musée du Québec au cours de l'exposition consacrée au maître-sculpteur. L'orthographe des citations et des inscriptions sur les oeuvres a été, dans la mesure du possible, respectée. Les passages traduits sont clairement identifiés. Les dimensions des oeuvres sont données en centimètres et, conformément à l'usage, selon la hauteur, la largeur et la profondeur ; pour les objets et les outils, selon la longueur, la hauteur et la largeur.

Les références bibliographiques du catalogue ont été données en abrégé dans le cas des livres et des articles : nom de l'auteur, titre en abrégé, année, page. Le lecteur trouvera les références complètes dans la bibliographie générale figurant à la fin de l'ouvrage. Celle-ci ne comprend que les sources imprimées mentionnées dans le catalogue : livres, catalogues, articles de périodiques et de journaux. L'ouvrage se termine par deux index réalisés par madame Lise Drolet et portant, l'un sur les sujets traités par Jobin, l'autre sur les noms propres (personnes, lieux, organismes, institutions, etc.).

M.B.

LISTE DES ABRÉVIATIONS

A.B.S.A.B.	Archives de la basilique de Sainte-Anne-de-Beaupré
A.N.Q.C.	Archives nationales du Québec à Chicoutimi
A.N.Q.M.	Archives nationales du Québec à Montréal
A.N.Q.Q.	Archives nationales du Québec à Québec
A.P.C.O.	Archives publiques du Canada à Ottawa
A.S.Q.	Archives du Séminaire de Québec
A.V.Q.	Archives de la ville de Québec
B.N.Q.M.	Bibliothèque nationale du Québec à Montréal
M.A.C.Q.	Ministère des Affaires culturelles à Québec
M.N.C.O.	Musées nationaux du Canada à Ottawa

TABLE DES MATIÈRES

AVANT-PROPOS

Le sculpteur Louis Jobin (1845-1928) fut parmi les statuaires québécois les plus célèbres de son temps et il est considéré comme l'une des figures marquantes de l'histoire de l'art au Québec. Au cours de ses soixante ans de carrière, il a réalisé un millier de sculptures profanes et religieuses disséminées un peu partout sur le continent nord-américain. Son oeuvre ne constitue pas seulement la production statuaire la plus abondante de l'époque, mais aussi un jalon capital pour comprendre l'évolution de la sculpture québécoise.

Victoria Hayward en 1920, Georges Côté en 1926, Damase Potvin en 1926 et Marius Barbeau en 1933 livrèrent dans quelques articles les grandes lignes de la carrière du sculpteur qu'ils ont rencontré à un moment ou à un autre. Nonobstant l'intérêt que représentent ces écrits, ils eurent cependant pour effet de créer une image folklorique, romantique, exotique ou mythique même de Jobin : « the Old Wood-Carver », « l'humble artiste du terroir » ou « le dernier de nos grands artisans ». Comme pour l'ensemble de la sculpture sur bois de cette période, la connaissance de l'oeuvre de Jobin est donc restée assez superficielle.

C'est en 1981, sous la direction de M. John R. Porter, professeur en histoire de l'art à l'université Laval, que fut entreprise une recherche de fond sur Louis Jobin. Comme auxiliaire de recherche pour le projet d'*Iconographie de l'art au Québec* dirigé par M. Porter, nous avons pu prendre connaissance du contenu d'importants fonds documentaires et photographiques tels que ceux constitués par Marius Barbeau et Gérard Morisset. Ces travaux nous ont permis de dresser un inventaire des oeuvres de Jobin ne comportant pas moins de 650 dossiers et de constituer une importante bibliographie. Cela est assez exceptionnel compte tenu du fait que le dépouillement des archives et des journaux de cette époque vient tout juste d'être entrepris.

À la fin de 1984, un premier bilan de nos recherches a été présenté à l'université Laval dans un mémoire de maîtrise portant sur les débuts de la carrière artistique de Louis Jobin, sa formation et son premier atelier à Montréal. Une deuxième étude, prévue pour la fin de 1987, viendra compléter le tout avec le dépôt d'une thèse de doctorat sur le milieu et le marché de la sculpture entre 1875 et 1925 à Québec.

En septembre 1984, j'ai soumis à M. Pierre Lachapelle, alors directeur général du Musée du Québec, un projet d'exposition rétrospective de l'oeuvre de Louis Jobin. M. Lachapelle a reçu le projet avec enthousiasme. Au Québec comme au Canada, il n'y avait jamais eu de véritable rétrospective concernant l'oeuvre d'un sculpteur dit « traditionnel ». Le 8 mai 1986, le Musée du Québec inaugurait le première grande exposition des oeuvres du statuaire.

Il va sans dire qu'un projet d'une telle envergure n'aurait pas pu prendre forme en une seule année sans nos recherches antérieures et sans le précieux concours de notre adjointe, madame Lise Drolet. La réalisation du projet devait nous amener à faire de nouvelles découvertes étonnantes, celles, entre autres, relatives à l'important ensemble statuaire du maître-autel de l'église de Saint-Michel de Bellechasse (cat. n°s 4 et 30) ou au superbe *ange à la trompette* du buffet d'orgue de l'église de Plessisville (cat. n° 34).

Pour la sélection des oeuvres présentées durant l'exposition, on devait tenir compte des trois grandes étapes de la carrière de Jobin et des divers aspects de sa production. Bien qu'imposante et relativement récente, cette production pose des problèmes propres à toute la sculpture ancienne du Québec. Ainsi, la majeure partie de l'oeuvre profane de Jobin n'a pas résisté aux ravages du temps, pas plus, d'ailleurs, qu'à l'évolution des goûts.

Les oeuvres des tous débuts sont généralement mal connues et difficiles à retracer. Enfin, la plus grande partie de la statuaire religieuse d'extérieur était, ou bien inaccessible, ou bien fort mal conservée.

Le choix des oeuvres devait aussi tenir compte de certaines conditions d'emprunt, d'accès, de transport ou de restauration. Malgré tout, nous avons pu sélectionner une soixantaine d'oeuvres majeures présentant d'indéniables qualités plastiques ou d'une grande originalité, et toutes représentatives des différentes facettes de l'art de Jobin. Certaines d'entre elles ont nécessité de délicates et complexes opérations de démontage (cat. n°s 21, 30, 32, 33, 34, 38, 39, 40, 45) ou d'emballage et de transport (cat. n°s 28, 29, 31, 34, 45, 49, 59). D'autres, de sérieuses restaurations (cat. n°s 14, 15, 41, 42).

Tout comme l'exposition, la présente publication s'articule autour de trois axes: l'homme et son atelier, l'oeuvre religieuse et la production profane. Les divers objets, outils et documents ayant appartenu à Jobin constituent un fonds tout à fait unique dans l'histoire de la sculpture québécoise. Ce matériel initie au métier de sculpteur sur bois, permet de connaître l'atelier d'un statuaire et de participer à la genèse d'une oeuvre sculptée au tournant du siècle. Quant aux oeuvres, elles sont regroupées selon leur thème, leur fonction ou leur destination. La section d'art religieux présente, dans l'ordre, des oeuvres de petit format, celles témoignant de dévotions populaires ou particulières, un éventail d'anges, de grands ensembles et les oeuvres majeures. Dans la section profane, on trouvera les oeuvres d'apprentissage de Louis Jobin, les travaux qu'il exécuta lors de la Saint-Jean-Baptiste de 1880, des photographies de ses monuments de glace et, finalement, ses enseignes commerciales.

Ce volume comporte deux parties: une étude historique sur la carrière de Jobin et un catalogue raisonné des objets et des oeuvres sélectionnés pour l'exposition. Il contient aussi une table chronologique mettant en parallèle les grands moments de la vie de Jobin et quelques événements impliquant des statuaires contemporains.

Vu l'ampleur de la production de Jobin, il nous est impossible de dresser ici la liste exhaustive des oeuvres qui lui sont attribuées. Maintes informations restent à vérifier et plusieurs problèmes de datation, d'attribution, d'emplacement, d'identification et de restauration, pour ne nommer que les plus courants, n'ont pas été résolus.

Malgré les inévitables lacunes, cette publication permettra toutefois, d'une part, de renouveler nos connaissances au sujet de la carrière de Jobin et de l'époque, marquée de bouleversements majeurs, dans laquelle il a évolué. D'autre part, elle contribuera à mettre en lumière les traits marquants de la production de l'artiste ainsi que l'originalité de son oeuvre, eu égard aux contraintes qui lui étaient imposées par la tradition et aux innovations provoquées par l'industrialisation et par la prolifération d'oeuvres importées.

Mario Béland
Conservateur de l'art ancien
Musée du Québec

CHRONOLOGIE

LOUIS JOBIN (1845-1928)	STATUAIRES CONTEMPORAINS
1845, 26 octobre Naissance de Louis Jobin à Saint-Raymond de Portneuf.	
Vers 1860 Initiation à la sculpture sur bois dans les chantiers de construction navale.	Vers 1860 F.-X. Berlinguet réalise une dizaine de statues en bois pour le choeur de l'église de Beauport.
	1864 Trois statues en ciment de Thomas Carli pour la façade de l'église Notre-Dame de Montréal.
1865-1868 Apprentissage chez le maître-sculpeur F.-X. Berlinguet, à Québec. Travaux divers. *Autoportrait* (cat. nº 47).	
1868-1870 Séjour de perfectionnement à New York à l'atelier de William Boulton et dans un atelier allemand. Enseignes et figures de proue.	
1870-1875 Séjour à Montréal. Atelier sur la rue Notre-Dame. Enseignes, figures de proue, sculpture ornementale, statuaire et reliefs religieux. *Le Bon Pasteur*, *La Sainte Famille* (cat. nº 46), sept statues pour la façade de l'église de Saint-Henri de Lévis.	1873-1879 Apprentissage de Louis-Philippe Hébert chez Napoléon Bourassa à Montréal.
1876 Installation à Québec. Atelier au nº 247 de la rue Saint-Jean. Exécute, répare et décore autels, statues et ornements religieux. Enseignes et figures de proue.	
1877 Atelier au nº 85 de la rue d'Aiguillon. « Prix extra » à l'Exposition provinciale de Québec pour une *sainte Anne*.	1877 Léandre Parent réalise quatre statues en bois pour le dôme de l'ancienne université Laval à Québec.
1878 Atelier au nº 146 de la rue d'Aiguillon. Entreprend un ensemble d'une vingtaine de statues pour l'intérieur de l'église de Saint-Henri de Lévis (cat. nºs 38-40).	

1879

Atelier aux nos 17-19 de la rue Burton, coin Claire-Fontaine. Réalise un *calvaire* à quatre personnages pour le cimetière de Richibouctou au Nouveau-Brunswick.

1880

Défilé de la Saint-Jean-Baptiste à Québec. Participe à la confection de bannières et à celle de quatre chars de procession (cat. nos 49 et 50).

1881

Incendie de son atelier. Se spécialise dans la statuaire religieuse de dimensions et de revêtements divers. Statue colossale de *Notre-Dame du Saguenay* (7,5 mètres) sur le cap Trinité.

1882

Tient, durant un an, un « magasin » au nº 41 de la rue Saint-Jean.

1884

Douze statues pour l'intérieur de l'église de Saint-Henri de Lévis.

1887

Calvaire à trois personnages pour la paroisse de Cap-Santé et *Sacré-Coeur* de 5 mètres pour les soeurs de la Charité à Québec.

1888

Saint Louis de 5 mètres pour la façade de l'église de Lotbinière.

1879-1887

L.-P. Hébert exécute une soixantaine de statues en bois pour le choeur de la cathédrale Notre-Dame d'Ottawa.

1881

L.-P. Hébert réalise pour Chambly un *Salaberry* en bronze considéré comme le premier monument patriotique commémoratif au Québec.

1882

Jean-Baptiste Côté exécute une *Notre-Dame de Lourdes* en bois recouvert de métal d'environ 4 mètres pour la chapelle du même nom à Saint-Sauveur de Québec.

1883

Michele Rigali entreprend un ensemble de dix-sept statues en ciment pour la façade de l'église Saint-Jean-Baptiste à Québec.

1883-1887

L.-P. Hébert réalise divers travaux à l'église Notre-Dame de Montréal dont neuf statues en bois pour la chaire.

1887-1890

Premier séjour de L.-P. Hébert à Paris.

1889

Monument à *saint Jean-Baptiste de La Salle* pour le collège des Frères des écoles chrétiennes d'Ammendale, au Maryland. Prend comme apprenti Henri Angers.

1890

Six statues pour la façade de l'église de Saint-Thomas de Montmagny (cat. nos 41 et 42).

1891

Quatre *anges* pour la tour-clocher de l'église de Saint-Pascal de Kamouraska.

1889

Jean-Baptiste Côté réalise un ensemble de cinq statues en bois pour la façade de l'église de Sainte-Famille à l'Île d'Orléans.

1890

Premières statues en bronze de L.-P. Hébert pour le Parlement de Québec: *Halte dans la forêt*, *Frontenac* et *Lord Elgin*.

1892

Monument à *Saint Ignace de Loyola* de la villa Manrèse à Québec, avec la collaboration d'Henri Angers.

1894

Statues de glace au Carnaval d'hiver de Québec (cat. nos 51-53). Douze statues pour la nef de l'église de Saint-Patrice de Rivière-du-Loup. Huit statues pour le maître-autel de l'église de Saint-Michel de Bellechasse (cat. nos 4 et 30).

1895

Seize bustes pour la chapelle extérieure du Séminaire de Québec (cat. nos 35-37).

1896

Statues de glace dont *La Liberté* (cat. no 54) au Carnaval d'hiver de Québec. Incendie de son atelier. Départ pour Sainte-Anne-de-Beaupré.

1899

Cinq statues pour l'extérieur de l'église de Saint-Casimir de Portneuf (cat. no 21).

1900

Gisant de *saint Antoine de Padoue* pour la chapelle de l'Hôtel-Dieu de Chicoutimi.

1901

Statues extérieures de *Neptune* (cat. no 58) et de *Wolfe* (cat. no 59) à Québec. Ensemble décoratif et mobilier liturgique à l'église de Saint-Louis de l'Île-aux-Coudres. Se spécialise dans la statuaire religieuse de grandes dimensions et recouverte de métal pour l'extérieur.

1902

Ange à la trompette pour le buffet d'orgue de l'église de Plessisville (cat. no 34).

1903

Sainte Anne de Beaupré pour la cathédrale Saint Andrew de Grand Rapids, au Michigan.

1908

Buste de *Champlain* pour les fêtes du Tricentenaire de Québec.

1892

Olindo Gratton entreprend un ensemble de treize statues en bois recouvert de métal pour la façade de la cathédrale Marie-Reine du Monde à Montréal. J.-B. Côté réalise une *sainte Anne* de plus de 3 mètres qui est érigée sur le Mont Sainte-Anne à Percé.

1895

Monument à *Maisonneuve* à Montréal par Louis-Philippe Hébert. Henri Angers séjourne pour deux ans à Bruxelles.

1896-1899

Études d'Alfred Laliberté au Monument national à Montréal.

1902-1907

Premier séjour d'Alfred Laliberté à Paris.

1903-1907

Apprentissage de Lauréat Vallière chez Joseph Villeneuve à Saint-Romuald.

1908

Monument à *Mgr de Laval* à Québec par L.-P. Hébert.

1909

Statue équestre pour la paroisse de Saint-Georges-Ouest, en Beauce (cat. n° 45).

1909

Henri Angers réalise un ensemble de sept statues en bois pour l'intérieur de l'église Notre-Dame de Québec en plus des quatre *évangélistes* en bois de la façade de l'église de Loretteville. Premières statues d'Alfred Laliberté pour la façade du Parlement de Québec : *Marquette* et *Brébeuf*.

1913

Cinq statues pour la façade de l'église de Saint-Dominique de Jonquière. *Frontenac* et *Lord Elgin* pour la façade du Séminaire de Sherbrooke.

1913

Lauréat Vallière exécute une *sainte Justine* en bois de 3,65 mètres pour l'église du même nom dans Dorchester. Monument au *Sacré-Coeur* d'Alfred Laliberté pour la paroisse de Charlesbourg.

1915

Monument au *Sacré-Coeur* pour la paroisse Saint-Jean-Baptiste de Québec.

1917

Monument à *Louis Hébert* à Québec par Alfred Laliberté.

1918

Calvaire à six personnages pour le sanctuaire du Lac-Bouchette.

1920

Premiers travaux de Médard Bourgault.

1923

Monument à *saint Joseph* d'Alfred Laliberté pour l'Oratoire Saint-Joseph de Montréal.

1925

Retraite. Visite de l'ethnographe Marius Barbeau. Premières acquisitions de ses oeuvres par les musées et les collectionneurs.

1927

Première exposition de ses oeuvres au Château Frontenac de Québec.

1928, 11 mars

Décès de Louis Jobin à Sainte-Anne-de-Beaupré.

1928

Alfred Laliberté entreprend une série de 214 bronzes illustrant les légendes, les coutumes et les métiers d'autrefois.

PREMIÈRE PARTIE

DE L'APPRENTISSAGE À LA SPÉCIALISATION

LES DÉBUTS D'UNE CARRIÈRE
De Québec à Montréal en passant par New York
(1865-1875)

Située au nord du village de Neuville (Portneuf), la mission de la rivière Sainte-Anne regroupait plus de 600 personnes réparties en 180 familles lorsqu'elle devint, en 1842, la paroisse de Saint-Raymond. C'est dans cette jeune paroisse que vinrent s'établir Jean-Baptiste Jobin et son épouse, Luce Dion, peu après leur mariage qui fut célébré le 14 janvier 1845 dans l'église de Neuville. Sur leur terre, le 24 juin 1845, on procéda à la bénédiction de la première croix de chemin de la paroisse. Enfin un autre événement allait marquer la vie des Jobin cette année-là, soit la naissance, le 26 octobre, de leur premier enfant. Il s'agissait d'un garçon. On le prénomma Louis et il fut baptisé le 4 décembre.

L'existence de colon-défricheur à Saint-Raymond s'avéra extrêmement difficile. Aussi, deux ans après la naissance de Louis, les Jobin retournèrent habiter Neuville, un village également connu sous le nom de Pointe-aux-Trembles. Puis, grâce à une donation, ils devinrent le 20 novembre 1849 propriétaires d'un lot, d'une maison de bois et de bâtiments de ferme situés dans le village du Petit-Capsa, aujourd'hui appelé Pont-Rouge. Le recensement de 1851 établit que le cultivateur Jean-Baptiste Jobin et Luce Dion étaient alors les parents de trois enfants: Louis, 6 ans, Joseph, 4 ans, et Narcisse, 1 an.

On sait peu de chose sur l'enfance de Louis Jobin à Pont-Rouge, sinon qu'il aurait quitté le foyer familial vers l'âge de 14-15 ans afin de gagner sa vie comme ouvrier. Au recensement de 1861, Louis n'apparaît plus parmi les enfants vivant au domicile de Jean-Baptiste Jobin. Vers 1920, Victoria Hayward eut un entretien avec Jobin. Ce qui suit confirmerait son départ de Pont-Rouge à un âge relativement jeune: « J'étais encore un jeune garçon lorsque mon père m'a envoyé travailler chez mon oncle, qui était sculpteur sur bois, pour que j'apprenne le métier. Il y avait beaucoup de travail dans le domaine de la sculpture à l'époque. C'était les navires en bois alors, vous savez ... » *(Traduction)*. Au cours des années 1850, on comptait en effet plusieurs chantiers de construction navale dans la grande région de Québec. L'industrie était en pleine expansion, elle faisait vivre presque la moitié de la population et procurait donc du travail à plusieurs sculpteurs de figures de proue (fig. 1).

En 1925, Jobin confia à Marius Barbeau qu'il avait alors envisagé de se consacrer à la peinture. C'est Napoléon Lacasse, prêtre et professeur à l'École normale Laval de Québec, qui lui aurait inculqué le goût des beaux-arts et qui l'aurait invité à venir étudier à Québec où il remplit les tâches de portier et de sacristain de l'École normale.

Fig. 1. *Le chargement d'un voilier à Sillery vers 1870. Sous le beaupré du bâtiment, une figure de proue masculine comme en exécuta Jobin à l'époque de son apprentissage à Québec.* (Photo William Notman; Archives photographiques Notman, Musée McCord de Montréal, nég. nº 76319-1).

Généalogie professionnelle du maître-sculpteur

École de Montréal

École de Québec

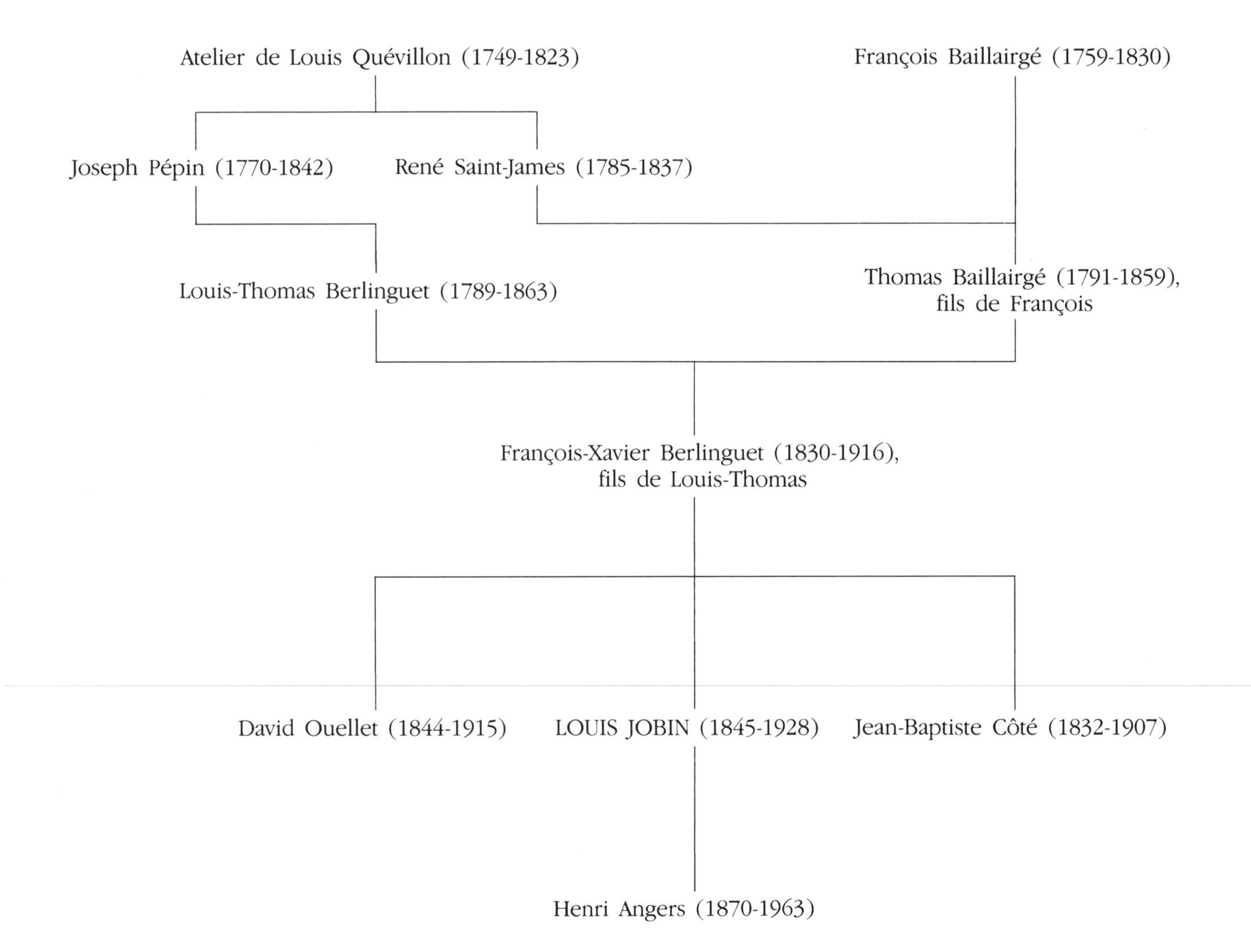

Ne trouvant pas là « grand désennui », selon son expression, Jobin aurait quitté l'institution au bout de six mois avec l'intention d'entreprendre une carrière de photographe, un métier très à la mode et assez lucratif. L'abbé Lacasse, cependant, l'aurait incité à renouer avec la sculpture sur bois en allant travailler avec François-Xavier Berlinguet (1830-1916).

Ainsi donc, ayant été initié au travail du bois chez un oncle sculpteur et après avoir rejeté l'idée de se consacrer à la peinture ou à la photographie, Jobin décida d'entrer, à l'âge de 20 ans, dans l'atelier d'un maître-sculpteur réputé. Surmontée d'une grande statue de *Jacques Cartier* (cat. n° 53), la boutique de F.-X. Berlinguet était située rue Saint-Jean, dans le quartier du même nom à Québec.

François-Xavier Berlinguet est le type même de l'homme polyvalent de la seconde moitié du XIXe siècle. Mais au milieu des années 1860, c'est surtout sa réputation de sculpteur qui se trouve solidement établie. L'importance de ses réalisations sera maintes fois soulignée par les chroniqueurs. Il en fut ainsi de son entreprise majeure, la décoration de l'intérieur de l'église de Beauport dans un style néogothique et dont le choeur, entre autres, avait été orné d'une dizaine de statues de grandes dimensions (cat. nos 38-40).

Connaissant parfaitement bien les derniers styles et les nouvelles techniques, F.-X. Berlinguet ne se rattachait pas moins à une tradition qui remontait au début du XIXe siècle. Si on regarde la généalogie professionnelle du maître-sculpteur (voir tableau), on constate que Berlinguet se situait à la jonction de deux grandes écoles de sculpture de la première moitié du XIXe siècle. Par le fait même, Jobin héritait d'un savoir qui lui fut transmis selon les règles de la corporation « ouverte » dont la principale exigeait qu'il fasse l'apprentissage de son métier. L'esprit du système corporatif de même que la tradition concernant cet apprentissage devaient se maintenir, à des degrés divers, jusqu'au tournant du siècle. C'est dans ce contexte qu'il faut situer l'engagement de Jobin par le maître-sculpteur à l'automne 1865.

Selon Jobin lui-même, il n'avait pas, comme tel, signé de contrat avec Berlinguet. Cependant une entente verbale stipulait que durant la première année le nouvel apprenti, sans être payé, serait logé et nourri par son patron, puis qu'on lui verserait un dollar par mois durant la deuxième année et deux dollars par mois durant la troisième. L'engagement était donc d'une durée de trois ans. Les clauses de ce marché quant à la durée et aux conditions matérielles étaient assez semblables à celles du contrat liant habituellement les maîtres-sculpteurs et les apprentis au XIXe siècle. L'âge de Jobin et la connaissance qu'il avait des rudiments du métier expliqueraient la courte durée de son apprentissage. Selon la coutume, il était entendu que Berlinguet traiterait son apprenti le plus humainement possible et qu'il lui enseignerait tous les secrets du métier. De son côté, Jobin devait se montrer obéissant et travailler depuis le matin jusqu'au soir.

Les fonctions et les tâches dans l'atelier de Berlinguet étaient plus ou moins bien définies. Le maître était secondé par un chef d'équipe du nom d'Augustin Richard, menuisier de son métier. D'ailleurs, il y avait là plusieurs menuisiers dont « Pite » Allard, un homme-à-tout-faire. Il y avait aussi des sculpteurs. Narcisse Bertrand, un ancien apprenti depuis peu à l'emploi de Berlinguet, était l'un d'eux. Après les assistants venaient un certain nombre d'apprentis parmi lesquels se trouvait David Ouellet (1844-1915) que le maître forma en architecture. Il y eut enfin d'autres ouvriers, comme les menuisiers Chamberland et Vachon, mais la plupart n'étaient que de passage à l'atelier. L'atelier regroupait en somme des assistants et des apprentis, les uns « pensionnés » (c'est-à-dire nourris et logés), les autres rémunérés, spécialisés chacun dans leur domaine et affectés à divers travaux de menuiserie, de sculpture, de statuaire et d'architecture.

Durant les années d'apprentissage, on n'offrait pas à proprement parler de cours théoriques d'anatomie et de perspective. Le travail en atelier n'en était pas moins une excellente façon d'acquérir les connaissances nécessaires à la conception et à l'exécution d'un décor ou d'une oeuvre sculptée.

Au début, Jobin était suivi de façon assidue par Berlinguet. Le maître lui expliquait comment préparer une pièce de bois, comment procéder à sa mise-aux-points, comment mesurer les proportions en vue de la taille d'un ornement, d'un relief ou d'une statue. Puis Berlinguet eut à s'absenter de plus en plus fréquemment afin de s'occuper de ses nombreuses autres entreprises. Pour pallier cette absence, Jobin se tourna alors vers les assistants du patron. Mais surtout, il commença à recourir à la bibliothèque de l'atelier. Il eut à consulter aussi bien des livres spécialisés que des ouvrages d'une portée générale : le *Traité de Vignole* sur les cinq ordres d'architecture, le *Nouveau manuel Roret* sur la sculpture sur bois, le fameux *Cours d'architecture* de J.-F. Blondel et des dictionnaires de toutes sortes. Depuis la fin du XVIIIe siècle, le recours à des ouvrages de référence illustrés, en architecture comme en sculpture, était en effet une pratique courante dans les ateliers de Québec et de Montréal. Jobin se trouva dès lors initié aux règles anciennes et modernes régissant la sculpture

SANCTUS

sur bois, les ordres décoratifs, les proportions des figures, etc.

Ces connaissances de base acquises, c'est essentiellement en participant aux travaux quotidiens de l'atelier que Jobin apprit les principaux secrets de son métier tout en développant ses aptitudes naturelles. En théorie comme en pratique, on voulut faire de lui un sculpteur polyvalent capable de répondre aux nombreuses exigences de la clientèle. L'atelier de Berlinguet devait en effet faire face à des marchés qui allaient de la décoration des édifices civils ou religieux à l'ornementation des navires, en passant par la fabrication d'enseignes de commerce. Jobin travailla donc à la confection de meubles liturgiques aussi bien qu'à la réalisation de statues en pied. Mais très tôt et grâce à son talent naturel, il surpassa tous les autres assistants dans le domaine de la statuaire si bien qu'il entreprit de se spécialiser dans l'ébauche de statues profanes et religieuses.

On ne sait pas jusqu'à quel point Jobin fut amené à participer aux grandes entreprises de Berlinguet durant les années 1865-1870. Mais il est certain que, vers 1867, il travailla avec David Ouellet à la réalisation de trois autels néogothiques dessinés par Berlinguet pour l'église de Sainte-Marie-de-Beauce. En fait, ce travail en fut un d'ébénisterie plutôt que de sculpture (fig. 2). Aussi, ayant à s'inspirer d'un modèle en terre glaise façonné par Berlinguet, Jobin eut à ébaucher dans le bois et à reproduire fidèlement six culots destinés à supporter des *anges* à l'église Saint-Jean-Baptiste de Québec.

Peu d'oeuvres religieuses figuratives nous sont parvenues qui furent exécutées par l'apprenti Jobin. Deux *saintes* lui sont néanmoins attribuées. Elles proviendraient de l'église Saint-Jean-Baptiste de Québec (fig. 3 et 4). Il ne fait aucun doute que les deux oeuvres étaient à l'origine faites pour aller ensemble. Elles font ressortir chez l'apprenti-sculpteur, une maîtrise précoce du métier de statuaire de même qu'un sens de la monumentalité qui deviendra l'une de ses principales caractéristiques.

Comme les oeuvres à caractère religieux, la majorité des oeuvres profanes de cette période ont été détruites ou n'ont pas été retrouvées. Chose certaine, Jobin eut à remplir de nombreuses commandes passées à l'atelier

Fig. 3 (à gauche). ***Sainte religieuse tenant un livre*** *attribuée à Jobin et datée de 1869. Bois doré, 47 cm. Coll. Musée des beaux-arts du Canada, Ottawa, nº 6812.* (Photo M.A.C.Q., Fonds Gérard-Morisset, nég. nº 16907.2.G-4).

Fig. 4 (à droite). ***Sainte religieuse aux mains jointes*** *attribuée à Jobin et datée de 1869. Bois doré, 48,1 cm. Coll. Musée du Québec, Québec, nº 34.621.* (Photo Patrick Altman, Musée du Québec).

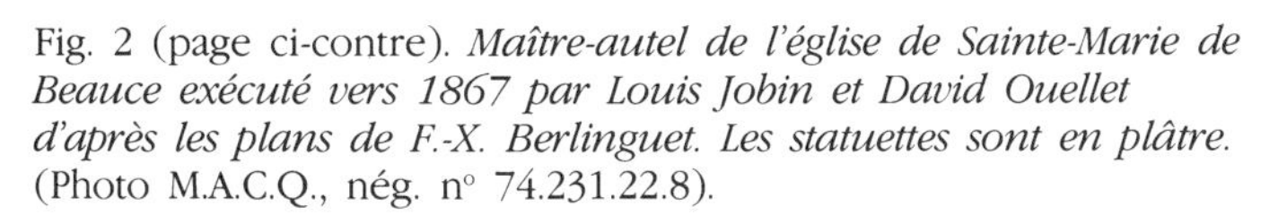

Fig. 2 (page ci-contre). *Maître-autel de l'église de Sainte-Marie de Beauce exécuté vers 1867 par Louis Jobin et David Ouellet d'après les plans de F.-X. Berlinguet. Les statuettes sont en plâtre.* (Photo M.A.C.Q., nég. nº 74.231.22.8).

du maître par des constructeurs de navires et par des commerçants. Vers 1920, quand Victoria Hayward demanda à Jobin s'il était entré chez Berlinguet pour apprendre à sculpter des statues religieuses, celui-ci répondit: « Pas du tout! Avec M. Berlinguet, tous les genres de sculpture sur bois. Quelques statues religieuses, mais [...] dans ce temps-là, c'était principalement des figures de proue avec les grands navires en bois qu'il y avait un peu partout. [...] C'était surtout des figures de proue. » *(Traduction)* (fig. 1). Vers 1865, l'industrie de la construction navale à Québec était en effet à son apogée. Dans l'atelier de Berlinguet, comme jadis chez son oncle, Jobin eut donc à sculpter des figures de proue. Le marché de la sculpture commerciale, en outre, lui fournit l'occasion de s'initier à l'art animalier et même héraldique. D'après un modèle « empaillé » prêté à l'époque par le Musée de l'université Laval, l'apprenti eut à tailler un petit *renard* pour l'enseigne d'un marchand de fourrures établi sur la rue du Pont, dans le quartier Saint-Roch. Dans une autre veine, il eut à exécuter les *Armoiries de la reine Victoria* pour l'édifice de l'ancienne Assemblée législative, près de l'Archevêché de Québec. Le relief reproduisant un lion, une licorne et le blason britannique était de dimensions imposantes, soit 120 par 160 cm. Jobin a lui-même dit à Barbeau que, de temps à autre, il sculptait de ces « choses-là ».

L'apprenti exécuta finalement pour lui-même et pour son seul plaisir quelques pièces fantaisistes, c'est-à-dire des oeuvres qui n'avaient pas été commandées par d'autres à des fins précises. Il en va ainsi d'un *coléoptère*, un insecte « agrandi 70 fois » et taillé dans du bois blanc et dans du pin, et du *Coffret au chien couché* (cat. n° 48). L'étonnant *Autoportrait* (cat. n° 47) du Musée national de l'Homme se rattache également à cette catégorie d'oeuvres.

Vers 1860, le métier de sculpteur était encore soumis à des règles et à des coutumes que, sous prétexte d'originalité ou par individualisme, on ne pouvait pas bousculer indûment. Les techniques de la sculpture sur bois s'étaient développées de façon, sinon systématique, tout au moins constante au cours du XIXe siècle. En ce sens, il ne fait pas de doute que l'héritage recueilli de ses prédécesseurs par F.-X. Berlinguet, puis légué à ses successeurs, aura profondément marqué Louis Jobin.

Il est évident que la formation de Jobin a relevé d'un mode d'apprentissage traditionnel. De ce point de vue, le sculpteur pourrait être considéré comme appartenant à une école ancienne. Mais ce serait compter sans l'apport personnel de Berlinguet à l'évolution de la sculpture dans le dernier quart du XIXe siècle. On ne saurait ignorer en effet que celui-ci fut un fervent tenant des styles dits « revivals » et qu'il se faisait le promoteur de procédés techniques mécaniques. L'assimilation des styles à la mode et des techniques les plus récentes montre chez lui une remarquable faculté d'adaptation aux exigences du marché. Berlinguet et, à sa suite, Louis Jobin, surent répondre aux besoins et aux goûts nouveaux de leurs diverses clientèles.

Ayant tiré le meilleur parti possible de ses trois années d'appprentissage, Louis Jobin ne jugea pas opportun de poursuivre sa carrière à titre de compagnon de Berlinguet. Il décida donc d'aller compléter sa formation de sculpteur sur bois à l'étranger. Il alla d'abord à New York. Avec une population atteignant les 600 000 habitants et d'une superficie qui l'avait fait s'étendre hors de Manhattan, la métropole américaine était devenue le plus grand port et le principal lieu d'immigration des Etats-Unis.

Les raisons qui ont amené Jobin à choisir New York plutôt que toute autre ville nord-américaine restent obscures. La démarche du jeune homme n'est toutefois pas étrangère à celle des nombreux Canadiens-français qui partaient à l'époque pour la Nouvelle-Angleterre, phénomène qui prit justement toute son ampleur à partir de la décennie 1860-1870. De plus, la métropole américaine apparaissait être l'endroit idéal pour se familiariser avec le marché que visait Jobin et qui était celui de la sculpture profane. New York projetait alors l'image d'une « capitale » de la sculpture en Amérique. Enfin, il est tout à fait possible qu'ayant eu vent de l'essor que connaissait là-bas la fabrication d'enseignes commerciales, Jobin ait été attiré par la perspective d'une formation complémentaire dans ce domaine, voire par celle d'un emploi de longue durée.

Si, à New York, Jobin ne devait pas être introduit dans les milieux académiques, il n'empêche qu'il trouva dans la capitale artistique un climat stimulant et qu'elle fut pour lui une source d'inspiration. Car les artisans qui fabriquaient des figures de proue et des enseignes sculptées, les « carvers », les « figure carvers » et les « ship and show-figure carvers », formaient de leur côté un milieu très actif. Ils étaient regroupés à la pointe sud de Manhattan, dans le quartier avoisinant South Street à proximité du port. Et c'est là que débarqua le jeune Québécois à la fin de 1868 ou au début de 1869 pour y demeurer plus d'un an tout en travaillant dans divers ateliers.

Jobin fut d'abord engagé par un dénommé William Boulton, un marbrier d'origine londonienne. Boulton aurait quitté la Grande-Bretagne, où il avait été formé en sculpture sur pierre, vers 1860. Après plusieurs déménagements, il installa son studio au 2 Coenties Slip en 1869. Se désignant moins comme « sculptor » que comme « carver », Boulton était alors spécialisé dans la fabrication de figures-enseignes en bois destinées aux devantures des commerces, plus particulièrement à celles des débits de tabac. Ce fut donc pour ce type d'ouvrage que Jobin fut engagé comme assistant-sculpteur. De la sorte, le jeune Québécois prit encore de l'expérience dans la confection d'enseignes commerciales. D'après ce qu'il en a dit lui-même, il avait, au surplus, à faire valoir ses talents d'ébaucheur et de statuaire. Jobin serait resté assez longtemps chez Boulton. Mais la boutique, en raison du grand désordre qui y régnait, tomba bientôt en faillite. Selon Jobin, néanmoins, le maître anglais lui aurait donné de nombreux et fort utiles conseils.

Jobin travailla ensuite chez des Allemands. Il y a tout lieu de croire que ce fut pour la firme de Simon Strauss. Originaire de la Bavière, Strauss avait reçu une formation de sculpteur sur bois. Vers 1870, son atelier était situé au 253 South Street. Tout comme Boulton, Strauss s'annonçait comme étant un « Carver of Figures for Segar Stores ». Dans l'atelier allemand, Jobin poursuivit son travail d'ébaucheur puisque ses patrons, selon son expression, « étaient bons pour finir pas pour ébaucher ».

Bien que ses patrons newyorkais se présentaient surtout comme des sculpteurs d'enseignes et que la construction navale à New York fut, vers 1865, à son plus bas, il semble que Jobin se soit aussi adonné à la confection de figures de proue. Et si tel est le cas, ce fut sans doute pour le clipper, un nouveau type de navire très populaire et conçu pour franchir de longues distances à de très grandes vitesses.

Louis Jobin ne fut pas le seul sculpteur étranger à venir chercher du travail dans la métropole américaine. Ses patrons newyorkais avaient tenté leur chance avant lui. Tout comme allaient le faire de nombreux autres sculpteurs européens et canadiens à la fin du siècle. Mais la concurrence était vive et les boutiques d'artisans ouvraient et fermaient leurs portes suivant les modes. Il semble que le milieu de la sculpture n'ait pas vraiment répondu aux attentes de Jobin. Le marché de l'enseigne commerciale était saturé. Seuls quelques artisans privilégiés pouvaient se consacrer exclusivement à la sculpture figurative. Quelques sculpteurs de renom avaient même accaparé le marché newyorkais de l'enseigne. L'un des plus connus était Thomas V. Brooks (1828-1875). Vers 1870, son atelier était situé sur South Street, à quelques pas des boutiques de Boulton et de Strauss. Les commerçants et tabaconistes de New York trouvaient là, en grande variété, les meilleures figures sculptées destinées à servir d'enseignes.

De leur côté, les détaillants Edward Hen (1817-1887) et William Demuth (1835-1911) étaient en train de bouleverser le marché traditionnel de même que le métier de sculpteur sur bois. Hen incita plusieurs sculpteurs spécialisés dans les travaux navals à confectionner des enseignes et il constitua des stocks énormes de figures qu'il se proposait de répandre dans tout le pays. Quant à Demuth, il prit la relève de Hen et devint le plus grand fournisseur d'enseignes commerciales et d'Indiens aux États-Unis et à l'étranger. Il fut en outre l'un des premiers détaillants de figures de tabaconiste coulées en métal. Il n'est pas exclu qu'en 1869, durant la *Thirty-eight Annual Fair of the American Institute*, la première exposition d'art de figures d'enseignes et d'Indiens de tabaconiste jamais tenue aux États-Unis, Louis Jobin ait alors admiré les statues de Demuth.

Malheureusement, rien de ce qu'a pu faire Jobin au cours de son séjour aux États-Unis ne nous est parvenu. On ne connaît pas davantage les travaux de ses patrons newyorkais. Quoi qu'il en soit, Jobin était allé dans la métropole américaine avec l'intention de se perfectionner et il semble qu'il y ait effectivement appris une foule de choses.

Au début de 1870, Jobin quitta donc les États-Unis pour venir s'établir à Montréal. Alors commence l'une des plus longues et des plus fructueuses carrières de sculpteur de l'histoire du Québec.

Montréal était devenue la métropole du Canada. Centre industriel et commercial en pleine expansion, la ville comptait plus de 100 000 habitants et continuait de drainer les populations rurales tout en accueillant les immigrants venus des quatre coins du globe. Aussi est-ce avec la même détermination qui l'avait conduit à New York que Jobin résolut de se fixer à Montréal.

Jobin vécut cinq ans dans la métropole. Il travaillait à son compte et possédait sa propre boutique. Il aurait même acheté la maison d'un dénommé Dauphin, sculpteur de son métier. Les annuaires de la ville nous indiquent que, de 1870 à 1874, Jobin demeura au 58 de la rue Notre-Dame, à la hauteur de la rue Bonsecours et, en 1875, dans le quartier « Hochelaga near tollgate ». Comme la South Street des artisans newyorkais, la rue Notre-Dame regroupait vers 1870 de nombreux ateliers de sculpture, notamment des maisons italiennes spécialisées dans la statuaire religieuse.

Le recensement de 1871, à Montréal, nous apprend que Louis Jobin, alors âgé de 25 ans, demeurait avec Flore et

Fig. 5a et b. ***Table de jeu*** *(face et revers) signée: « N.J. (2 fois) 1871 » et attribuée à Narcisse Jobin. Bois polychrome, 71,2 × 41 × 2,1 cm. Coll. Musée national de l'Homme, Ottawa, nº 79.665.* (Photos M.N.C.O., Coll. Marius-Barbeau, nég. nos 97360 et J-8477).

Narcisse Jobin qui étaient respectivement âgés de 30 et 21 ans. L'une était son épouse, née Marie-Flore Marticotte, et l'autre, son jeune frère identifié comme apprenti-sculpteur. Jobin se serait marié, soit à la fin de son apprentissage à Québec, chose courante chez les apprentis accédant à la profession, soit à son retour des États-Unis. Quant à Narcisse Jobin, il apparaît on ne peut plus évident qu'il était employé par son frère aîné. D'ailleurs, le seul ouvrage connu de Narcisse date de cette époque. Il s'agit d'une table de jeu rectangulaire, en bois sculpté et peint polychrome, travaillée des deux côtés et pouvant servir de damier et d'échiquier (fig. 5a et b).

En raison de la diversité des marchés, Jobin doit aussitôt s'adonner à toutes sortes de travaux allant de l'ébénisterie à la sculpture figurative. Cependant, afin de faire face à la concurrence et pour se faire un nom dans le milieu, le sculpteur se voit d'abord obligé d'accepter tous les genres de commandes: « À Montréal, quand je me suis établi là, raconta-t-il à Barbeau, j'ai fait de tout, excepté du beau. C'était la nécessité de gagner mon pain. » Et c'est avant tout le marché de la sculpture profane qui va permettre à Jobin de vivre de son métier. Aussi, bien qu'il nous soit resté fort peu d'exemples de sa production montréalaise, il est clair que Jobin a dû accorder une place prépondérante à la sculpture navale et commerciale en regard de la sculpture ornementale et religieuse.

Les propos de Jobin rapportés par Victoria Hayward sont assez révélateurs de l'importance que revêtaient les chantiers de construction navale pour les sculpteurs de l'époque: « C'était l'ère des navires en bois, chacun d'eux devait avoir une figure de proue. C'est ce que nous faisions – des figures de proue. [...] Des figures, des panneaux d'identification en relief et des petites décorations aux poupes, des cordages comme moulures, etc. » *(Traduction)*. De fait, l'ornementation sculptée d'un navire ne se limitait pas à la figure de proue. Occupant un emplacement privilégié sous le beaupré, celle-ci était néanmoins la pièce qui demandait le plus de travail. Elle faisait vraiment corps avec le reste du bâtiment.

Symbolisant le nom du navire, ces sculptures se divisaient en deux groupes principaux: les figures anthropomorphes et les figures zoomorphes. Parmi les représentations masculines, celle de l'Amérindien fut privilégiée par les constructeurs nord-américains de navires. La seule sculpture navale connue de Jobin durant cette période appartenait précisément à ce type. Il s'agit de l'effigie du *Chief Angus* qui est l'une des nombreuses figures de proue qu'un certain capitaine MacNeil aurait commandées au sculpteur.

S'il arrivait qu'une sculpture pût être commandée par le capitaine ou le propriétaire d'un navire, la présence d'une figure de proue sur le bâtiment était la plupart du temps décidée par le constructeur lui-même. Le sculpteur naval devait être en mesure de rencontrer les exigences de son client relatives à l'emplacement, aux dimensions, au sujet et à l'allure générale de la figure. Il avait aussi à connaître la nature des différents navires, ses figures de proue devant s'adapter à la structure de chacun d'eux. En somme, le sculpteur devenait l'exécutant d'un projet conçu par l'architecte ou le constructeur naval et subordonné à la forme du navire.

L'activité de Jobin dans le domaine de la sculpture navale s'inscrit dans une période où l'industrie connaît des bouleversements majeurs. Au moment même où le sculpteur entreprenait sa carrière, la construction des voiliers de bois agonisait. Jobin devait évoquer la chose lors de ses conversations avec Victoria Hayward:

> Je suis revenu à Montréal et j'y ai établi un atelier. Puis ça a été le commencement du déclin des bateaux à voile. Et alors moi et les autres nous avons connu des temps difficiles. Les vapeurs, ajouta-t-il avec amertume, n'avaient pas besoin de figures de proue. Il n'y avait pas de place pour elles. Bien qu'au début, ils aient eu parfois des proues de voilier. Mais non, il n'y en avait pas beaucoup. *(Traduction)*.

Le déclin de cette industrie s'accéléra en effet à l'arrivée d'une nouvelle génération de bâtiments à vapeur et de navires de métal. Après 1870, les commandes de figures de proue se firent de plus en plus rares. Face à la disparition progressive de ce marché, bien des sculpteurs sur bois allaient alors se tourner vers celui de l'enseigne commerciale qui, lui, était au contraire en plein essor.

La plupart des sculpteurs québécois répondaient déjà à la demande provenant de marchés adjacents comme celui de l'art religieux ou ceux d'autres domaines de l'art profane. Ces derniers offraient effectivement des perspectives intéressantes qui recouvraient aussi bien les monuments funéraires et les meubles domestiques que les ornements de jardin ou les enseignes commerciales. Le marché de l'enseigne peinte ou sculptée, en particulier, connut une expansion sans précédent.

La prolifération des enseignes, à la fin du siècle dernier, fut étroitement liée à l'urbanisation, à l'immigration et à l'industrialisation. « Je faisais des enseignes surtout », confia Jobin à Barbeau. « C'était les années que les fermiers se mettaient marchands et il y avait des enseignes à faire ». Comme à New York, le marché de l'enseigne à Montréal se développa avec l'arrivée d'un grand nombre de ruraux illettrés et d'immigrants allophones et avec la création d'une multitude de nouveaux

Fig. 6a et b. ***Indien** (face et revers), figure-enseigne de tabaconiste, vers 1870. Bois polychrome, grandeur nature. Oeuvre disparue. Photos originales déposées au Fonds Marius-Barbeau, A.N.Q.M.* (Copies photographiques M.N.C.O., Coll. Marius-Barbeau, nég. n[os] J-8482-A et B).

commerces. En plus d'attirer l'attention, l'enseigne figurative permettait en effet à la clientèle d'identifier plus facilement les produits ou les services qui lui étaient offerts. Et elle pouvait être comprise par tout le monde.

La perspective de pouvoir travailler dans le domaine de l'enseigne commerciale, selon toute vraisemblance, incita Jobin à entreprendre sa carrière à Montréal plutôt qu'à Québec. Et bien que ce fût par nécessité que, de son propre aveu, le sculpteur ait dû accepter ce genre de commandes provenant de commerçants et même de professionnels. Ses enseignes en relief ou en ronde-bosse très élaborées représentaient des animaux aussi bien que des personnages grandeur nature. Jobin exécuta ainsi un « *mouton pendu* » pour orner la boutique d'un tailleur et un *avocat* pour une étude légale située en face du Palais de justice, rue Notre-Dame. Mais ce sont surtout les statues de tabaconiste qui lui permirent de vivre de son métier lorsqu'il était à Montréal. Ces figures en pied sont aujourd'hui considérées comme les plus pittoresques, les plus populaires et les plus variées des enseignes sculptées au siècle dernier.

Une annonce parue dans *La Minerve* à partir du 4 juin 1870 nous fait voir que, dès son installation à Montréal, Jobin s'adonna durant plusieurs mois à la confection de statues profanes servant d'enseignes de tabaconiste ou d'ornements de jardin :

> GRANDE EXHIBITION.
> Un Magnifique LOT DE STATUES pour Tabaconiste ou pour Jardin, fait ici par LOUIS JOBIN. En vente chez Joseph T. Saucier, Tabaconiste, N°. 19, Rue St.Laurent, Montréal.

La réclame indique donc que Jobin reprenait à Montréal la spécialité qu'il avait développée à New York. De plus, le sculpteur le souligna à Marius Barbeau, il confectionna à Montréal « une sauvagesse [...], différents modèles de ces sauvages-là et même des petits nègres ». Ces derniers pourraient être soit les statues de jardin annoncées dans *La Minerve*, soit d'autres figures de tabaconiste elles aussi courantes à l'époque.

Au milieu du XIXe siècle, l'industrie et le commerce du tabac avaient connu un grand essor, l'usage du cigare s'étant partout répandu en Amérique du Nord. Dès lors, les Indiens, qui furent les premiers Américains à cultiver le tabac, devinrent le symbole publicitaire par excellence des tabaconistes. L'enseigne de l'*Indien* allait être utilisée jusqu'à la fin du siècle dans la plupart des villes du continent.

Fixées sur une base munie de roulettes, les figures de grand format étaient placées sur le trottoir, près de la porte d'entrée des commerces. Bien qu'on ne sache pas à quel magasin il était destiné, deux photographies de l'époque (fig. 6 a et b) nous font voir le premier *Indien* que Jobin sculpta à Montréal. Cette enseigne grandeur nature et polychrome correspond à une catégorie de figures conventionnelles qui étaient très populaires durant cette période. Ces *Indiens* sont plus ou moins conformes à ceux des images publiées dans des catalogues de manufactures américaines telle Demuth. Ils se caractérisent par une attitude solennelle et des traits idéalisés (cat. n° 57). Les uns tiennent des feuilles de tabac, d'autres une poignée de cigares.

Très populaire, la figure de l'Indien ne constituait pas pour autant le seul sujet représenté aux devantures des bureaux de tabac. D'après son propre témoignage, Jobin sculpta en 1873 la statue d'un *matelot* qui devait servir d'enseigne à un marchand de tabac montréalais (cat. n° 56).

Composées principalement de figures de tabaconiste, les enseignes commerciales sculptées par Jobin occupèrent sans l'ombre d'un doute, dans ses activités quotidiennes, une place plus importante que la sculpture navale. Mais parallèlement au secteur profane qui ne lui assurait pas suffisamment de revenus, il en est un autre auquel devait s'intéresser le sculpteur. Évoluant dans un milieu dominé par l'ultramontanisme et par le triomphalisme, Jobin fut sensible à la possibilité que lui offrait l'Église québécoise de s'affirmer également dans le domaine de l'art religieux. Fort de sa toute première formation chez Berlinguet, il n'hésita pas à répondre à des commandes de pièces de mobilier liturgique et d'oeuvres figuratives de dimensions et de revêtements variés.

C'est vraisemblablement avec l'aide de son frère Narcisse que Jobin réalisa la décoration des tombeaux d'autel à l'église Saint-Pierre-Apôtre de Montréal. Cette église renferme trois autels de chêne verni et doré dont les tombeaux sont ornés d'un *Agneau mystique* (fig. 7a et b). Par ailleurs, trois des rares reliefs exécutés par le sculpteur l'ont été à son atelier montréalais : *L'apparition de Notre-Dame de Lourdes* de l'église du Sault-au-Récollet, *La Sainte Famille* du Carmel de Montréal et *Le Bon Pasteur* conservé au Musée des beaux-arts du Canada. Le 3 janvier 1873, un chroniqueur du journal *La Minerve* parla avec enthousiasme du premier de ces tableaux sculptés (fig. 8) :

> La « Grotte de Lourdes » devient tous les jours de plus en plus célèbre [...] Mais [...] nous ignorons tout à fait la topographie de cet endroit [...] Il est sans doute [...] beaucoup de fidèles qui désireraient se rendre à Lourdes pour voir de leurs propres yeux la place du miracle ; une foule d'obstacles les empêchent de réaliser ce désir.

Fig. 7. *Tombeau du maître-autel (ensemble et détail) de l'église Saint-Pierre-Apôtre de Montréal. Sculpture décorative attribuée à Jobin, vers 1875.* (Photo Mario Béland, Musée du Québec).

Fig. 8. ***L'Apparition de Notre-Dame à Lourdes****, bas-relief signé (en bas, à droite): « L. JOBIN/1873 ». Bois polychrome, 121 × 200,5 cm. La statuette originale de la Vierge a été remplacée. Église de la Visitation du Sault-au-Récollet.* (Photo M.A.C.Q., nég. nº 73.310.22).

M. Jobin, de la rue Notre-Dame [...] a compris tout cela. Il s'est mis à l'oeuvre, il a travaillé ardument et aujourd'hui, ce monsieur offre en vente un splendide ouvrage en plâtre, représentant la grotte de Lourdes, la montagne, le gave petit cours d'eau qui coule au pied de la grotte.

La scène de l'apparition de Marie à Bernadette n'a pas, non plus, été oubliée et le tableau nous montre la petite paysanne à genoux sur les bords du Gave, les yeux tournés vers la Mère du Sauveur. Cette dernière est entourée d'une auréole et au-dessus de sa tête, nous lisons les mots « Je suis l'Immaculée Conception ».

En un mot, rien n'a été omis dans le travail, la peinture recouvre le plâtre et ne sert qu'à donner un plus grand prix à l'oeuvre de M. Jobin.

Nous félicitons l'auteur de l'heureuse pensée qu'il a eue de faire un ouvrage que, nous n'en doutons pas, les catholiques de Montréal s'empresseront d'acheter.

Malgré ce que laisse entendre le journal, le bas-relief de Jobin est bien un ouvrage en bois. L'article de *La Minerve* révèle toutefois que le sculpteur connaissait le marché de l'art religieux et qu'il le savait évidemment tributaire des dévotions les plus populaires ou les plus récentes comme le culte à Notre-Dame de Lourdes. Les thèmes des deux autres reliefs font également voir l'intérêt que portait Jobin aux dévotions plus anciennes et qui jouissaient de leur côté d'un regain de vigueur. *La Sainte Famille* du Carmel de Montréal (cat. nº 46) s'avère être non seulement l'une des premières oeuvres majeures de Jobin mais aussi l'une des plus recherchées de toute sa production religieuse. Ce superbe tableau sculpté nous démontre que s'il est surtout réputé pour sa statuaire, Jobin n'en est pas moins un excellent sculpteur de reliefs. Quant au *Bon Pasteur*, il s'agit de l'une des rares oeuvres religieuses que Jobin ait réalisées non pas pour répondre à une commande mais

Fig. 9. ***Le Bon Pasteur**, haut-relief signé (en bas, à droite): « L. JOBIN » et daté de 1870-1875. Bois polychrome, 81,3 × 67,3 cm. Coll. Musée des beaux-arts du Canada, Ottawa, n° 6775.* (Photo M.A.C.Q., Fonds Gérard-Morisset, nég. n° 16907.2.G-11).

pour son propre plaisir. Aussi, le sculpteur devait jalousement garder, jusqu'à sa mort, ce relief considéré cependant à tort par plusieurs comme le chef-d'oeuvre de ses années d'apprentissage (fig. 9).

Avec les panneaux sculptés du *Bon Pasteur* et de *La Sainte Famille*, Jobin réalisa à Montréal ses premiers et derniers reliefs importants. Le sculpteur allait désormais se consacrer presque uniquement à la ronde-bosse avec laquelle s'affirmera son talent de statuaire. Deux *saint Joseph* datés de cette période témoignent de la facilité avec laquelle Jobin pouvait oeuvrer dans ce domaine. La première oeuvre, polychrome et de petites dimensions, est conservée au monastère des ursulines de Québec alors que la deuxième, une statue presque colossale, en bois recouvert de cuivre peint noir, surmonte la façade de l'église de Deschambault. Ce dernier *saint Joseph* constituerait la première statue religieuse que Jobin ait conçue pour décorer l'extérieur d'un bâtiment et qu'il ait réalisée selon le procédé du repoussé-estampé (cat. n° 31). L'oeuvre serait en fait la première d'une production progressivement axée sur le marché de la statuaire religieuse d'extérieur et faite généralement de sculptures de grand format et recouvertes de métal.

C'est à Louis Jobin qu'est attribué l'ensemble statuaire réalisé en 1870-1871 pour la façade néogothique de l'église de Saint-Henri de Lévis. Cet ensemble concerté et homogène présentait un programme thématique assez simple: *Henri de Bamberg*, *saint Pierre* et *saint Paul*, et les quatre *évangélistes* (fig. 10). Jalon important pour comprendre le phénomène des projets statuaires décoratifs et monumentaux, l'ensemble de la façade de Saint-Henri contredit l'opinion assez répandue voulant que le style néogothique n'ait guère favorisé le déploiement de sculptures figuratives à l'extérieur comme à l'intérieur des édifices religieux construits en cette époque (cat. n°s 38-40).

En regard du marché de la sculpture, Jobin eut donc à Montréal à tenir compte de deux phénomènes importants: le déclin de la construction navale et l'essor de l'enseigne commerciale. Le marché de la sculpture ornementale et religieuse fut plus stable. Il reste qu'on constate l'indéniable prépondérance de la sculpture profane dans sa production montréalaise.

Néanmoins, c'est bien à son atelier de Montréal que Jobin a commencé à se spécialiser dans la production de statues de grandes dimensions destinées à décorer l'extérieur des édifices. Ce marché s'ouvrait à peine, il promettait cependant beaucoup. Mais Jobin n'était pas en mesure, à l'époque, de concurrencer les maisons établies sur la rue Notre-Dame. Des statuaires-mouleurs italiens comme G. Baccerini, Thomas Carli, Carlo Catelli, A.Giannotti, et les succursales de manufactures françaises telles Coulazou de Montpellier et C. Champigneulle de Bar-le-Duc fabriquaient ou diffusaient une statuaire religieuse fort diversifiée et très en demande.

À Montréal, Jobin eut finalement bien du mal à vivre de son métier. Confronté au déclin de la sculpture navale et à une forte concurrence dans le domaine de la statuaire religieuse, l'artisan dut se résoudre à fermer son atelier et à déménager à Québec. Il était cependant prêt à faire face à de nouveaux défis.

Fig. 10. *Vue de la façade de l'église de Saint-Henri de Lévis avec les sept statues en bois doré attribuées à Jobin et datées de 1871.* (Photo Marius Barbeau, 1928; M.N.C.O., Coll. Marius-Barbeau, nég. nº 71688).

LA MAÎTRISE D'UN ART
L'atelier de Québec (1876-1896)

Au cours de l'hiver 1876, Jobin quitte donc la métropole pour revenir s'établir à Québec, la ville de son apprentissage. Avec une population d'environ 50 000 habitants, la vieille capitale vivait des heures difficiles en raison du déclin du commerce du bois et de la construction maritime.

À son arrivée, Jobin aurait travaillé rue d'Aiguillon dans un hangar aménagé par lui en atelier. Au printemps de 1876, il est domicilié au 247 rue Saint-Jean, entre les rues Saint-Eustache et Saint-Augustin, puis, l'année suivante, au 85 rue d'Aiguillon. En 1878, on le retrouve au 146 d'Aiguillon, entre les côtes Sainte-Marie et Sainte-Claire. Jusque-là locataire, Jobin décida au mois de septembre d'acheter un terrain au coin des rues Burton et Claire-Fontaine, en face de la tour Martello n° 3. À cet endroit dénommé « Fort-Pic », il se fit construire une résidence carrée à deux étages qu'il habita jusqu'en 1896, année de son départ pour Sainte-Anne-de-Beaupré (fig. 11).

Fig. 11. *Vue de l'ancienne résidence de Louis Jobin au coin des rues Burton et Claire-Fontaine à Québec.* (Photo Coll. Luc Noppen, université Laval de Québec).

En 1881, le « grand feu » qui dévasta le faubourg Saint-Jean rasa son atelier récemment construit et tout ce qu'il contenait. La même année, le recensement fait par la ville de Québec nous indique que Jobin (fig. 12) et Marie-Flore Marticotte avaient adopté une fillette de 12 ans, prénommée Éva. En plus de son nouvel atelier le sculpteur ouvrit en 1882, et pour un an, un « magasin » destiné à la vente de ses statues, au 41 de la rue Saint-Jean.

Dans un article paru dans *La Presse* en 1926, Georges Côté parla en termes amusants de l'atelier que possédait Jobin à Québec. Il nous apprend par exemple que diverses statues traînaient autour de la boutique et que d'autres ornaient, telles des enseignes, l'extérieur de la résidence du sculpteur. Parmi elles, deux effigies impressionnaient particulièrement les enfants du voisinage: une ancienne figure de proue de *Napoléon* de même que la statue d'un *policier*. Côté raconte aussi que, durant l'été, Jobin travaillait à l'extérieur de son atelier, ce qui ne manquait pas d'attirer les regards des passants, les résidents du quartier comme les autres. Le sculpteur exposait également ses statues devant sa boutique, ce qui faisait accourir les curieux de tous les coins de la haute ville, sans compter que les sculptures valurent à leur auteur plusieurs marques d'encouragement de la part des journaux de la vieille capitale. Jobin recevait en effet, à l'occasion, la visite de journalistes. Ainsi, dans l'édition du *Canadien* du 9 juin 1886, A. Béchard fit état d'un entretien qu'il avait eu avec le sculpteur. Son article s'intitulait: « Un humble artiste ».

> Je m'empresse de vous faire observer que l'artiste dont je veux vous dire quelques mots, est un « véritable » artiste [...]. C'est d'un statuaire que je veux vous parler, d'un compatriote qui demeure au milieu de nous [...].
>
> Le statuaire est [...] un sculpteur qui fait des statues; mais il ne faut pas oublier qu'il faut être artiste pour être statuaire, tandis qu'il suffit d'être un habile ouvrier pour être sculpteur.

Fig. 12. *Louis Jobin entre 30 et 35 ans. A.B.S.A.B.* (Photo anonyme, A.B.S.A.B.).

> Dans notre pays, relativement jeune, on ne peut s'attendre encore à y trouver des noms fameux dans la sculpture, la peinture les beaux arts en général. Nous sommes trop pauvres pour encourager suivant leur mérite les artistes qui naissent parmi nous, et nous manquons d'écoles qui puissent former ceux qui ont reçu le feu sacré du génie; mais nous aurons avec le temps, notre place marquée au soleil de l'art; nous l'aurons, cette place, car nous avons eu et nous avons encore parmi nous des hommes qui seraient devenus célèbres, seraient montés au pinacle de la gloire artistique, s'ils eussent eu l'avantage de développer et murir leurs talents sous la tutelle de grands maîtres. Parmi ces hommes étonnants qui se sont pour ainsi dire formés seuls, je désire nommer ... M. LOUIS JOBIN
>
> [...]
>
> Nous voici à l'atelier de monsieur Jobin. Entrons.
>
> Si vous n'avez jamais vu cet artiste vous le reconnaîtrez facilement: de tous ceux qui travaillent, coupent, découpent, taillent et cisèlent dans cet atelier d'apparence modeste, c'est celui qui paraît avoir le moins de prétentions qui est le maître [...]
>
> Dans mes fréquents arrêts à cet atelier, j'ai fait causer M. Jobin. Votre travail, lui ai-je demandé, un jour, vous procure-t-il les moyens de vivre à l'aise?
>
> – Non, monsieur, nous vivons au jour le jour.
> – Pourquoi, ai-je repris, ne vous mettez-vous pas à un autre travail?
> – Parce que j'aime celui-ci et ne pourrais en aimer d'autre. Puis son oeil noir s'animait en parlant de son amour pour son travail d'artiste, il ajoutait: Je sais, monsieur, que je n'arriverai jamais à la fortune avec mes statues; mais que voulez vous, je préfère mes statues à la fortune. [...] « Je mourrai peut être pauvre dit M. Jobin [...], mais, de grâce permettez que je ne m'éloigne pas d'un travail que j'aime d'amour! »
>
> Lecteurs, si vous désirez voir au travail un compatriote, devenu artiste distingué [...] prenez la rue Claire Fontaine [...] puis montez jusqu'à la rue Burton et entrez dans l'atelier qui porte en grosses lettres cette seule inscription, L. JOBIN. Voyez, pilées les unes sur les autres, ces grosses pièces de bois rond [...]. Repassez quelques semaines après [...] et vous verrez ce que sont devenues ces bûches [...]. Vous pouvez être un avocat distingué, un médecin célèbre, un écrivain de renom, mais dites-moi si vous auriez pu donner la vie à cette matière brute et si l'artiste n'est pas votre supérieur sous le rapport du génie.

Fig. 13. *Monument à* ***saint Ignace de Loyola*** *de la Villa Manrèse de Québec. Statue et armoiries en bois monochrome exécutées en 1892 par Louis Jobin et Henri Angers. Coll. université Laval de Québec.* (Photo Adjutor Pelletier, *Le Soleil* de Québec).

Comme on le découvre à la lecture de cet article, Jobin avait à Québec des assistants. Il engageait ces aides, surtout des menuisiers, pour fabriquer le mobilier liturgique et les sculptures ornementales qu'on lui commandait de temps à autre. Il eut aussi quelques apprentis dont Michel Gagné dit Bellavance et, surtout, Henri Angers (1870-1963). C'est entre 1889 et 1893 que ce dernier aurait complété son apprentissage auprès du maître-sculpteur. En 1892 Jobin réalisa avec son aide le

AVIS.

M. L. JOBIN, Sculpteur,

FAIT à savoir aux MM. du clergé et les Communautés religieuses qu'il fera sur commande Autel, Statues et ornements à prix modérés

—ET—

qu'il ira sur demande à la campagne réparer et peinturer en décor les statues d'Eglises, etc.

Actuellement en mains: Statues en bois et en plâtre peinturé, chez L. Jobin, Rue St. Jean, No. 247.

Québec, 5 Mai 1876. 993

AVIS

M. L. JOBIN, Sculpteur,

fait à savoir aux MM. DU CLERGÉ ET LES COMMUNAUTÉS RELIGIEUSES qu'il fera sur commande autel et statues en bois décoré dans le style européen.

Des photographies seront envoyées à tous ceux qui désireront voir les modèles avant de donner leur commande.

L. JOBIN,
No 146, rue d'Aiguillon,
Faubourg St. Jean, Québec.

Québec, 6 mai 1878. 485

L. JOBIN,

Statuaire,

INFORME les MM. du clergé et les communautés religieuses, qu'il est réinstallé au même endroit, rue Claire Fontaine, Faubourg S.-Jean, et qu'il est prêt à prendre des commandes comme par le passé. Statues en bois, peintes, décorées ou plombés pour extérieur.

ET AUSSI

Des statues en plâtre de toutes grandeurs avec décoration. Toutes ces statues sont d'après les meilleurs modèles européens.

PRIX MODÉRÉ.

Québec, 18 novembre 1881. 3-8

L. JOBIN,

Statuaire,

INFORME les MM. du clergé et les communautés religieuses, qu'il a ouvert un magasin de statues en bois, en plâtre en carton-pierre, peintes et décorées sur commande, dans le style européen.

ET AUSSI DES

STATUES EN BOIS PLOMBÉS

POUR EXTÉRIEUR,

De toute grandeur et dimension ! ! !

No 41, rue St-Jean, Haute-Ville,

QUEBEC.

Québec, 9 mai 1882. 388

Fig. 14a, b, c et d. *Quatre annonces de Louis Jobin publiées dans* ***Le Courrier du Canada*** *entre mai 1876 et mai 1883.* (Photos B.N.Q.M.).

monument à *saint Ignace de Loyola* pour la villa Manrèse à Québec. Le maître ébaucha la statue, puis il confia à l'apprenti le soin de l'achever et d'exécuter les armoiries des jésuites (fig. 13).

À la fin du XIXe siècle, le milieu aussi bien que le marché de la sculpture subissaient de nombreux bouleversements. Les architectes-entrepreneurs de l'époque dirigeaient des ateliers ou des chantiers où ils confiaient à des artisans spécialisés le soin d'exécuter, d'après leurs plans et sous leur surveillance, meubles, ornements, statues, etc. Parmi eux, on retrouvait les Charles Baillairgé, F.-X. Berlinguet, Ferdinand Peachy, Ferdinand Villeneuve, David Ouellet, etc. Ces contracteurs généraux touchaient à toutes sortes de travaux: d'architecture, de menuiserie, de sculpture, de dorure, etc. La lutte pour l'obtention des contrats pouvait être féroce, par exemple lorsque les fabriques demandaient des soumissions pour la construction ou la décoration de leur église. En plus des entrepreneurs-architectes, les constructeurs navals comme Narcisse Rosa et les meubliers tel que William Drum embauchaient eux aussi de nombreux artisans du bois, y compris les sculpteurs. La plupart des chantiers maritimes et des fabriques de meubles étaient alors concentrés dans le quartier Saint-Roch, près des berges et à l'embouchure de la rivière Saint-Charles.

Les sculpteurs indépendants de l'époque ne travaillaient pas en restant isolés chacun dans leur atelier. Lorsque, par exemple, les commandes se faisaient plus rares, ils avaient à se déplacer à la campagne ou de ville en ville. Offrant leurs services à des meubliers, travaillant pour divers entrepreneurs, remplissant des commandes de toutes sortes, ils devaient être à la fois polyvalents et spécialisés. En somme ils étaient plus ou moins libres de choisir leur travail.

Quand Jobin revint s'établir à Québec, l'annuaire de la ville comptait plusieurs sculpteurs recensés sous des rubriques professionnelles aussi diverses que « carvers & gilders », « sculptors », « shipcarvers », « statuaries », « marble workers ». On y retrouvait, entre autres, les noms de William Black, Octave Morel, Thomas Fournier, Joseph Lamarre, Laurent Moisan, Léandre Parent, Jean-Baptiste Côté et Michele Rigali. Seuls Jobin et Rigali s'identifiaient comme statuaires. Jobin a raconté plusieurs choses à Barbeau concernant quelques-uns de ses contemporains et concurrents dont le plus connu est Jean-Baptiste Côté (1832-1907). Poète et caricaturiste, Côté fut d'abord un sculpteur naval qui se recycla ensuite dans l'enseigne commerciale puis dans l'art religieux. Si le développement de sa carrière n'est pas sans ressembler à celui de Jobin, leurs productions devaient toutefois s'avérer assez différentes si on considère le genre et le style de leurs oeuvres.

Bien qu'ils aient à l'occasion travaillé ensemble, Michele Rigali fut le principal concurrent de Jobin à Québec. Ce mouleur d'origine italienne fabriquait des statues religieuses en série et dans toutes sortes de matériaux: plâtre, stuc, carton romain, ciment, etc. Il effectuait aussi des décorations à l'européenne. Il faut également signaler que le sculpteur montréalais Louis-Philippe Hébert (1850-1917) « notre sculpteur national », s'était converti au bronze et au marbre et qu'il s'accapara une bonne partie de la statuaire monumentale commémorative et du portrait en buste académique.

Tous les sculpteurs locaux devaient affronter la concurrence des manufactures étrangères. Les produits de ces grandes maisons étaient distribués au Québec via des succursales comme celles de Beullac, Fréchon, Biais ou Lanctôt, ou directement importés d'Europe par le clergé et les communautés religieuses. Leurs objets de piété de toutes sortes jouissaient de la faveur des curés tout autant que de celle du public. Les sculpteurs indépendants devaient donc tenir compte des produits importés tout en continuant d'essayer de créer des oeuvres originales.

Lorsqu'il était à Québec, Jobin fit paraître de façon régulière de nombreux avis publicitaires dans *Le Courrier du Canada*. Si de 1883 à 1896 il se présenta seulement comme sculpteur ou statuaire, ou les deux à la fois, et en n'indiquant que l'emplacement de son atelier, les réclames publiées de 1876 à 1883 contiennent en revanche de nombreuses informations sur les premières années qu'il passa dans la vieille capitale et sur l'évolution de sa carrière et de sa production (fig. 14a, b, c et d).

Ces avis publicitaires s'adressaient expressément aux membres du clergé et aux communautés religieuses. En 1876 et 1877, Jobin offrait de faire sur commande des travaux qui allaient de la fabrication d'autels, de statues et d'ornements à la réparation et à la décoration de statues religieuses. Il annonçait qu'il avait également en main une grande variété de statues de toutes dimensions et dans tous les matériaux. Jobin proposait entre autres des oeuvres moulées, décorées au goût du jour et vraisemblablement façonnées par des statuaires modeleurs locaux. Peu à peu, il abandonna autels et ornements pour se consacrer exclusivement à la statuaire religieuse. À compter de 1881, toutefois, Jobin mit l'accent sur ce qui allait devenir sa spécialité: « *Les statues en bois plombé pour extérieur* ».

Fig. 15. *Vue d'un voilier accosté dans le port de Québec. Le bâtiment arbore une figure de proue féminine comme en exécuta Jobin lors de son séjour dans la vieille capitale.* (Photo M.O. Hammond, 1908; Archives de l'Ontario, Toronto, Fonds M.O. Hammond, nég. nº 9313A).

Lorsque Jobin acceptait de fournir des photographies de ses modèles, il précisait que ceux-ci se comparaient aux meilleurs modèles européens en ce sens que ses statues étaient peintes et décorées dans le style européen. Le sculpteur tournait donc la concurrence avec des statues imitant l'aspect des oeuvres que les manufactures étrangères diffusaient au Québec ou que le clergé québécois importait d'Europe. Un article intitulé « Un artiste canadien » et paru dans *Le Courrier du Canada* du 10 juillet 1877 traite de cette question :

> Nous devons en justice faire une mention spéciale du travail artistique que vient d'exécuter M. L. Jobin, sculpteur de cette ville [...]. Au dire des connaisseurs, ce travail surpasse de beaucoup les statues importées d'Europe. Gloire à ce jeune canadien, qui, par son énergie, son talent extraordinaire, a su sitot prendre une place éminente parmi nos artistes!
>
> [...]
>
> M. Jobin est digne en tous points de l'encouragement de ses compatriotes, et nous espérons que les fabriques qui ont besoin de statues, s'empresseront de lui envoyer des commandes.
>
> En ce moment, cet artiste sculpte une statue de la Bonne Ste.Anne, [...] statue qu'il exposera à l'exposition provinciale, en septembre prochain.
>
> M. Jobin travaille pour un prix très modique, qui est de $60 à $70 pour une statue de grandeur naturelle. Les statues achetées en Europe pour le prix de $100 à $120, sont certainement inférieures sous tous les rapports à celles que sculpte notre artiste.
>
> Encourageons les canadiens.

À l'Exposition provinciale de 1877 Jobin obtint, dans la catégorie des dessins-modèles en sculpture, un « prix extra » pour la *sainte Anne* tandis que son principal concurrent, Michele Rigali, recevait le premier prix.

Jobin devenait progressivement un spécialiste de la statuaire religieuse d'extérieur. Mais parce qu'il visait encore des marchés aussi variés que ceux de la sculpture navale, de l'enseigne commerciale, du mobilier liturgique et de la statuaire religieuse d'intérieur, il réalisa des oeuvres de tous les genres et sur tous les sujets, dans toutes sortes de matériaux et de tous formats.

À Québec, l'industrie de la construction navale agonisait; elle disparut au milieu des années 1880. Néanmoins Jobin continua jusqu'à la fin de la décennie à offrir ses services pour la confection de figures de proue. Son nom est en effet encore inscrit sous la rubrique « Shipcarvers » dans le bottin de la ville de 1888. C'est à Jobin que divers auteurs ont attribué quelques figures de proue féminines conventionnelles, voire standardisées provenant de bâtiments lancés à Québec durant cette période. De telles attributions restent cependant problématiques (fig. 15).

Jobin continua aussi à façonner des enseignes de tabaconiste, notamment des Indiens, dont un pour le marchand F.-X. Dussault de la rue Saint-Jean (cat. nº 57). D'une présentation générale assez stéréotypée, ces *Indiens* étaient inspirés des figures de métal fabriquées, diffusées au moyen de catalogues et distribuées par les grandes manufactures américaines comme celles de William Demuth et de J.W. Fiske.

En plus des figures de tabaconiste, Jobin confectionna selon ses propres dires des enseignes représentant des animaux de toutes sortes : « des boeufs pour les bouchers, des loups pour les manchonniers, etc. » Le sculpteur aurait ainsi sculpté un *loup* pour Alfred Dugal, manufacturier de pelleteries et importateur de chapeaux installé rue Notre-Dame, de même qu'un *chevreuil* en bois recouvert de plomb pour le commerce de fourrures Donaldson sur la rue Bank à Ottawa. Il est aussi possible qu'il ait réalisé l'*orignal* du magasin de J.-B. Laliberté, sur la rue Saint-Joseph (ill. 54), et le *boeuf* aujourd'hui conservé au Royal Ontario Museum (cat. nº 55). Au tournant du siècle, l'utilisation de la figure artisanale sculptée alla toutefois diminuant à cause du développement de l'enseigne métallique, de l'apparition de la réclame électrique et de l'adoption de nouveaux règlements municipaux.

Dès les premières années de son installation à Québec, Jobin accepta occasionnellement de répondre à des commandes de mobilier et d'ouvrages de menuiserie ou d'ornementation divers. Le maître semble alors confier l'essentiel de ces travaux à des aides menuisiers, s'en réservant la conception et la supervision. En 1879, il eut ainsi un important contrat pour les fonts baptismaux et une partie de la décoration intérieure de la chapelle de l'Hôtel-Dieu du Sacré-Coeur à Saint-Sauveur. Il sculpta la même année les cadres de deux tableaux peints pour l'église Sainte-Hélène de Kamouraska. Il lui arriva aussi de fournir les supports de ses statues comme les piédestaux des deux *anges aux candélabres* à Beauceville (1890). Une seule pièce majeure de mobilier nous est connue qui aurait été faite par Jobin à Québec, encore n'est-on pas certain qu'il en ait effectivement assuré la réalisation. À la date du 9 novembre 1886, un entrefilet du *Journal de Québec* nous apprend que « M. Louis Jobin, statuaire [...] a préparé le plan d'un autel pour l'église de la Pointe-aux-Trembles [...] dédié au Sacré-Coeur de Jésus. Le plan est magnifique ». Quoi qu'il en soit de ces activités d'ébéniste et de sculpteur ornemaniste, il semble qu'elles aient alors été fort secondaires.

Comme le font voir les avis parus dans *Le Courrier du Canada*, le marché de la statuaire religieuse s'avéra le

Fig. 16a et b. ***Saint Pierre*** *et* ***saint Paul****, statues provenant du cimetière de Pont-Rouge signées (sur la base): « L. JOBIN/1884 ». Bois décapé, 187 cm. Coll. Musée des beaux-arts du Canada, Ottawa, n°s 9667 et 9668.* (Photos M.A.C.Q., Fonds Gérard-Morisset, nég. n°s 16907.2.G-8 et G-9).

Fig. 17a et b. ***Saint André*** *et* ***saint Simon****, deux statues d'un ensemble de douze daté de 1895. Bois monochrome, grandeur nature. Église de Saint-Patrice de Rivière-du-Loup.* (Photos Guy-André Roy; M.A.C.Q., nég. n°s 80.1545.7 A (35) et 80.1546.13 A (35)).

plus important pour le sculpteur de Québec. Soumise aux règles de l'offre et de la demande de même qu'aux attentes créées par les modèles en vogue, sa production d'oeuvres religieuses devait répondre aux besoins et aux goûts de ses clients et rencontrer leurs exigences concernant le thème à traiter, la destination et les dimensions, les matériaux à utiliser et la finition. En somme, la statuaire religieuse de Jobin répondait dans son ensemble à une fonction décorative (emplacement) conçue par un architecte et à une fonction didactique (sujet) exigée par le commanditaire.

La clientèle de Jobin était composée de membres du clergé et de communautés religieuses, d'entrepreneurs-architectes et de simples citoyens. Certaines fabriques comme celles de Saint-Charles de Bellechasse (cat. n°s 18 et 20) ou de Sainte-Jeanne de Pont-Rouge (cat. n° 24 et fig. 16a et b) acquirent à intervalles plus ou moins réguliers des statues, les unes pour une église ou une chapelle de procession, les autres pour un cimetière ou un rang du village. D'autres fabriques commandèrent des ensembles plus ou moins importants destinés à orner l'extérieur de l'église paroissiale: six statues à Saint-Thomas de Montmagny vers 1890 (cat. n°s 41 et 42), quatre *anges* à Saint-Pascal de Kamouraska entre 1891 et 1894. Ces deux commandes paraissent toutefois secondaires en comparaison de celles des grands ensembles décoratifs que Jobin livra à trois autres endroits: une trentaine de statues entre 1878 et 1884 à l'église de Saint-Henri de Lévis (cat. n°s 38-40), douze *apôtres* en 1895 à celle de Saint-Patrice de Rivière-du-Loup (fig. 17a et b) et seize bustes en 1895 à la chapelle extérieure du Séminaire de Québec (cat. n°s 35-37).

Tous ces ensembles statuaires étaient plus ou moins le résultat de projets décoratifs dessinés par des architectes et de programmes thématiques établis par les clients. Ils étaient monumentaux et s'inscrivaient ainsi dans le courant de triomphalisme religieux auquel étaient associées une nouvelle façon de concevoir la décoration des édifices et la vogue des styles dits « revivals ». Les ensembles statuaires livrés par Jobin à Saint-Henri, à Saint-Patrice et au Séminaire de Québec comptent parmi les oeuvres religieuses les plus remarquables de sa carrière.

En 1894, Jobin exécuta les huit statues du maître-autel dessiné par David Ouellet pour l'église de Saint-Michel de Bellechasse (cat. n°s 4 et 30). Il s'agirait là du seul ensemble statuaire réalisé par le sculpteur pour décorer un maître-autel. C'est en outre un exemple remarquable de projet d'intégration de statues à une pièce de mobilier liturgique et à un décor architectural.

Le cas d'une commande pour la chapelle de l'Hôpital-Général de Québec rend également compte de la disponibilité de Jobin en regard des exigences des commanditaires et des attentes créées par la concurrence. Dans un devis soumis en mai 1892 à la supérieure de la communauté des augustines, l'architecte Ernest Pagé avait proposé que les statues du *Sacré-Coeur* et de *saint Joseph* (fig. 18) soient

> faites par M. Louis Jobin, statuaire bien connu de cette ville, et qui possède, je suis convaincu tout le talent nécessaire.
>
> Ces statues seront en « bois blanc » c-a-d qu'elles pourront durer des siècles; le plâtre couterait beaucoup moins cher sans doute, mais vous n'auriez pas de cette manière, l'avantage de pouvoir faire exécuter les sujets suivant des modèles de votre choix. Le modèle que je proposerais pour le Sacré-Coeur de Jésus vous a déjà été soumis et la photographie ci-jointe vous donnera une idée de celle de St Joseph. La pose des « sujets » est, suivant moi très belle et les draperies gracieuses. Quant à l'expression de la figure, les modèles sont trop petits pour la bien rendre, mais le sculpteur pourra rendre tout modèle que vous vous voudrez bien lui fournir.

Fig. 18. ***Saint Joseph***, *1892. Bois polychrome, 142,2 cm. Monastère des augustines de l'Hôpital-Général de Québec.* (Photo John R. Porter, université Laval de Québec).

Ainsi, c'est un architecte qui recommanda Jobin et qui servit d'intermédiaire entre le commanditaire et le sculpteur. Si les thèmes des deux oeuvres avaient manifestement été arrêtés par la Mère supérieure, le choix de leur emplacement, quant à lui, relevait du responsable de la décoration intérieure de la chapelle. Il est assez significatif que Pagé ait proposé des statues en bois, plus originales et plus durables que si elles avaient été en plâtre et même si celles-ci devaient coûter « beaucoup moins cher ». À l'encontre des statuaires-mouleurs, le sculpteur sur bois était en effet en mesure de fournir des oeuvres personnelles bien que « suivant les modèles » choisis par le commanditaire, en l'occurence des modèles illustrés dont le client pouvait disposer selon ses goûts ou ses besoins. Or, à l'examen des statues livrées par Jobin, on constate que ces modèles n'étaient pas sans présenter, dans leur aspect général, de fortes affinités avec les plâtres fabriqués en série par les concurrents (cat. n° 17). Ainsi, tout en réalisant deux oeuvres originales, Jobin répondait aux contraintes imposées par les clients tout en respectant leur goût pour des modèles courants.

En plus du clergé, des communautés religieuses et des architectes-entrepreneurs, de simples citoyens ou d'autres groupes commandaient à Jobin des oeuvres religieuses dans des buts divers aussi bien que pour leur usage particulier. Étroitement reliées aux grandes dévotions de l'époque, ces commandes pouvaient naître du désir d'exprimer sa reconnaissance, de demander une protection, de souligner une commémoration, etc. Pour

Fig. 19. *Vue du* ***calvaire*** *de Cap-Santé daté de 1887. Bois recouvert de plomb peint polychrome. Oeuvre disparue.* (Photo Gérard Morisset, 1947; M.A.C.Q., Fonds Gérard-Morisset, nég. n° 8123.A-1).

toutes ces raisons, de nombreuses statues du Sacré-Coeur, de saint Joseph, de la Vierge et de sainte Anne (cat. nº 22) ainsi que des groupes de calvaire furent commandés au sculpteur.

En 1875 le chevalier Georges-Manly Muir avait fait construire à Rivière-Jaune, près de Québec, une chapelle dédiée à la Vierge. Quatre ans plus tard, il se procurait chez Jobin une *Vierge couronnée de roses* (cat. nº 20) accompagnée de deux *anges adorateurs*, tous destinés à être placés dans un édicule de l'endroit. Souhaitant « canadianiser » sa dévotion, Muir demanda que la Vierge soit désignée sous le vocable de *Notre-Dame des Laurentides* et que les deux *anges* portent, l'un une couronne de feuilles d'érable, l'autre un ruban avec l'inscription « Religion et Patrie ».

Par ailleurs Ferdinand De Lille commanda à Jobin, en 1887, un *calvaire de trois personnages* qu'il voulait offrir à sa paroisse natale, Cap-Santé. Devant le notaire Edouard Jérémie Angers de Québec, le donateur et le « sculpteur en statues » signèrent le 4 avril un marché comportant une série de spécifications relatives au sujet, aux dimensions, aux matériaux et aux revêtements des trois statues (fig. 19):

> Le dit Sieur Louis Jobin s'oblige de faire et exécuter [...] un calvaire, consistant en trois croix de vingt six pieds de longueur avec travers proportionnés et trois statues. L'une représentant Notre Seigneur et les deux autres les bon et mauvais larrons; lesquelles statues devront avoir sept pieds pour celle du Sauveur et les deux autres une petite différence, suivant les proportions données par la tradition recouvertes en plomb et peintes en couleurs naturelles à l'huile et thérébentine avec le nombre de couches nécessaires pour être bon et durable et seront exécutées suivant les règles de l'Art avec des bons matériaux, le tout au dire de gens à ce connaissants, livrables à bord du vapeur tenant la ligne du Cap Santé [...]; étant entendu que le dit Sieur Jobin devra se rendre lui-même ou envoyer un ouvrier habile et compétent pour surveiller la montée à bord du vapeur et la pose en place ...

Le 16 septembre 1887 *Le Journal de Québec* et *Le Courrier du Canada* annoncèrent qu'une imposante cérémonie de bénédiction se déroulerait le dimanche suivant sur la propriété de Célestin Delisle, à Cap-Santé. En présence de nombreux membres du clergé et d'une foule de laïcs, la cérémonie solennelle donna lieu à une grande manifestation populaire.

Ces manifestations religieuses teintées de ferveur patriotique devaient atteindre leur paroxysme lors de l'inauguration, en 1881, de la statue colossale de *Notre-Dame du Saguenay* sur le cap Trinité. C'est en signe de reconnaissance pour une faveur accordée par l'intercession de la Vierge que Charles-Napoléon Robitaille avait

Fig. 20. *Vue de la* ***Notre-Dame du Saguenay*** *en 1881, avec Charles-Napoléon Robitaille et Louis Jobin, à Québec.* (Photo anonyme; A.N.Q.C., Coll. Société historique du Saguenay).

promis d'ériger un ex-voto monumental à cet endroit. Avec l'appui du clergé et de la presse, il lança une souscription publique en vue de financer cette entreprise autant patriotique que religieuse. En septembre 1880, il demanda à Jobin de sculpter la plus volumineuse statue jamais commandée à un Nord-Américain : une *Immaculée-Conception* d'une hauteur de 7,50 mètres (25 pieds) et pesant plus de 3 000 kilos (7 000 livres). Le statuaire sculpta cette oeuvre colossale dans trois énormes blocs de pin et la recouvrit ensuite de feuilles de plomb (fig. 20).

Au cours de l'été qui suivit, la statue fut successivement exposée à Québec, à Montréal, et de nouveau dans la vieille capitale. La vue de l'oeuvre suscita un émerveillement et une admiration dont se firent l'écho de nombreux journaux, *Le Canadien* du 20 mai 1881 entre autres :

> Réellement rien n'est plus propre à exciter l'admiration des visiteurs.
>
> En entrant, vous apercevez là la statue de l'Immaculée Conception sous un aspect tout nouveau en ce sens qu'elle est d'une grandeur qui surprend ; nous pouvons dire, avec une satisfaction toute nouvelle, que cette statue est un chef-d'oeuvre. Nous nous plaisons à examiner de point en point la régularité des traits, les plis du manteau, etc., enfin rien ne laisse à désirer dans l'art ; et ce qui est beau et satisfaisant pour nous, Canadiens, c'est de remarquer qu'un tel monument, sur lequel se jouent l'élégance et la perfection, est sorti des mains d'un canadien de Québec, M. Jobin, statuaire. À nous donc, qui aurons vu cette statue, de jeter des lauriers à cet homme habile qui jusqu'à présent nous était connu que de loin. Il ne faut pas se contenter de s'y rendre en imagination, car nous serions trompés ; mais si l'on veut être charmé, faisons quelques pas vers le SKATING-RINK, et entrons voir la STELLA MARIS comme étant pour la première fois dans le nouveau continent représentée sous une forme aussi colossale et merveilleuse. Quand vous serez là, [...] mille émotions vous traverseront l'esprit et le coeur [...]. En effet, jamais oeil canadien n'a vu la Mère du Christ représentée sous une forme aussi grande [...]. Ceux qui ne l'auront pas vue avant qu'on la transporte à destination le regretteront certainement, car ils auront manqué l'occasion si facile de voir la plus grande et la plus belle statue qui ait été vue en Amérique.

L'Immaculée-Conception étonnait par ses dimensions colossales qui en faisaient une oeuvre unique sur le continent. Le lieu où elle devait être érigée constituait en quelque sorte un défi à l'impossible. En dépit des difficultés techniques, l'expédition d'abord puis l'érection de la statue sur le cap Trinité se déroulèrent sans acccident majeur et sans aucun retard. L'inauguration solennelle du monument eut lieu comme prévu le 15 septembre 1881. Grandiose et triomphale, la cérémonie religieuse ressembla aux fêtes pompeuses et édifiantes qui entouraient, à la même époque, le dévoilement des monuments commémoratifs. *Notre-Dame du Saguenay* constitue encore aujourd'hui dans l'histoire de la sculpture occidentale un exemple exceptionnel d'ex-voto monumental et de statue colossale en bois recouvert de métal.

Que ce soit pour exprimer sa reconnaissance pour une faveur obtenue, pour donner suite à l'expression d'un voeu, à l'occasion de l'instauration d'un nouveau culte ou pour manifester sa ferveur patriotique, les commandes religieuses faites à Jobin étaient toutes reliées à des dévotions anciennes ou nouvelles. Soit parce qu'un dogme venait d'être proclamé ou un sanctuaire érigé, certaines de ces dévotions, comme celles au Sacré-Coeur de Jésus (cat. n° 17) ou à Notre-Dame de Lourdes (cat. n° 18), connaissaient une diffusion et une expansion considérables. Mais d'autres dévotions faisaient aussi l'objet d'un regain de popularité. Qu'on songe à sainte Anne la « Grande thaumaturge » (cat. n° 22), à saint Joseph le « Patron du Canada » (cat. n° 8), ou à saint Jean-Baptiste le « Patron des Canadiens-français » (cat. n° 21) auxquels on vouait alors un culte particulier. Toutes ces grandes dévotions ont fait naître une infinie variété de représentations peintes, sculptées ou gravées fournies par les artisans locaux comme par les manufactures étrangères. Enfin les saints patrons ou les saints protecteurs de paroisse susciteront eux aussi des courants de dévotion répandus un peu partout dans la province (cat. n°s 9, 23 et 24).

Les sujets religieux commandés à Jobin n'étaient pas sans évoquer ceux qui avaient cours en Europe. À l'époque victorienne, les gens prisaient fort les représentations sentimentales empruntées à l'imagerie de Munich ou à celle de Saint-Sulpice. La statuaire en plâtre et les images pieuses qui étaient diffusées sur une grande échelle entretenaient de plus en plus chez les fidèles un certain goût pour les représentations exacerbées de la souffrance et de la mort. Toute cette imagerie finit par influencer la présentation matérielle et visuelle des oeuvres : pathétisme un peu mièvre des attitudes et des expressions, polychromie insistante, disposition lâche des drapés, etc. Aussi la plupart des sculpteurs sur bois ne résistèrent pas à ce courant et traitèrent à leur manière des sujets tels que le Sacré-Coeur bien sûr, mais aussi ceux qui étaient directement reliés aux divers épisodes de la Passion : la Pietà, l'Ecce Homo (cat. n° 19), la Mater Dolorosa et tout particulièrement le calvaire (cat. n°s 13-16).

Le calvaire est sans contredit l'un des thèmes religieux qui eut le plus la faveur des fidèles à la fin du XIXe siècle et au début du XXe. Jobin sut l'exploiter et surpassa de loin tous ses concurrents. À l'atelier de Québec, il sculpta de nombreux Christ en croix et réalisa quelques groupes de calvaire. Ceux-ci devinrent presque l'apanage du statuaire et firent de lui un maître dans ce domaine. Comme celle du *calvaire* de Cap-Santé, ces grandes mises en scène de plusieurs personnages édifiaient et émouvaient les fidèles. Dans un article intitulé « Une oeuvre d'art », *Le Journal de Québec* du 25 juin 1884 donna une brève description de l'un des calvaires réalisés par le sculpteur :

> Nous sommes un peu en retard avec M. Louis Jobin, statuaire, du quartier Montcalm, dont plusieurs de nos confrères ont déjà parlé et qui vient d'exécuter une oeuvre que bien des personnes sont allées admirer. C'est un groupe des deux larrons de grandeur naturelle, qui doit compléter le calvaire qu'il a fait, il y a cinq ans, pour la paroisse de Richibouctou.
>
> Comme art cette dernière oeuvre, au dire de tous les connaisseurs qui l'ont vue, porte la marque du talent et du goût que l'on se plait à reconnaitre à M. Jobin. Les figures des deux larrons sont frappées au bon coin et chacun porte la physionomie qui lui convient. Les statues ont été expédiées, lundi dernier. C'est M. Jobin qui a confectionné la statue colossale qui a été posée au cap de la Trinité (fig. 21).

Fig. 21. *Vue du* ***calvaire*** *du cimetière de Richibouctou, daté de 1879-1884. Bois polychrome.* (Photo Marius Barbeau, 1944 ; M.N.C.O., Coll. Marius-Barbeau, nég. n° 97403).

Que cette commande vienne d'aussi loin que Richibouctou au Nouveau-Brunswick atteste que Jobin s'était acquis une solide réputation dans ce domaine. Comme le souligna Georges Côté en 1926, la confection de ces calvaires dans l'atelier de la rue Claire-Fontaine captivait les habitants du quartier et ceux de toute la haute ville.

La grande variété de sujets traités par Jobin exigeait de lui une bonne connaissance de l'iconographie religieuse, qu'elle fut traditionnelle ou nouvelle. Pour chacune des commandes qu'il recevait, il lui fallait se renseigner sur la physionomie, le costume ou les attributs des personnages qu'il aurait éventuellement à sculpter. Occasionnellement, Jobin trouvait ce genre d'informations dans les Vies illustrées de saints ou dans les Albums des statues religieuses qu'il gardait à l'atelier. Concernant les grands sujets comme le Sacré-Coeur, saint Joseph ou sainte Anne, il devait connaître leurs diverses représentations ainsi que les modèles les plus en vogue (cat. n°s 6, 8, 17 et 22).

D'après ce qu'il confia à Marius Barbeau, Jobin préférait réaliser des oeuvres originales à partir de ses propres dessins (cat. n° 19) ou d'après des modèles vivants (cat. n°s 13 et 28). Mais, trop souvent, les commanditaires lui demandaient de s'inspirer d'un modèle donné, voire

Fig. 22. *Plan de Joseph-Ferdinand Peachy daté de 1885 pour le nouveau clocher de la chapelle des soeurs de la Charité à Québec. Archives des soeurs de la Charité, Giffard.* (Photo Luc Noppen, université Laval de Québec).

Fig. 23. *Vue de l'incendie de la chapelle des soeurs de la Charité, le 20 février 1914. La statue du* **Sacré-Coeur** *de 1887, en bois recouvert de plomb et de 5 m de hauteur, s'effondra dans la nef. Archives des soeurs de la Charité, Giffard.* (Copie photographique Luc Noppen, université Laval de Québec).

même de copier telle illustration d'un catalogue ou telle importation conservée dans une paroisse voisine (cat. nº 17). Les modèles très populaires de l'époque, moulés ou lithographiés, lui laissaient en somme peu de liberté. La quantité et la variété des « images » fournies à Jobin nous font penser qu'il agissait plus comme exécutant de l'idée de son client qu'en concepteur de son oeuvre. Une fois le choix de l'image arrêté, il prenait une certaine distance pour donner au modèle un traitement qui arrivait à créer, sinon une oeuvre de conception originale, du moins une sculpture d'une facture authentique et personnelle. Bref, c'est moins dans l'iconographie restreinte des sujets retenus par les clients et des modèles imposés par le marché qu'il convient de chercher l'originalité de Jobin que dans son interprétation des uns et des autres.

Traitant de grands sujets religieux et même s'il fut amené à reprendre certains modèles courants, Jobin produisit des oeuvres qui présentent des liens certains entre elles (cat. nos 6, 8, 17 et 22). Mais il y a d'autres sujets qui donnèrent lieu à la création de tout un éventail de modèles uniques, c'est-à-dire de versions parfois fort différentes les unes des autres. En d'autres mots Jobin put se faire une place dans le marché de la sculpture religieuse parce qu'il pouvait répondre aux besoins et aux goûts de sa clientèle.

Les sujets religieux traités par Jobin pouvaient représenter des personnages isolés comme les saints patrons de paroisse: *saint Henri* à Saint-Henri de Lévis ou *saint Calixte* à Plessisville (cat. nº 23). Ils pouvaient aussi donner lieu à la mise en place de statues se faisant pendant l'une l'autre comme les *Sacré-Coeur* et les *saint Joseph* des églises de Notre-Dame des Victoires à Québec (1878) ou de Sainte-Hélène de Kamouraska (1879), lesquelles pouvaient même présenter entre elles des liens iconographiques et formels comme dans le cas de l'*Ecce Homo* (cat. nº 19) et la *Mater Dolorosa* de l'église de Saint-Henri. Enfin, deux ou plusieurs figures pouvaient être réunies dans une situation qui leur était commune ou pour montrer qu'elles participaient d'une même action. Il en est ainsi de sainte Anne et de Marie dans le groupe de l'*Éducation de la Vierge* (cat. nº 22) ou des nombreux personnages des *calvaires* (cat. nos 13-16).

Une bonne partie de la production religieuse de Jobin à Québec était constituée d'oeuvres non-dépendantes de l'architecture, c'est-à-dire sans fonction décorative précise (cat. nº 17). Quant à celles qui étaient destinées à décorer un édifice, le choix de leur emplacement était du ressort du commanditaire, en l'occurence l'architecte ou l'entrepreneur d'une construction. Un emplacement générait des contraintes selon que l'espace prévu pour une statue était ouvert, élevé ou fermé. Dans ces conditions, le cadre architectural pouvait influer sur la nature même de l'oeuvre, sur la position des membres d'un personnage par exemple, ou sur la disposition de ses attributs, ou sur les dimensions de la statue, sur les matériaux utilisés, sur le travail de finition, etc.

À Québec, Jobin réalisa des oeuvres destinées à des emplacements aussi variés que ceux indiqués dans les plans et devis des clients, sur un maître-autel (cat. nos 4 et 30), sur un buffet d'orgue (cat. nº 50), dans les niches d'une nef (cat. nos 38-40), sous le dais d'un choeur (cat. no 19), sur le clocher d'une chapelle de procession (cat. nº 18), etc. Peu à peu, cependant, Jobin opta pour le nouveau marché de la statuaire d'extérieur. Et c'est ainsi qu'en 1887 il sculpta un *Sacré-Coeur* pour couronner la chapelle des soeurs de la Charité à Québec.

Dans un plan soumis aux religieuses au printemps 1885, l'architecte Joseph-Ferdinand Peachy avait projeté d'élever, au sommet de la façade de leur chapelle, une tour-clocher surmontée d'une grande statue du *Sacré-Coeur* (fig. 22). En juin 1887, on lança une souscription publique afin de financer la construction du clocher. Louis de Gonzague Baillairgé offrit de payer la statue. Attendue depuis un certain temps, elle pourrait être vue des divers coins de la ville. Le monument fut alors commandé à Jobin au coût de 400 $. Le 10 septembre, *Le Courrier du Canada* publia ce qui suit:

> La statue est finie et fait la réputation de M. Jobin qui en a fait ni plus ni moins qu'un chef d'oeuvre. Elle aura 15 pieds de haut, et pèsera avec sa couverture de plomb près de 3000 livres.
>
> La bénédiction de cette statue aura lieu [...] le 18 septembre [...] par son Éminence le Cardinal Taschereau [...]
>
> La statue sera transférée de chez M. Jobin [...] tous [...] iront au devant de la statue [qui] sera placée devant l'Église ou aura lieu la Bénédiction [...]
>
> Immédiatement après la bénédiction, la statue sera de suite montée par les entrepreneurs. Ce sera un spectacle vraiment émouvant de voir monter cette statue pesant 3,000 livres jusqu'à la hauteur de 135 pieds, et la voir poser sur la tour.

La cérémonie eut effectivement lieu le 18 septembre devant une foule estimée à 25 000 personnes (fig. 23).

La production de Jobin à Québec présente donc tous les types de sculptures malgré une très forte spécialisation dans la statuaire. Aussi on ne saurait passer sous silence une oeuvre pour le moins particulière, énigmatique même: un *saint Joachim* daté de 1877 et autrefois conservé au monastère des franciscains de Régina (fig. 24). D'abord, la signature cursive étonne. Ensuite, c'est

Fig. 24. *Le* ***saint Joachim*** *du monastère des franciscains, à Régina. Moulage en fonte signé (en bas): « L. JOBIN/1877 »; 1 m (env.). Oeuvre disparue.* (Photo A.N.Q.M., Fonds Marius-Barbeau).

Fig. 25. *Vue de l'église de Lotbinière avec le* ***saint Louis*** *daté de 1888. Statue de 5 m de hauteur en bois recouvert de métal doré.* (Photo Gérard Morisset, 1946; M.A.C.Q., Fonds Gérard-Morisset, nég. n° 6173-76.F-1).

le seul relief majeur sorti de l'atelier de Québec. Il s'agit d'un moulage en fonte qui aurait été fait d'après un modèle en bois sculpté par Jobin lui-même. Enfin, le personnage est représenté en silhouette et en demi-figure.

Les oeuvres de Jobin sont essentiellement taillées dans le bois. Leur revêtement et leur finition sont en revanche d'une grande variété, faits selon les moyens financiers dont disposaient les commanditaires. Les statues sont le plus souvent polychromes (cat. n°s 4, 5, 14, 15, 17, 23 et 30) ou dorées (cat. n°s 7, 18, 26, 27, 35-40), quelquefois peintes monochromes (cat. n°s 20, 22, 41 et 42) ou vernies. Les oeuvres d'extérieur étaient recouvertes de métal selon une technique qui devint une des spécialités du sculpteur à Québec, le procédé du repoussé-estampé (cat. n° 31). Jobin utilisait surtout le plomb, plus malléable et plus résistant, mais aussi, le cuivre et, parfois, même la tôle. Quant aux dimensions des oeuvres, elles étaient très liées à la nature de leur emplacement. Bien que les statues de cette période soient généralement de grandeur nature, il subsiste de la même époque quelques statuettes telle que l'*Éducation de la Vierge* de l'église de Cap-Santé (1877) et quelques statues colossales comme le *saint Louis* d'environ 5 mètres à l'église de Lotbinière (1888) (fig.25).

Durant son séjour à Québec, Jobin a donc produit une oeuvre d'une grande diversité de sujets, dans toutes les dimensions et avec des revêtements métalliques et peints. De tout cela émerge cependant la volonté de se spécialiser dans la statuaire d'extérieur et de réaliser, donc, des oeuvres de grandes dimensions et recouvertes de métal. La réputation de Jobin dans ce domaine fut telle qu'elle lui valut des commandes venant d'aussi loin que de l'état du Maryland aux États-Unis (fig. 26a et b). Sous le titre « Un véritable monument », *Le Courrier du Canada* du 2 avril 1889 rapportait ce qui suit:

> Les Frères des écoles chrétiennes viennent de célébrer [...] la béatification de leur illustre fondateur, Jean-Baptiste de La Salle; [...] ils ont voulu commémorer ce glorieux événement, en plusieurs endroits, par des monuments qui passeront à la postérité et qui feront la gloire de notre siècle. C'est ainsi que l'on verra s'élever bientôt une magnifique statue du bienheureux de La Salle dans le jardin du Noviciat des Frères à Ammendale, près de Baltimore, état du Maryland.
>
> Cette statue est l'oeuvre d'un de nos compatriotes, d'un Quebecquois, M. Louis Jobin [...]. Il nous a été donné d'admirer ce beau monument, et nous ne croyons pas exagérer en disant que c'est un véritable chef-d'oeuvre qui nous révèle toute la puissance du génie du statuaire. Quelle pose admirable! quelle légèreté et quelle délicatesse dans toutes les lignes! Il nous semble que le statuaire, après avoir terminé son oeuvre, aurait pu dire

Fig. 26a (page précédente) et b (ci-dessus). *Monument à* ***saint Jean-Baptiste de La Salle*** *au noviciat des frères des Écoles chrétiennes, à Ammendale, Maryland. Statue signée (sur la base, à droite): « L. JOBIN/SCULPTEUR/QUÉBEC/1889 ». Bois recouvert de plomb bronzé, 2,6 m. (env.). Oeuvre détruite. Photos déposées au Christian Brothers La Salle Hall, Beltsville, Md.* (Copies photographiques Patrick Altman, Musée du Québec).

comme Michel-Ange qui s'adressait à son *Moïse*: « Parle donc, puisque tu as la vie ». En effet, Jean-Baptiste de La Salle revit dans ce monument; il est encore au milieu de siens: il distribue les règlements de son Institut à ses disciples, à ceux qui doivent continuer son oeuvre; il contemple d'un regard doux et pour ainsi dire divin les légions d'enfants qui fréquentent ses écoles sur toute la surface du globe; il redit aux Frères: Suivez ce Labarum que je tiens à la main (les règlements de son Institut), et vous remporterez la victoire.

Cette statue a huit pieds de hauteur; elle est faite de cèdre recouvert en plomb bronzé; elle pèse environ douze cents livres. C'est un travail énorme, car il est entré quatre cents livres de plomb dans la confection de cette oeuvre artistique. Il est difficile de se figurer la somme de talent et de patience qu'il faut avoir pour créer un semblable chef-d'oeuvre.

Le nom de M. Jobin est connu du public canadien depuis plusieurs années; il n'est pas nécessaire de faire ici l'éloge de notre statuaire quebecquois; mais nous sommes heureux de constater que sa réputation a franchi la frontière et que ses oeuvres sont grandement appréciées dans la République américaine. C'est un de nos compatriotes comme on en rencontre assez souvent dans notre belle province de Québec: ils partent des situations les plus obscures pour arriver aux sommets les plus élevés et briller de la gloire la plus pure. Leur génie et leur amour du travail leur font surmonter tous les obstacles qui sont semés sur leur chemin, et leur renommée se répand comme une trainée lumineuse à travers les continents et attire infailliblement l'attention des peuples. Une nation doit être fière de posséder de si riches trésors.

Fig. 27. ***Bannière de la Société Saint-Jean-Baptiste de Charlesbourg***. *Atelier des soeurs du Bon Pasteur de Québec et Louis Jobin, 1880. Soie blanche moirée et glacée, bois polychrome, broderie, etc., 194 × 116 cm. Église Saint-Charles-Borromée de Charlesbourg.* (Photo Jean-Guy Kérouac, Musée du Québec).

Parallèlement au travail que déployait Jobin sur tous les marchés habituels de la sculpture, il y eut quelques activités assez inusitées qui occupèrent une place très particulière dans sa carrière. Il s'agit des travaux réalisés à l'occasion de grandes manifestations qui eurent lieu dans la vieille capitale, en l'occurence la Saint-Jean-Baptiste de 1880 et les carnavals d'hiver de 1894 et de 1896.

La grande Convention nationale de 1880, à Québec, était un événement autant religieux que patriotique. Point culminant de la fête des Canadiens-français, le défilé du 24 juin fut sans contredit le plus imposant sinon le plus spectaculaire du XIXe siècle. Il devait comprendre près de 25 chars très colorés de même que plus de 80 bannières et drapeaux divers dont un bon nombre comportant des ornements peints, sculptés ou brodés.

Une quarantaine d'associations participant au défilé étaient identifiées par des bannières dont une quinzaine arboraient des éléments historiés partiellement sculptés en bois. En collaboration avec les soeurs du Bon-Pasteur de Québec, Jobin travailla à au moins deux de ces bannières. Commandée dès 1876 par la section Saint-Roch de la SSJB de Québec, la première présentait, sur

Fig. 28 (en haut). ***Le char des tanneurs, corroyeurs et mégissiers*** *en 1880. Détail d'une illustration d'Henri Julien parue dans* ***L'Opinion publique*** *le 8 juillet 1880 (p.334) et dans le* ***Canadian Illustrated News*** *le 30 juillet 1880 (p.25).* (Photo John R. Porter, université Laval de Québec).

Fig. 29 (en bas). ***Le char de Beauport*** *en 1880. Détail d'une illustration d'Henri Julien parue dans* ***L'Opinion publique*** *le 8 juillet 1880 (p. 334) et dans le* ***Canadian Illustrated News*** *le 30 juillet 1880 (p. 25).* (Photo John R. Porter, université Laval de Québec).

un côté, un *saint Roch*, un des premiers ouvrages sculptés par Jobin à Québec. La deuxième, réalisée en 1880 pour la SSJB de Charlesbourg, montrait un *saint Charles Borromée* (fig. 27). Il s'agissait en fait de figures dont la tête, les pieds et les mains étaient sculptés, et qui étaient habillées de vêtements rapportés (fig. 51).

Les quelque 25 chars du défilé constituèrent par ailleurs les attractions les plus pittoresques et les plus populaires de la fête. On avait formé pour les concevoir un comité spécial essentiellement composé d'architectes et placé sous la présidence de Charles Baillairgé. Sept chars de procession étaient décorés de personnages sculptés en ronde-bosse. Louis Jobin assuma en tout ou en partie la confection de quatre voitures dont deux revêtaient un aspect religieux puisque leur ornement principal représentait un saint patron : un *saint Barthélémy* pour le char des tanneurs, corroyeurs et mégissiers (fig. 28) et une *sainte Cécile* pour le char des Sociétés musicales (cat. n° 50). Les deux autres voitures étaient surmontées d'une statue en pied de caractère nettement profane : une *Cérès* pour le char de l'Agriculture (cat. n° 49) et un *Salaberry* pour le char de la SSJB de Beauport (fig. 29). Entièrement construit par Jobin, le char historique de Beauport était en effet décoré avec l'effigie du héros de Châteauguay, effigie qui devait être réutilisée lors du Carnaval de Québec de 1894 avant d'être placée près de l'église de Beauport (fig. 30).

Le carnaval d'hiver de 1894 est encore de nos jours considéré comme l'un des plus remarquables à avoir eu lieu dans la province au siècle dernier. Non seulement fut-il placé sous la présidence d'honneur du gouverneur-général du Canada, mais il attira en outre plus de 20 000 visiteurs. Comme lors de la « grande démonstration » de 1880, un comité spécial composé d'ingénieurs et d'architectes, et présidé par F.-X. Berlinguet, fut chargé de superviser les nombreuses constructions destinées aux festivités.

Le comité confia à Jobin le soin de réaliser les quelques statues en glace prévues aux quatre coins de la ville (cat. n°s 51-53). Ses monuments remportèrent un immense succès et suscitèrent l'admiration du grand public et des chroniqueurs de journaux comme en fait foi un extrait de *L'Événement* du 24 janvier :

> Ces statues sont tout simplement admirables. M. Jobin a parfaitement réussi. Ces oeuvres, taillées dans des blocs de glace aussi pure que le cristal, décèlent un grand talent artistique.
>
> [...]
>
> Une des curiosités du carnaval sera sans contredit le travail de M. Jobin. Cet artiste a sculpté [...] les statues de Jacques Cartier, Champlain, de Laval et de Bréboeuf. La

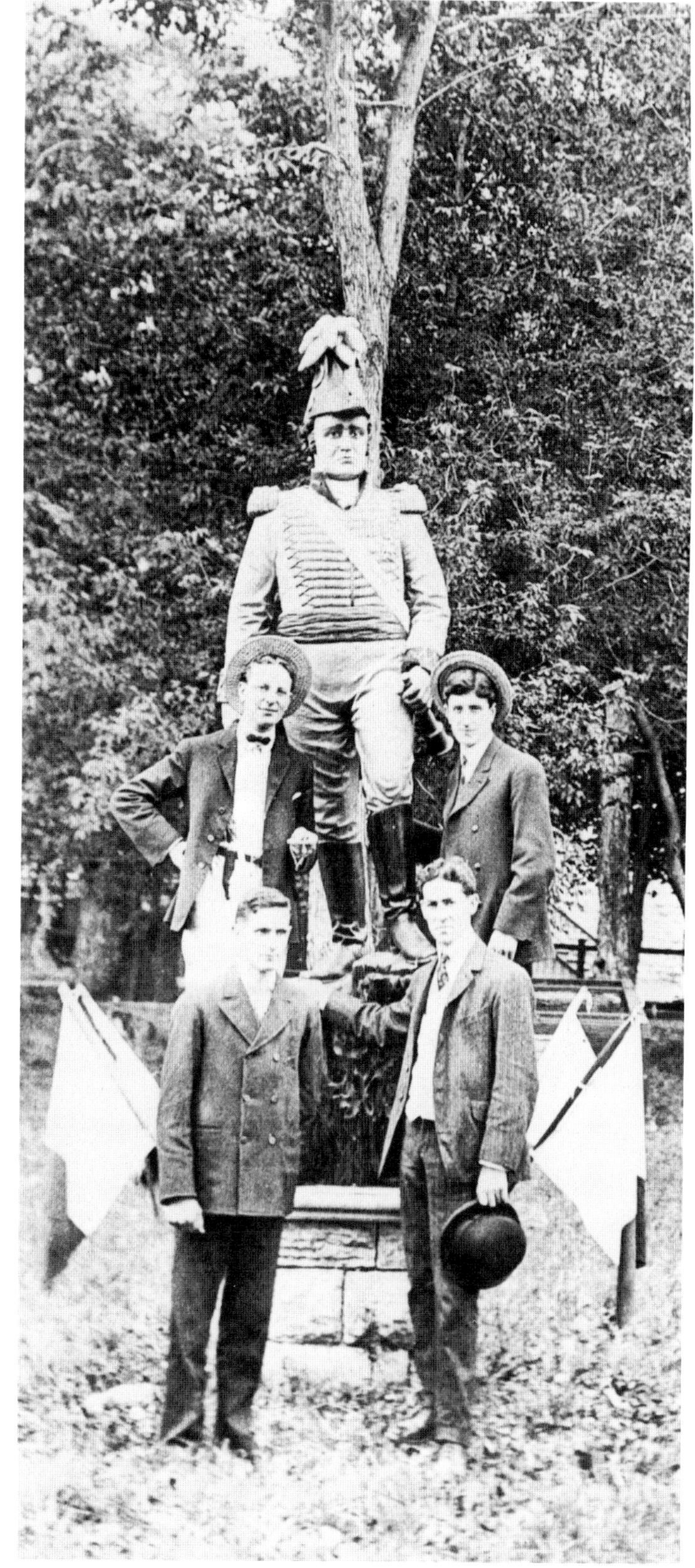

Fig. 30. *Vue du monument à* ***Salaberry*** *de Beauport avec la statue en bois polychrome et grandeur nature de 1880. Oeuvre disparue.* (Photo Coll. Michel Bédard, Beauport).

> ressemblance si l'on en croit les portraits du temps est parfaite [...]. Il faut le voir travailler dans son atelier et certainement cette visite en vaut la peine. Elle fait plaisir à l'artiste et elle démontre au curieux ce que peut faire le talent et l'étude.

Se souvenant de la ferveur populaire soulevée en 1894 par les statues en glace de Jobin, les organisateurs du carnaval de 1896 relancèrent l'expérience mais, cette fois, de façon plus systématique. Parmi les monuments les plus spectaculaires du sculpteur, il y avait *La Liberté éclairant le monde* (cat. nº 54). Les monuments de 1894 et de 1896 devaient faire de Jobin, sinon l'un des pionniers de la sculpture sur glace au Québec, du moins le premier à l'avoir pratiquée à une si grande échelle et avec autant d'ingéniosité.

À la fin du séjour de Jobin dans la vieille capitale, la concurrence qui régnait alors dans le domaine de la sculpture religieuse, et particulièrement dans celui de la statuaire, était très forte. Non seulement y avait-il compétition entre les sculpteurs sur bois et les statuaires-mouleurs locaux, mais les uns et les autres devaient affronter ensemble l'arrivée massive d'importations étrangères.

Peu après les festivités carnavalesques de l'hiver 1896, un autre incendie majeur se déclara dans l'atelier de Jobin. Le 29 mai suivant, le journal *La Semaine commerciale* annonça que le sculpteur avait vendu sa propriété et qu'il était allé s'établir à Sainte-Anne-de-Beaupré. Henri Angers, son ancien apprenti, expliqua un jour qu'il ne restait à Jobin que quelques dollars quand celui-ci vendit sa maison. Comment peut-on expliquer autrement que par les dures lois de la concurrence régnant sur le marché des objets d'art religieux le fait qu'un sculpteur qui venait de remplir d'importants contrats à Saint-Patrice, à Saint-Michel et au Séminaire de Québec ait été financièrement aussi démuni ? Quoi qu'il en soit, Jobin quitta Québec afin de s'établir à Sainte-Anne-de-Beaupré où on venait de lui passer plusieurs commandes de statues pour le parc de la basilique.

UNE PRODUCTION MONUMENTALE
L'atelier de Sainte-Anne-de-Beaupré (1896-1925)

Cinq ans après son arrivée à Sainte-Anne, Jobin achetait devant notaire, le 24 mars 1901, un terrain qu'il « possédait depuis longtemps » et qui était situé Chemin royal, à l'ouest de la basilique. En outre, l'acte d'achat indique que Jobin avait déjà fait ériger à ses frais des « bâtisses » sur ledit lopin de terre. En fait, Jobin régularisait sa situation, étant en quelque sorte propriétaire d'une maison nouvellement construite.

À son arrivée à Sainte-Anne, Jobin avait donc acquis un petit logis auquel il avait ajouté un appentis pour lui servir d'atelier. De plan rectangulaire et coiffé d'un toit à deux versants, cet appentis était en fait construit dans une pente et constitué de deux étages. Utilisé comme atelier, l'étage principal était percé sur trois côtés de nombreuses ouvertures dont une porte donnant vers l'est. Ouvrant sur une cour arrière, du côté du fleuve, l'étage inférieur ou soubassement devait probablement servir de hangar pour les billes de bois. Comme le montrent des photographies de l'époque, cette modeste construction était à l'origine décorée à l'extérieur de nombreuses statues (cat. n°s 2 et 3) et d'un écriteau portant l'inscription « L. JOBIN » (fig. 31, 32 et 35).

Fig. 31. *Vue de la résidence et du premier atelier de Louis Jobin à Sainte-Anne-de-Beaupré. Le sculpteur est photographié avec son neveu et assistant Édouard Marcotte. Photo prise vers 1915 et conservée au Musée McCord de Montréal.* (Copie photographique A.B.S.A.B.).

Après avoir fait construire sa nouvelle résidence en 1901 à l'endroit correspondant au 9790 rue Royale aujourd'hui, Jobin se servit de l'appentis pour entreposer ses grumes et ses statues achevées. Puis il aménagea le soubassement de sa maison en atelier. Deux escaliers, l'un intérieur, l'autre extérieur, permettaient d'y accéder. Les murs sud et ouest étaient percés de grandes fenêtres. Disposés le long de ces deux murs, les établis étaient donc adéquatement éclairés durant une bonne partie de la journée (fig. 33 et 34).

Peu d'événements marquants troublèrent la tranquillité du statuaire à Sainte-Anne. Le 1er avril 1907 décédait à l'âge de 78 ans son épouse, Flore Marticotte. Un neveu de Jobin, Édouard Marcotte, habita alors chez le sculpteur et devint l'un de ses principaux assistants. Le 27 décembre de l'année suivante, le statuaire fut élu à l'unanimité à un poste de marguillier de la fabrique de Sainte-Anne. Jobin recueillit enfin un inventeur et sculpteur excentrique du nom d'Octave Morel qui mourut chez lui des suites d'une longue maladie.

En plus des nombreuses visites de ses clients, de touristes et de pèlerins, Jobin reçut vers la fin de sa vie celles de plusieurs personnalités qui laissèrent plus d'un témoignage sur leurs rencontres avec le vieux statuaire retiré sur la Côte de Beaupré. À la fin des années 1910, la journaliste anglophone Victoria Hayward, accompagnée de la photographe Edith S. Watson, alla plusieurs fois voir Jobin. Elle relata ces visites dans le *Canadian Magazine* de décembre 1922 (fig. 33). Au début des années 1920, ce fut au tour de l'écrivain américain Frank Olivier Call d'évoquer dans son livre, *The Spell of French Canada*, sa rencontre avec le « Old Woodcarver of Sainte-Anne-de-Beaupré » (fig. 34). Puis, en août 1925 et alors âgé de 80 ans, Jobin reçut l'ethnographe Marius Barbeau qu'accompagnaient deux peintres du fameux

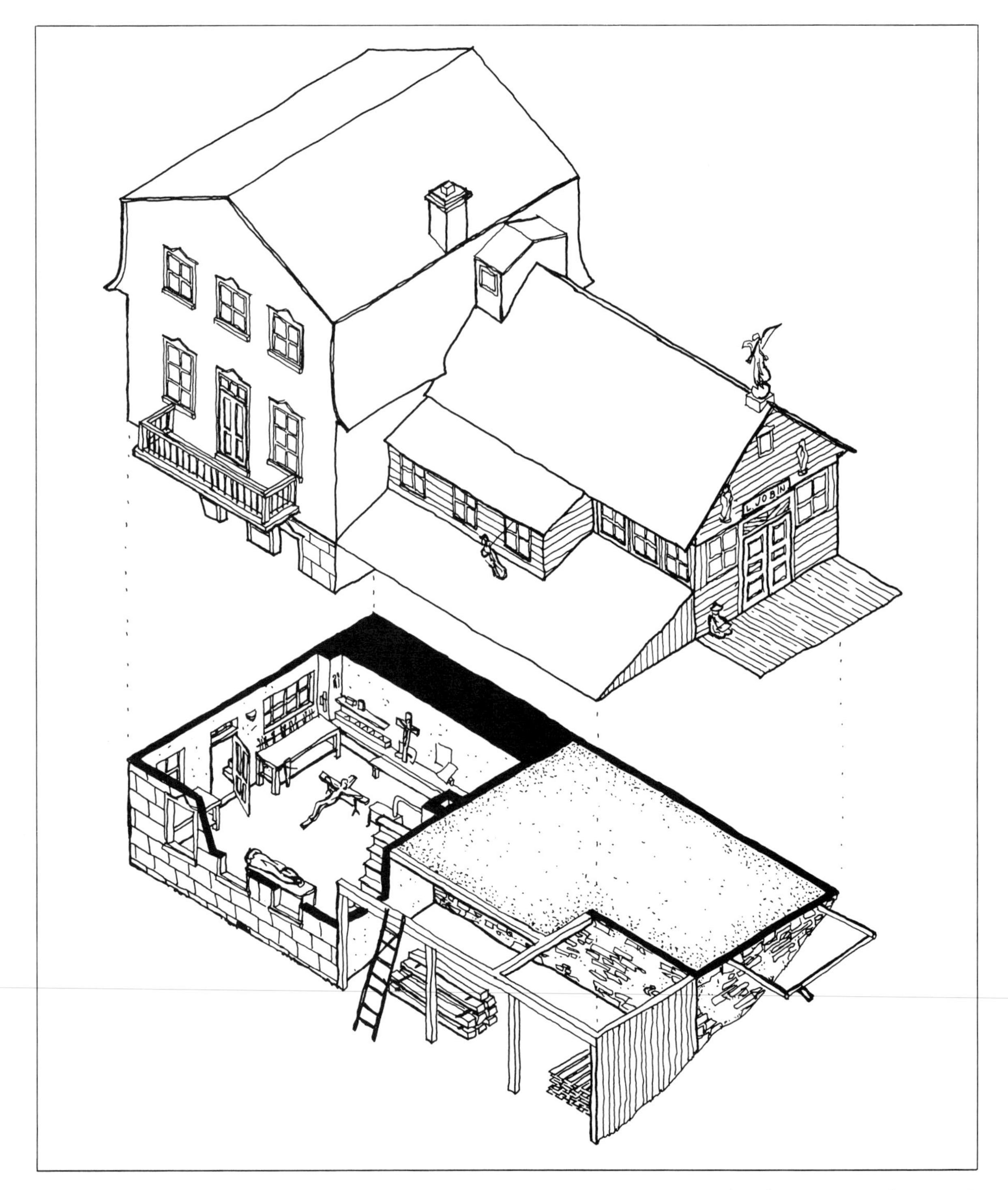

Fig. 32. *Reconstitution graphique de la résidence et du deuxième atelier de Louis Jobin à Sainte-Anne-de-Beaupré.* (Dessin de Jean Bélisle d'après des informations fournies par l'auteur).

Fig. 33. *Louis Jobin au travail dans son atelier de Sainte-Anne. Photo d'Édith S. Watson prise vers 1920 et déposée au Musée des beaux-arts de l'Ontario, Toronto.* (Copie photographique Musée des beaux-arts de l'Ontario, Toronto).

Fig. 35. *Vue du premier atelier de Louis Jobin à Sainte-Anne-de-Beaupré. Photo de Marius Barbeau, 1925.* (Photo M.N.C.O., Coll. Marius-Barbeau, nég. nº 66276).

Fig. 34. *Louis Jobin dans son atelier de Sainte-Anne. Photo de Frank O. Call, vers 1920.* (Copie photographique M.N.C.O., Coll. Marius-Barbeau, nég. nº 80-1132).

Groupe des Sept, Arthur Lismer et Alexander-Y. Jackson (cat. n^{os} I-IV). Entre 1925 et 1928, Barbeau allait avoir plusieurs entretiens avec le sculpteur dont il publia maints souvenirs dans un article paru dans *La Presse* en 1933 (fig. 35 et ill. 25a). Finalement, en 1926, l'écrivain et journaliste Damase Potvin raconta aux lecteurs du même journal sa rencontre avec le vieux sculpteur depuis peu à la retraite.

De Hayward à Potvin, tous ces visiteurs de marque livrèrent d'importants témoignages sur le statuaire. Leurs photographies et leurs notes constituent des sources de renseignements de premier ordre pour l'étude de la carrière et de l'oeuvre de Jobin. Elles nous donnent aussi de précieuses informations sur l'atelier du sculpteur et sur son métier.

À Sainte-Anne, Jobin eut quelques apprentis dont Oscar Dupont et Télesphore Lacasse. Les aides qu'il embauchait l'étaient moins à titre de véritables apprentis que d'assistants assignés à des tâches bien spécifiques. Natif de l'île-aux-Coudres, Régis Perron (1872-1939) avait ainsi été engagé comme menuisier en 1901 pour un important contrat à l'église de Saint-Louis. L'entreprise terminée, Jobin l'avait invité à venir travailler avec lui à Sainte-Anne. Après 1907, Edouard Marcotte (1884-1957) assista le maître-sculpteur dans l'exécution de ses commandes. Ces assistants avaient entre autres responsabilités celles de recouvrir de métal les statues de Jobin conçues pour l'extérieur et de les peindre ou de les dorer. Finalement, le sculpteur ébéniste Octave Morel (1839-1918) a lui aussi aidé Jobin à réaliser certains travaux d'ornementation à la basilique.

Établi à Sainte-Anne-de-Beaupré, Jobin n'était pas pour autant isolé des milieux artistiques. Il recevait régulièrement chez lui des sculpteurs, des peintres et des architectes-entrepreneurs. Certains lui écrivaient. Jobin était très au fait de ce qui se passait dans son domaine. Dans la grande région de Québec, la situation qui prévalait à la fin du XIXe siècle s'était quelque peu modifiée au début du XXe alors que se manifestait de plus en plus la concurrence tant locale qu'étrangère.

Quelques grands ateliers de sculpture s'étaient développés depuis la fin du XIXe siècle. Oeuvrant dans les domaines de l'ornementation intérieure des églises et de l'ameublement liturgique, les ateliers de F.-P. Gauvin, à Québec, et de Joseph Saint-Hilaire et Joseph Villeneuve, à Saint-Romuald, prirent de l'envergure au début du siècle. Ces ateliers mécanisés et dotés d'une organisation hiérarchisée engageaient des artisans spécialisés ou passaient des commandes à des sculpteurs indépendants. Finalement, les maisons italiennes Carli et Petrucci de Montréal et Rigali et fils de Québec, toujours très actives, excellaient encore dans la fabrication et dans la décoration de la statuaire religieuse moulée.

Il faut souligner la forte présence de deux manufactures étrangères, la Compagnie Daprato de Chicago (U.S.A.) et l'Union artistique de Vaucouleurs (France), qui jouèrent un rôle de premier plan en matière d'arts et d'ornements religieux. Leurs statues moulées ou coulées gagnèrent tout le territoire de la province et provoquèrent l'engouement du clergé comme des sculpteurs locaux.

Il y avait enfin la figure imposante de Louis-Philippe Hébert qui continuait de produire des monuments à la mémoire des uns et des autres tout en sculptant les portraits des célébrités et des notables de son temps. À sa mort, en 1917, la relève s'annonçait déjà prometteuse si on songe à la statuaire monumentale et académique. Mais c'est à Alfred Laliberté (1878-1953) que revint l'honneur de lui succéder à titre de « sculpteur national ». Quant à Henri Angers, l'ex-apprenti de Jobin, il était en 1897 revenu d'un séjour de perfectionnement de deux ans à Anvers. Il se faisait depuis connaître comme modeleur et sculpteur sur bois et de marbre.

Les activités de Jobin à Sainte-Anne-de-Beaupré étaient étroitement associées à la production de son temps. Évoluant en dehors du monde de la sculpture académique, il fut néanmoins celui qui se tailla la meilleure place sur la marché de la statuaire d'extérieur. Sur son papier d'affaires, Jobin ne mentionnait-il pas comme étant sa « spécialité: [les] statues en bois de toutes dimensions, couvertes en métal, à l'épreuve de l'intempérie des saisons » (ill. 31b)? Si Jobin parvint à accaparer une telle part du marché, c'est que l'aspect de ses statues imitait celui des oeuvres des sculpteurs académiques, des maisons italiennes et des manufactures étrangères.

Par ailleurs, le fait d'être un statuaire indépendant et spécialisé permettait à Jobin non pas d'entrer en concurrence avec les grands ateliers locaux mais, au contraire, d'obtenir des fabricants d'ornements et d'ameublements d'églises des contrats pour la fabrication de statues religieuses. Aucun autre sculpteur sur bois ne semble avoir autant reçu de commandes dans le domaine de la statuaire. Aussi Jobin s'était-il installé à dessein à Sainte-Anne-de-Beaupré, là où se trouvait l'un des plus grands lieux de pèlerinage en Amérique du Nord. Cet endroit attirait des visiteurs de toutes les parties du Canada et des États-Unis. Des curés, des supérieurs de communautés, des entrepreneurs et de riches américains faisaient un détour par l'atelier de Jobin pour se procurer, qui un Sacré-Coeur ou une sainte Anne, qui un saint Joseph ou un calvaire.

Il y avait là un vaste marché dont Jobin sut profiter durant la dernière partie de sa carrière. À cet égard, ses deux derniers carnets de commandes sont assez révélateurs de l'abondante production du sculpteur à Sainte-Anne (cat. nº V). Couvrant la période d'activité qui va de 1913 à 1925, ces deux livrets de comptes font état d'environ 240 commandes de statues. Cette production apparaît d'autant plus imposante que le sculpteur était alors un septuagénaire et que la plupart des oeuvres commandées étaient de grandes dimensions.

Malgré l'abondance et la régularité des commandes, Jobin éprouva certaines difficultés à vivre de son métier. Reconnus pour être peu élevés, les prix de vente de ses statues arrivaient tout juste à couvrir le coût d'achat des matériaux. Jobin aurait donc été très productif plus par nécessité que pour son propre plaisir.

L'inventaire et l'analyse des oeuvres produites à Sainte-Anne permettent de conclure, comme la chose se dessinait déjà lorsque Jobin était encore à Québec, que sa spécialité était sans contredit la statuaire religieuse où dominait la production de Sacré-Coeur et de calvaires. Destinées à être exposées en plein air, ces oeuvres étaient le plus souvent de grandes dimensions et en bois recouvert de métal doré. Toutefois, surtout dans la première moitié de son séjour à Sainte-Anne (1896-1910), Jobin s'adonna aussi à la confection d'oeuvres profanes, de mobiliers et d'ornements, ainsi qu'à la réalisation de statues religieuses décorées et de petit format conçues pour l'intérieur.

À Sainte-Anne, Jobin ne se soucia pratiquement plus des marchés de la sculpture navale et commerciale qui de toute façon tiraient à leur fin. Il ne sculpta aucune figure de proue. Il ne réalisa qu'une seule enseigne. En réalité, il ne fit au total que six oeuvres profanes. En 1901, il livrait une enseigne de *Neptune* à l'auberge du même nom à Québec (cat. nº 58) et l'effigie d'un *Wolfe* pour une maison de la capitale (cat. nº 59). Les deux statues sont aujourd'hui considérées comme des oeuvres majeures de Jobin dans le domaine profane. En vue des fêtes marquant le Tricentenaire de Québec en 1908, le sculpteur reçut de l'architecte Eugène Taché une commande assez particulière, celle d'un buste en bois doré de *Champlain* destiné à un imposant reposoir en face du Parlement (fig. 36). En 1913, Jobin réalisait ses deux dernières oeuvres profanes, deux statues grandeur nature en bois recouvert de cuivre représentant *Frontenac* (fig. 37) et *Lord Elgin* et destinées à la façade du séminaire de Sherbrooke. Enfin Jobin exécuta la figure fantaisiste d'un *mandarin agenouillé* tenant un panneau en forme de siège (voir fig. 31).

Fig. 36. *Vue du monument à* **Champlain** *lors des fêtes du Tricentenaire de Québec, en 1908. Buste en bois doré (?) et grandeur nature. Oeuvre disparue.*
(Photo A.N.Q.Q., Fonds Napoléon-Bourassa, nég. nº N79.7.189).

Fig. 37. ***Frontenac**, 1913. Statue en bois recouvert de cuivre et grandeur nature. Séminaire de Sherbrooke.* (Photo Patrick Altman, Musée du Québec).

Avec la collaboration d'assistants, Jobin s'attaqua également à l'ornementation d'église et à la confection de mobilier liturgique. Jobin et Octave Morel auraient ainsi exécuté dans l'ancienne basilique de Sainte-Anne des autels, des cartouches et des écussons pour les chapelles latérales, et deux baldaquins pour les trônes épiscopaux. À Saint-Louis de l'Île-aux-Coudres, Jobin entreprenait vers 1901, avec l'aide du menuisier Régis Perron, la confection d'une partie du décor intérieur de l'église, soit le retable, le maître-autel, l'autel latéral et peut-être même la chaire (fig. 38). Cet important ensemble décoratif est le seul qui nous soit connu. La facture des diverses composantes du retable n'est pas sans rappeler l'art de certains disciples de Thomas Baillairgé, notamment le néoclassique monumental pratiqué par F.-X. Berlinguet, l'ancien maître de Jobin. Il en va de même de la construction du tabernacle du maître-autel qui révèle maintes références au siècle précédent. Le parti-pris décoratif de Jobin paraît donc, à cette époque, un peu retardataire en regard de l'éclectisme exubérant qui était à la mode. S'ajoutant à ces travaux d'envergure, Jobin confectionna des supports de toutes sortes tel le piédestal marbré qu'il livra aux ursulines de Québec en 1904.

La production religieuse de Jobin à Sainte-Anne était toujours soumise aux mêmes lois du marché et tributaire, comme à Québec, des contraintes imposées par les commanditaires et des impératifs de la concurrence. La clientèle du sculpteur semble toutefois s'être beaucoup élargie et diversifiée. Aux membres du clergé et aux communautés religieuses s'ajoutaient de plus en plus les entrepreneurs-architectes, les détaillants d'articles religieux, les touristes et de nombreux pèlerins.

À Sainte-Anne, Jobin réalisa une dizaine d'ensembles ne dépassant guère plus de cinq statues contrairement à ceux qui avaient fait l'objet de grandes commandes lorsqu'il était à Québec. Toutes destinées à orner des façades d'église, ces oeuvres sont, sauf exception, de grandes dimensions et en bois recouvert de métal. On le sait, notre tradition architecturale pas plus que notre climat rigoureux n'ont favorisé le déploiement de statues sur les édifices. On ne s'étonnera donc pas de l'envergure relative de ces nouveaux ensembles : cinq statues à Saint-Casimir de Portneuf (1899 ; cat. n° 21) et à Saint-Dominique de Jonquière (1913), quatre statues à Coaticook (1915) et à Saint-Frédéric de Drummondville (1922), et trois statues à Saint-Romuald (1902, cat. n°s 43 et 44), à Saint-Zéphirin de Courval (1904), à Saint-Léonard d'Aston (1922), à Saint-Eugène de Grantham (1910 et 1919), à Notre-Dame de Foy (1908 et 1919 : cat. n° 31), etc. La commande de Saint-Casimir a donné lieu

Fig. 38. *Vue du retable et du maître-autel, datés de 1901, de l'église de Saint-Louis de l'Île-aux-Coudres.* (Photo Jules Bazin, 1940; M.A.C.Q., Fonds Gérard-Morisset, nég. nº 1257-58.B-12).

Fig. 39. *Vue de la* ***Sainte Famille*** *et des deux* ***anges adorateurs*** *datés de 1920 placés dans le parc de la basilique de Sainte-Anne-de-Beaupré. Bois monochrome aujourd'hui décapé. Coll. Musée de la basilique de Sainte-Anne-de-Beaupré. Carte postale déposée aux A.B.S.A.B.* (Copie photographique Patrick Altman, Musée du Québec).

Fig. 40. *Vue de l'intérieur de la chapelle du couvent des franciscaines à Sainte-Anne-de-Beaupré avec deux* ***anges*** *et un* ***Sacré-Coeur*** *en bois polychrome attribués à Louis Jobin. Les deux* ***anges au flambeau et à l'oriflamme*** *sont aujourd'hui au Musée du Québec (nos 43.164), et le* ***Sacré-Coeur*** *au Musée de la basilique de Sainte-Anne-de-Beaupré.* (Copie photographique A.B.S.A.B.).

à la confection de l'ensemble le plus développé et le plus achevé de la production de Jobin à Sainte-Anne. Ces ensembles statuaires comportent généralement le saint patron, isolé et mis en valeur sur la façade de l'église, de même que des représentations liées aux grandes dévotions de l'époque.

Plusieurs fabriques devinrent des clients importants pour Jobin, les unes acquérant des oeuvres à intervalles plus ou moins réguliers, les autres en une seule commande. Ce fut le cas des paroisses des Chûtes-à-Blondeau (cat. nº 11) et de Saint-Eugène en Ontario, de Saint-Georges de Windsor (cat. nos 32 et 33) et de Sainte-Justine au Québec. Quant aux communautés religieuses, celle des rédemptoristes fut parmi les premiers commanditaires de Jobin (cat. nos 28 et 29). Les rédemptoristes se procurèrent près d'une vingtaine de statues (fig. 39) sans compter les travaux de mobilier et d'ornementation que le sculpteur réalisa pour l'ancienne basilique ainsi que quelques oeuvres pour la communauté à Montréal et à Sainte-Anne-des-Chênes, au Manitoba. Les soeurs franciscaines de Sainte-Anne commandèrent elles aussi un certain nombre de pièces au sculpteur (fig. 40).

Parmi les commanditaires laïcs, de grands ateliers et des entrepreneurs-architectes venaient au premier rang. Ainsi, avant l'arrivée de Lauréat Vallière dans l'une ou l'autre des boutiques dirigées par Joseph Villeneuve et Joseph Saint-Hilaire à Saint-Romuald, Jobin semble avoir été le principal fournisseur de statues des ateliers spécialisés. De plus, les livres de comptes du sculpteur nous apprennent qu'il remplit, entre 1915 et 1925, une douzaine de commandes pour l'atelier de l'architecte-sculpteur de Nicolet Louis Caron. Pour l'extérieur de ses constructions, Caron se procurait chez Jobin de grandes statues recouvertes de métal comme les deux *anges à la trompette* de 3 mètres de hauteur de l'église de Notre-Dame du Perpétuel-Secours, à Holyoke (Mass.). Entre 1913 et 1920, le sculpteur F.-P. Gauvin acquit lui aussi près d'une vingtaine de statues dont la moitié étaient destinées à des calvaires. Jobin réalisa en 1916 les quatre *anges adorateurs* du baldaquin que le fabricant avait dessiné pour l'église Saint-Jean-Baptiste de Québec (fig. 41 et 42) de même qu'une petite *sainte Bernadette* qui ne fut pas livrée au client (cat. nº 25). Il y eut enfin un commerce d'objets de piété, « Le clergé catholique de Québec », qui acheta un *calvaire* et trois *Sacré-Coeur* dans le but de les revendre à d'autres clients.

Les quelque 35 commandes d'architectes-sculpteurs et de détaillants d'ornements religieux montrent que Jobin s'était acquis une excellente réputation dans le domaine de la statuaire religieuse et monumentale conçue pour l'extérieur. Spécialiste de ce type de production dans la

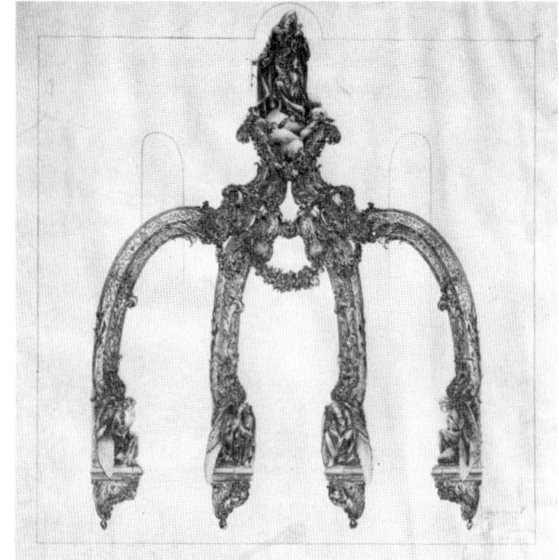

Fig. 41. *Plan de F.-P. Gauvin pour le baldaquin de l'église Saint-Jean-Baptiste de Québec, vers 1915. Emplacement inconnu.* (Photo M.N.C.O., Coll. Marius-Barbeau, nég. nº 94206).

Fig. 42. *Vue du baldaquin de l'église Saint-Jean-Baptiste de Québec avec les quatre* ***anges adorateurs*** en bois doré datés de 1916. (Photo Patrick Altman, Musée du Québec).

Fig. 43a. *Une pèlerine embrassant la main d'une* ***sainte Anne*** *placée dans le parc de la basilique de Sainte-Anne-de-Beaupré. La statue fut commandée en 1918 pour un hôpital d'Ashland, au Wisconsin. Photo tirée de Hayward, « Jobin the Wood-Carver », 1922, p.99.* (Copie photographique Patrick Altman, Musée du Québec).

Fig. 43b. *Louis Jobin avec sa statue de* ***sainte Anne*** *en bois monochrome et grandeur nature destinée à un hôpital d'Ashland.* (Photo anonyme, A.B.S.A.B.).

grande région de Québec, le sculpteur exécutait sur commande ou fournissait à peu de frais un produit qu'un atelier n'était pas en mesure de réaliser lui-même ou qu'un commerçant pouvait écouler avec un profit.

À l'ombre de la basilique de Sainte-Anne, Jobin vit se développer une nouvelle clientèle partiellement composée de pèlerins et de touristes. Le récent développement des lignes de chemin de fer lui permettait en effet, depuis Sainte-Anne, de livrer des statues volumineuses par train vers des régions très éloignées. Le sculpteur pouvait donc non seulement miser sur les commandes de visiteurs venus des quatre coins du pays et des États-Unis, mais il pouvait leur offrir de leur expédier ses oeuvres une fois terminées. Jobin envoya ainsi près d'une trentaine d'oeuvres au Labrador, en Nouvelle-Écosse, en Ontario, au Manitoba, en Nouvelle-Angleterre, au Michigan, au Wisconsin et en Floride.

En 1913, Jobin expédia ainsi un imposant *Sacré-Coeur de Montmartre* de 4 mètres de hauteur pour l'église Saint-Alphonse de Minnedosa au Manitoba. Par ailleurs, afin d'exprimer leur reconnaissance à la « thaumaturge canadienne », des touristes américains profitaient de leur séjour au lieu de pèlerinage pour acquérir, à l'atelier de Jobin, des représentations de *sainte Anne de Beaupré*. Suite à la guérison de son fils, par exemple, M. Théodore Kortlander se procura en 1903 une statue grandeur nature et polychrome de la sainte afin de l'offrir en ex-voto à la cathédrale Saint-Andrew de Grand Rapids, au Michigan. La cérémonie de bénédiction à l'église allait d'ailleurs faire l'objet de comptes rendus dans divers quotidiens de l'endroit dont le *Grand Rapids Post* dans lequel on pouvait lire le 16 novembre :

> la grande statue de sainte Anne, véritable oeuvre d'art, [...] a été consacrée solennellement [...] hier [...]
>
> La statue est une réplique exacte de celle de Sainte-Anne-de-Beaupré et constitue un remarquable ouvrage de sculpture sur bois et d'ornementation ; elle mesure six pieds trois pouces de hauteur, y compris la couronne d'or qui orne la tête de la sainte. La sainte tient dans ses bras la Vierge Marie enfant et chaque détail de cette monumentale statue témoigne qu'elle a été exécutée par un maître. La statue a été réalisée à la demande de M.Kortlander sur le modèle de la statue originale de Sainte-Anne, au Canada. *(Traduction).*

Les statues de *sainte Anne* achetées par les étrangers étaient généralement bénies par les Pères rédemptoristes avant d'être expédiées. En 1918, Jobin façonna une statue de la thaumaturge qui avait été commandée par un groupe de pèlerins américains pour un hôpital d'Ashland, au Wisconsin. Une fois terminée, elle fut placée dans le parc de la basilique avant d'être bénie lors d'une imposante cérémonie (fig. 43a et b).

Napoléon Pelletier venait de la Nouvelle-Orléans. Il fut un des clients qui acquit le plus de statues à l'atelier de Jobin. S'étant converti à la foi catholique à Sainte-Anne-de-Beaupré, ce richissime américain voulut manifester sa reconnaissance à l'endroit de la « grande thaumaturge ». À St. Anne of Lakes, en Floride, il fit construire une église en l'honneur de la sainte, église pour laquelle il se procura quelques statues de Jobin. En 1922, il lui commanda deux *sainte Anne*, l'une décorée pour l'intérieur de l'église, l'autre recouverte de cuivre pour l'extérieur. Trois ans plus tard, Pelletier achetait encore un *Sacré-Coeur pénitent* de 1,80 mètre en bois recouvert de plomb et de tôle.

Il faut enfin signaler le cas de touristes américains qui offraient des statues au sanctuaire de Sainte-Anne lui-même (cat. n°s 28 et 29). De nombreux pèlerins québécois faisaient aussi l'acquisition de statues par ailleurs destinées à divers usages. Constituées en bonne partie de Sacré-Coeur et de calvaires, ces commandes servaient généralement aux gens à marquer leur reconnaissance pour une faveur obtenue ou à donner suite à l'expression d'un voeu.

C'est encore à Sainte-Anne que Jobin devint le spécialiste québécois des monuments au Sacré-Coeur et des calvaires. Les deux grandes dévotions au Coeur de Jésus et au Christ en croix allaient connaître, en particulier durant la Grande Guerre 14-18, une expansion considérable. Il est en effet peu de paroisses québécoises où on n'ériga, durant cette période, une croix votive ou un monument religieux commémoratif. Pour les seules treize années couvrant la fin de la carrière de Jobin, les deux thèmes du Sacré-Coeur et du calvaire donnèrent respectivement lieu à la réalisation de 50 et 45 statues représentant au total près de 40 % de la production du sculpteur. Dans le même temps, le sujet de la Vierge, Madone ou Notre-Dame, engendra la confection de 25 autres oeuvres. Suivirent les représentations de sainte Anne et de saint Joseph, 13 commandes dans le premier cas, 11 dans le second. Une représentation couronnée de *sainte Anne de Beaupré* emporta la faveur du public. Enfin, du saint Michel et de l'ange à la trompette aux saints Albert et Zéphirin, les anges et les saints patrons de toutes sortes furent les sujets du reste de la production de Jobin.

Bien que les Sacré-Coeur et les calvaires aient été l'une de ses spécialités, le sculpteur eut à affronter la très vive concurrence que lui firent les statuaires mouleurs locaux et les maisons étrangères. Sur le marché de la statuaire d'extérieur, les uns et les autres finirent par gagner la faveur des fabriques et des communautés, et leurs produits envahirent les places publiques et les cimetières paroissiaux. Les premiers moulaient avec des matériaux de composition des oeuvres relativement peu coûteuses. Les seconds coulaient en bronze des oeuvres plus onéreuses mais aussi plus résistantes aux intempéries. De plus, ces diverses maisons étaient en mesure de fournir un grand assortiment de modèles pour un même thème. La Compagnie Daprato offrait ainsi une vingtaine de représentations différentes du Sacré-Coeur. Il faut dire que les fabricants se copiaient et que même les sculpteurs sur bois s'inspiraient de leurs oeuvres pour réaliser les leurs.

En 1915, le cas d'une commande de Sacré-Coeur par la fabrique Saint-Jean-Baptiste de Québec illustre la concurrence qui existait entre les sculpteurs locaux et les maisons étrangères. Au début de la guerre, les paroissiens avaient décidé d'ériger, en face de l'église, un monument au Sacré-Coeur pour lequel on avait commandé en Europe une statue en bronze. Or les bateaux furent nolisés pour le transport de nourriture et de matériel de guerre. Les commanditaires ne purent donc prendre livraison de la statue. Ils eurent alors recours au statuaire de Sainte-Anne qui s'acquitta de sa tâche avec succès et à un prix dérisoire (200 $) par rapport au coût total du monument (10 000 $). Chose étonnante, son *Sacré-Coeur de Montmartre* (fig. 44), haut de 3 mètres et en bois recouvert de métal, avait l'aspect d'une statue en bronze importée. Enfin, ironie du sort, la statue de Jobin fut renversée par le vent en 1930 et remplacée par une oeuvre en bronze.

Comme à Québec, Jobin réalisa à Sainte-Anne une grande quantité de calvaires à trois personnages (cat. n°s 13-16) mais aussi quelques groupes comportant jusqu'à six figurants. L'un des plus connus et des plus achevés est le *calvaire à six personnages* qu'il livra à l'âge de 73 ans au sanctuaire du Lac-Bouchette (fig. 45). Commandé par le fondateur du lieu de pèlerinage, l'abbé Elzéar Delamarre, le calvaire fut décoré en 1925 par le peintre Charles Huot. Il constitue l'une des commandes les plus importantes qu'ait reçues Jobin et l'une des oeuvres majeures du sculpteur. Il est à noter que, selon les moyens des clients, les calvaires à plusieurs personnages étaient souvent commandés en deux étapes.

Quant aux figures de nombreux saints patrons et protecteurs de paroisse, elles étaient généralement destinées à décorer un emplacement prédéterminé, une niche ou un sommet de façade par exemple. Il en fut ainsi de la plupart des statues de saints commandés à Jobin : *saint Nicolas* à Saint-Nicolas (vers 1900), *saint Gédéon* à Saint-Gédéon de Beauce (vers 1902), *saint Louis de Gonzague* à Pintendre (1904), *saint Michel* à Yamaska (1905),

Fig. 44. *Vue du monument au* ***Sacré-Coeur*** *de la paroisse Saint-Jean-Baptiste de Québec. La statue de 1915 en bois recouvert de métal et de 3,3 m de hauteur fut remplacée en 1930 par un* ***Sacré-Coeur*** *en bronze. Photo tirée d'****Album-Souvenir ...****, 1924, p.30.* (Copie photographique Patrick Altman, Musée du Québec).

Fig. 45. *Vue du* ***calvaire*** *du Lac-Bouchette, daté de 1918. Bois polychrome. Carte postale produite vers 1920 et déposée au Fonds Marius-Barbeau, A.N.Q.M.* (Copie photographique A.N.Q.M.).

saint Ferréol à Saint-Ferréol (1913; fig. 46), *saint Joachim* à Saint-Joachim de Courval (1920), *saint Octave* à Saint-Octave de Métis (1921), etc. (voir aussi cat. nos 23 et 24).

Ces saints patrons étaient commandés par des fabriques pour leur église mais aussi par des communautés religieuses pour leurs bâtiments conventuels. Ce fut notamment le cas pour un *saint Antoine de Padoue* conçu par Jobin en 1898 pour couronner la façade de la chapelle des franciscaines à Québec (fig. 47). Que ces statues de saints aient été commandées pour une église ou pour un couvent, le fait qu'elles étaient destinées à une façade exigeait de la part du sculpteur l'application de certaines règles de correction optique. Cet extrait du *Courrier du Canada* du 7 janvier 1899 fait état de ces considérations formelles:

> On a placé, la semaine dernière, au dessus du portique de l'entrée principale de l'église des Franciscaines de cette ville, une statue de saint Antoine de Padoue, grandeur héroïque, due à l'habile ciseau de M. Jobin, sculpteur, et à la munificence d'un riche négociant, résident de la Grande Allée, ami de la religion et de l'art.
>
> Saint Antoine de Padoue [...] est représenté de la manière adoptée par les iconographes, tenant l'Enfant-Jésus dans ses bras, pour rappeler les communications ineffables de l'humble religieux avec le Divin Enfant [...].
>
> M. Jobin s'est montré artiste d'expérience en donnant une ampleur majorée à la partie supérieure de sa statue, celle-ci devant être placée à une altitude considérable.
>
> Cette oeuvre d'art couronne admirablement la belle façade de la nouvelle église, déjà remarquable par son entrée monumentale et ses campaniles.

Fig. 46. *Vue du* ***saint Ferréol*** *en 1913 avant son installation sur la façade de l'église de Saint-Ferréol. Attribuée à Louis Jobin, la statue en bois recouvert de métal fut détruite lors de l'incendie de l'église le 14 mars 1975. Photo tirée de Bouchard,* ***Saint-Ferréol-des-Neiges****, 1971, p.69.* (Copie photographique John R. Porter, université Laval de Québec).

Deux sujets religieux pouvaient également être réalisés pour qu'ils puissent se faire pendant sur une façade tels les deux *anges* de l'église de Saint-Apollinaire (1914; cat. nos 43 et 44). L'un tient les *Tables de la Loi*, l'autre le livre des *Saintes Écritures*. Jobin réalisa aussi quelques groupes peu courants comme la *Sainte Famille* vénérée par deux *anges adorateurs* qu'il livra aux rédemptoristes en 1920 (fig. 39). On ne lui connaît enfin que de rares ensembles vraiment concertés et homogènes comme celui des quatre *évangélistes* de la façade de l'église Saint-Dominique de Jonquière (1913).

Pour traiter les grands thèmes religieux, les modèles utilisés par le sculpteur étaient de façon générale nombreux et variés. Certes, la représentation d'un Sacré-Coeur de Montmartre ou d'une sainte Anne de Beaupré avait peu de chances de varier à l'infini, les modèles étant fixés d'avance par l'imagerie populaire. En revanche il est d'autres sujets, comme le calvaire à grand déploiement, qui permettaient un traitement plus diversifié des physionomies, des attitudes et des drapés des

Fig. 47. ***Saint Antoine de Padoue**, 1898. Bois polychrome, 3 m (env.). Chapelle du monastère des franciscaines à Québec.* (Photo Patrick Altman, Musée du Québec).

personnages. À cet égard, outre les oeuvres originales exceptionnelles, les modèles soumis par le sculpteur ou fournis par les commanditaires provenaient de sources diverses. Ainsi Jobin réalisa-t-il un grand nombre de statues à partir d'illustrations.

Des photographies prises à l'intérieur de l'atelier de Sainte-Anne nous font voir quelques illustrations épinglées en divers endroits de la pièce (fig. 33). De plus, les deux livres de comptes du sculpteur comportent, inscrites en marge de quelques commandes, certaines notes du type « tel que gravure », « comme le cadre » ou « tel que modèle » ainsi que des chiffres: « n° 420, n° 238 ou n° 48 ». Ces notes et ces numéros renvoient à des images ou à des modèles illustrés dans l'un des trois catalogues que le sculpteur possédait. Édité par l'Union artistique de Vaucouleurs et intitulé *Album de statues religieuses*, le premier de ces catalogues contient de nombreuses photographies de modèles exclusifs à cette maison française. Les deux autres comportent aussi des reproductions gravées ou photographiques de statues religieuses produites d'une part par la maison Froc-Robert à Paris, d'autre part par la manufacture Benziger Brothers à New York.

Conservés au Musée McCord, ces albums et quelques images ayant appartenu à Jobin nous sont parvenus dans un assez bon état. À l'examen, on découvre maintes annotations de la main du sculpteur qui font référence à des commandes: dessins de niche, inscriptions de dimensions, mise-au-carreau, illustrations découpées, etc. (fig. 48a et b et ill. 19b).

Outre les monuments au Sacré-Coeur et les calvaires qui constituaient en eux-mêmes des touts, les statues extérieures n'étaient pas destinées à des emplacements très variés. Le plus souvent les oeuvres devaient servir à orner une niche ou le sommet d'une façade (cat. n°s 31, 43 et 44), plus rarement des portes de cimetière, des monuments funéraires, etc. Les rares statues exécutées par Jobin pour l'intérieur avaient toutefois été commandées pour être placées dans des endroits très particuliers. Il en est ainsi de l'*ange à la trompette* du buffet d'orgue de l'église Saint-Calixte de Plessisville (cat. n° 34).

Les statues religieuses de Jobin mesurent en très grande majorité plus de 1,65 m de hauteur, c'est-à-dire qu'elles sont au moins de grandeur nature quand elles ne l'excèdent pas. Vers 1909, le sculpteur exécuta une *sainte Anastasie* de 4 m environ pour l'église de Lyster (fig. 49). Pour l'église de Saint-Edmond du Lac-au-Saumon, il livra en 1907 un *Christ Rédempteur* dont la seule croix sur le bras gauche atteignait les 4,50 m (cat. n° 31). Les carnets de comptes font aussi état de plu-

Fig. 48a. *Illustration d'un* ***Sacré-Coeur*** *en « orbronze » éditée par la Compagnie statuaire Daprato de Montréal. Cette image provenant de l'atelier de Jobin est aujourd'hui conservée au Musée McCord de Montréal.* (Photo Musée McCord, Montréal).

Fig. 48b. *Page 9 de l'**Album de statues religieuses** édité par l'Union artistique de Vaucouleurs en France. Le catalogue ayant appartenu à Jobin est aujourd'hui conservé au Musée McCord de Montréal. Cette page fait voir les images d'un **saint François-Xavier** découpé (en haut, à droite), d'un **saint Georges** annoté (au centre) et d'un **saint Maurice** mis au carreau (en bas, à droite).* (Photo Musée McCord, Montréal).

Fig. 49. *Vue de la* ***sainte Anastasie*** *en 1909 avant l'installation de la statue sur la façade de l'église de Sainte-Anastasie de Lyster. Bois recouvert de métal doré, 4 m (env.). Photo tirée de Moisan,* ***Centenaire de Sainte-Anastasie*** *..., 1975, p. 151.* (Copie photographique John R. Porter, université Laval de Québec).

sieurs commandes de statues mesurant plus de 2,40 m. Mais Jobin réalisa aussi, à l'occasion, quelques statuettes de moins de 80 cm (cat. n°s 2, 3, 6 et 25).

Par ailleurs, la plupart des oeuvres sont recouvertes de plomb, de tôle ou de cuivre, peint ou doré. Ces recouvrements et revêtements étaient évidemment fonction des moyens financiers dont disposaient les clients. Comme on le constate à la lecture des livrets de commandes, le choix des matériaux tenait aussi compte du sujet traité et du lieu auquel étaient destinées les statues. Jobin semble donc favoriser le plomb pour les statues de calvaire et le cuivre pour celles du Sacré-Coeur. Il utilisa toutefois des recouvrements mixtes de plomb et de tôle pour une dizaine de Sacré-Coeur. Au total, il employa le cuivre pour une cinquantaine de statues, le plomb pour 45 environ, le plomb et la tôle pour un peu plus de 30. Une seule oeuvre est recouverte de tôle et de cuivre: le *saint Albert* de Victoriaville (1916).

Quant aux revêtements, ils se répartissaient de la façon suivante: près de 90 oeuvres dorées, une quarantaine peintes monochrome (« blanc émail » comme l'écrit Jobin dans ses carnets) et une vingtaine polychrome. Les polychromies sont le plus souvent utilisées pour les statues de calvaire tandis que les Sacré-Coeur destinés à des monuments sont généralement dorés. Et ce n'est qu'exceptionnellement que le sculpteur appliqua de la peinture polychrome sur du métal.

À Saint-Basile de Portneuf, Jobin fit une soumission pour le moins inusitée dont il faut ici rendre compte. Dans une lettre au curé de la paroisse datée du 7 décembre 1899, le sculpteur écrivait ce qui suit:

> J'ai rencontré M. Bussière et il m'a dit de vous écrire et vous donner le prix pour des anges de 7½ p. de hauteur en bois et sablés ou en pousières de marble (sic), avec galonnure en or pour le très bas de $70.00 chaques, rendue à la station de St Basile à mes frès, livrées en mai prochain.
>
> Vous voyez Monsieur le Curé qu'entre 9½ pieds et 7½ pieds il y a une grande différence dans le prix à cette darnière hauteur il est facile de trouver le bois et faire le transport à destination.

Le 14 janvier 1900, la fabrique accepta la soumission pour deux statues de 7½ pieds, en poudre de marbre avec « galonnure » en or. La poussière de marbre dont il est question dans la lettre de Jobin était en réalité un matériau de finition plutôt que de fabrication. Ce revêtement monochrome blanc sur des oeuvres en bois donnait l'impression qu'elles avaient été façonnées dans un matériau plus noble comme le marbre par exemple (fig. 50 et cat. n° 29).

Fig. 50. *Vue de l'église de Saint-Basile de Portneuf avec les deux* ***anges*** *peints en blanc datés de 1900. L'une des deux statues est aujourd'hui au Musée des beaux-arts du Canada, nº 15198.* (Photo A.N.Q.Q., Office du film du Québec, nég. nº 95786-I-53).

Fig. 51. ***Rois mages**, 1909. Têtes, mains et jambes en bois polychrome; parures et vêtements rapportés. Collection Musée de la basilique de Sainte-Anne-de-Beaupré.* (Photo A.B.S.A.B.).

La production courante de Jobin à Sainte-Anne est, de façon générale, assez moyenne mais cela, moins en ce qui à trait à la composition de certaines oeuvres qu'en regard de leur finition. On n'a, pour s'en convaincre, qu'à comparer le traitement sommaire accordé aux *évangélistes* de Jonquière et la finition très soignée de ceux de Montmagny (cat. n°s 41 et 42).

Plusieurs facteurs d'ordre économique, technique et esthétique peuvent expliquer ce relâchement dans l'oeuvre de Jobin. Il serait trop facile d'attribuer ces faiblesses au seul âge du sculpteur. Le coût peu élevé demandé par Jobin ainsi que le temps accordé pour l'exécution d'une oeuvre ne sont sûrement pas étrangers, dans un rapport qualité-prix, à la finition plus ou moins poussée de certaines statues. En outre, quelques-uns des recouvrements métalliques, après avoir été longtemps exposés aux intempéries, ont fini par être déformés. Enfin, dans le cas des oeuvres destinées à être regardées d'un point d'observation éloigné, le sculpteur a pu appliquer systématiquement certaines règles de corrections optiques visant entre autres à créer un modelé aux plans larges (cat. n°s 41 et 42). Quoi qu'il en soit, Jobin a démontré qu'il pouvait aussi exécuter des oeuvres d'une qualité remarquable lorsque les commanditaires consentaient à y mettre le prix.

À Sainte-Anne, Jobin eut aussi à réaliser quelques commandes assez exceptionnelles dont les bustes des trois *Rois mages* et le gisant de *saint Antoine de Padoue*. Redécouverts à la fin des années 1960 dans un réduit du monastère des rédemptoristes à Sainte-Anne-de-Beaupré, les bustes des trois *Rois mages* (fig. 51) avaient été commandés en 1909 pour compléter le groupe de la Vierge, du saint Joseph et de l'Enfant-Jésus réalisé quelques années plus tôt par un sculpteur belge. Il s'agit en fait de mannequins grandeur nature dont Jobin a sculptés les bustes, les mains, et dans le cas de Balthazar, les jambes. Chacun des personnages porte aussi le présent qu'il apportait à Bethléem. Ces mannequins sont conçus pour être recouverts de parures et de vêtements rapportés. Seules les parties destinées à rester visibles sont donc achevées et polychromées.

Quant au gisant de *saint Antoine de Padoue*, c'est le seul et unique exemple de représentation couchée de toute la production de Jobin. Cette statue fut conçue pour occuper le tombeau d'autel de la chapelle de l'Hôtel-Dieu à Chicoutimi (fig. 52). Dans un long article intitulé « Sculpture canadienne », *Le Soleil* du 14 juin 1900 nous en apprend davantage sur cette oeuvre étonnante :

> Il nous est arrivé de jeter un coup d'oeil sur une statue tombale destinée à orner l'autel de la chapelle de l'Hôpital Saint-Vallier de Chicoutimi. Ce morceau d'art a été expédié par le chemin de fer [...], mardi matin. C'est une statue couchée de S. Antoine de Padoue représentant le thaumaturge sur son lit de sangle au moment d'expirer. Les yeux sont levés au ciel, avec une expression de sereine extase, et les deux mains tendues dans un geste non moins expressif. Comment un bloc de bois travaillé au ciseau peut-il signifier autant? C'est le secret de l'artiste qui a conçu le modèle et du sculpteur qui l'a exécuté. Ce qui nous fait plaisir, c'est que cette oeuvre superbe est essentiellement canadienne et québécoise. C'est sur un modelage en cire de M. Charles Huot que le sculpteur, Louis Jobin, de Ste-Anne-de-Beaupré, a travaillé.
>
> Nous avions déjà admiré la maquette dans l'atelier de M. Huot. La reproduction agrandie en bois est merveilleusement faite. L'artiste y a mis à dessein autant d'anatomie et de plastique, c'est-à-dire autant de difficultés que possible. La pauvre robe de bure brune est entr'ouverte du haut, laissant voir la gorge amaigrie du mourant, et les pieds nus, avec leur réseau vasculaire, sont, comme les mains, d'un réalisme achevé. Mais c'est surtout la tête qui est étonnante: l'éclair du regard et le sourire séraphique qui traversent et transfigurent ce visage émacié créent des impressions inoubliables. On ne saurait mieux rendre le triomphe de la foi sur la mort: « Mors et vita! » Cette statue sera certainement la grande sensation de la chapelle des bonnes Soeurs de Chicoutimi.

Le sculpteur agit donc ici en simple exécutant d'un modèle original conçu par un autre artiste, en l'occurence Charles Huot. De plus, comme dans le cas du *calvaire* du Lac-Bouchette, ce peintre a également assumé la décoration polychrome de l'oeuvre (fig. 45).

D'un genre tout à fait différent, les deux oeuvres suivantes comptent parmi les plus remarquables de la production de Jobin. Il s'agit de l'*ange à la trompette* de Plessisville (cat. nº 34) et de la statue équestre de *saint Georges* à Saint-Georges-Ouest, en Beauce (cat. nº 45). L'*ange à la trompette* est un chef-d'oeuvre de finesse et d'élégance. Le *saint Georges*, lui, s'avère être l'oeuvre la plus complexe que le sculpteur ait jamais réalisée. Ces deux sculptures témoignent en outre d'un très grand souci du mouvement. Ces oeuvres tout à fait exceptionnelles constituent, hors de tout doute, deux grands moments dans l'histoire de la sculpture québécoise.

Jobin ayant atteint ses 75 ans, sa production connut un net ralentissement. Commençant en 1920, le deuxième carnet de comptes du sculpteur nous apprend qu'une vingtaine de statues ont été commandées pour chacune des années 1920 et 1921, une quinzaine en 1922, une autre quinzaine en 1923, une dizaine en 1924 et seulement deux en 1925. Cette année-là, il expédia une dernière oeuvre à Napoléon Pelletier de Lake Wales, en Floride.

Fig. 52. *Vue du maître-autel de la chapelle Saint-Antoine à l'Hôtel-Dieu Saint-Vallier de Chicoutimi, avec le gisant de* ***saint Antoine*** *daté de 1900. Bois polychrome et grandeur nature. Oeuvre détruite dans l'incendie de l'hôpital, le 27 mai 1963. Archives des augustines de la Miséricorde de Jésus, Chicoutimi.* (Copie photographique Patrick Altman, Musée du Québec).

Fig. 53. *Une des dernières photos de Louis Jobin.* (Photo anonyme, A.B.S.A.B.).

Le 23 juin 1922, le sculpteur s'était rendu chez un notaire de Beaupré pour vendre à son neveu, Edouard Marcotte, son terrain et sa maison, se réservant « la boutique et le hangar y attenant ». Trois ans plus tard Jobin lui cédait, dans un acte de donation, tous droits et réserves sur les deux bâtiments et lui donnait « les meubles de ménage, lingerie, habits, outils, statues et biens immobiliers », à la charge pour le donataire d'héberger son oncle. À la fin de l'année 1925, Jobin prenait une retraite bien méritée qui n'allait durer que deux ans et demi (fig. 53).

Le 11 mars 1928, Jobin s'éteignait à Sainte-Anne-de-Beaupré à l'âge de 82 ans et cinq mois. Il mourut dans la pauvreté. Il fut discrètement inhumé le 13 mars au cimetière paroissial. Mais le sculpteur avait, bien que tardivement, acquis une grande notoriété. Aussi, grâce aux articles de Hayward, Côté et Potvin qui avaient contribué a faire découvrir Jobin tant au Québec qu'au Canada anglais, sa mort fut commentée dans les grands quotidiens de Québec, de Montréal et de Toronto. « Famous Quebec Woodcarver is Dead », « Le vieux sculpteur Jobin est décédé », « Celebrated Carver in Wood is Dead », « Mort de M. Louis Jobin » furent quelques-uns des titres de nombreux articles parus dans les jours qui suivirent le décès du sculpteur. À la mémoire de Jobin, les journaux francophones et anglophones retracèrent les principales étapes de sa carrière en même temps qu'ils évoquèrent ses plus grandes réalisations.

DEUXIÈME PARTIE

CATALOGUE RAISONNÉ

OBJETS D'ATELIER, OUTILS ET DOCUMENTS PRÉSENTÉS

Entre 1925 et 1930, tout ce que contenait l'atelier de Louis Jobin fut dispersé aux quatre coins du Québec et même jusqu'en Ontario. Il semble que ce soit Marius Barbeau qui ait acquis, pour diverses collections publiques et privées, la plus grande partie de ce qui se trouvait dans la boutique de Sainte-Anne. Curieusement, les listes des objets achetés par Barbeau pour le Musée national de l'Homme semblent recouper celles des dépôts de diverses collections, encore que quelques-uns de ces dépôts n'aient pas fait l'objet d'un inventaire détaillé ou systématique. Les principales collections qui renferment des objets provenant de l'atelier de Jobin sont, par ordre d'importance, celles du Musée national de l'Homme (division Histoire), du Musée du Château de Ramezay et de la section de Parcs Canada, région du Québec (autrefois Musée du Fort Chambly). Au Musée de la civilisation, on conserve l'outillage du sculpteur déposé à l'origine aux Archives de la province de Québec. Quant aux documents provenant eux aussi de l'atelier de Sainte-Anne, on les retrouve essentiellement au Musée McCord de Montréal et dans le Fonds Marius-Barbeau (Musée national de l'Homme, Ottawa, et Archives nationales du Québec, Montréal). La présente sélection d'objets, d'outils et de documents ne constitue donc qu'une partie de tout ce qui a été recueilli dans les collections de ces diverses institutions.

Portraits de Louis Jobin
dessins d'Arthur Lismer, 1925.

Lors de sa première visite de l'atelier de Louis Jobin en 1925, Marius Barbeau était accompagné de deux des principaux peintres du célèbre Groupe des Sept, Alexander Jackson (1882-1974) et Arthur Lismer (1885-1969), dont la réputation de peintres d'avant-garde était connue du vieux sculpteur de Sainte-Anne. Pendant que Barbeau s'entretenait avec Jobin de sa carrière et de son métier, Lismer dessina plusieurs esquisses du sculpteur alors âgé de 80 ans. Cinq d'entre elles nous sont connues. On comparera, pour la ressemblance, ces portraits et les photographies prises par Barbeau lors de la même rencontre.

Les deux premiers portraits ont été maintes fois reproduits dans les articles de Marius Barbeau sur Louis Jobin. Signé par Lismer et portant l'inscription « Louis Jobin at work », l'un des dessins montre le sculpteur en train de dégrossir une grume à la hache. L'original de cette esquisse, dont nous ignorons l'emplacement actuel, ne nous est connu que par une photographie de Barbeau. L'autre dessin présente Jobin assis, une main posée sur ses genoux croisés et discutant avec un interlocuteur « hors-champ ». On distingue, au fond de l'atelier, trois statuettes, un *saint Patrice* jadis placé à l'extérieur de la boutique, un *saint Pèlerin* conservé dans les collections de Parcs Canada et un *ange* appartenant au Royal Ontario Museum. Acquis par le Musée national de l'Homme, le superbe portrait porte une inscription qui est la signature elle-même du sculpteur.

Inédites, les trois autres esquisses sont conservées au Musée McCord de Montréal. Remarquable de simplicité, le premier dessin est un portrait en buste et de profil du vieux sculpteur de Sainte-Anne. Les deux autres fusains, des esquisses d'exécution rapide et sommaire, représentent, l'un Jobin assis la main appuyée sur un manche de hache, l'autre le sculpteur en train de manier l'outil.

Les cinq portraits de Jobin dessinés par Lismer témoignent de la rencontre fortuite de l'art ancien et de l'art moderne incarnés l'un et l'autre par un sculpteur dit de « l'Ecole canadienne traditionnelle » et par un peintre d'avant-garde appartenant au Groupe des Sept. Cet événement mémorable a été évoqué à maintes reprises par Barbeau dans ses articles sur Jobin et par A.Y. Jackson dans son autobiographie *A Painter's Country*.

Bibliographie

BARBEAU, *Louis Jobin statuaire*, 1968, p. 15 et 20.

Ill. Ia. *Portrait de Louis Jobin par Arthur Lismer, 1925. Emplacement inconnu.* (Photo M.N.C.O., Coll. Marius-Barbeau, nég. n° 84579).

I.
Arthur Lismer
Louis Jobin, 1925.

Fusain sur papier, 34,2 × 25 cm. Inscription (en bas, à gauche): « Louis Jobin ».

Collection
Musée national de l'Homme, Ottawa; Musées nationaux du Canada (n° 79.758).

II.
Arthur Lismer
Louis Jobin, 1925.

Crayon sur papier, 28,5 × 18 cm.
Inscription (en bas, à gauche): « A. Lismer/August 1925 ».

Collection
Musée McCord, université McGill, Montréal (n° 21610).

III.
Arthur Lismer
Louis Jobin, 1925.

Fusain sur papier, 15 × 10 cm.

Collection
Musée McCord, université McGill, Montréal (n° 21611).

IV.
Arthur Lismer
Louis Jobin, 1925.

Fusain sur papier, 15 × 10 cm.
Inscription (en haut, à gauche): « JOBIN ».

Collection
Musée McCord, université McGill, Montréal (n° 21612).

Documents originaux

Acquis en 1962 par le Musée McCord de Montréal, les *deux carnets de commandes* de Jobin comptent respectivement 59 et 32 pages. Ils sont annotés à la main et reliés avec une couverture cartonnée noire (16,5 × 10,1 cm). Dans la publication très libre qu'en a faite Marius Barbeau en 1968, on constate la disparition d'une feuille du deuxième cahier (M.21608, entre les pages 5 et 6).

Les deux livrets de comptes sont les seuls carnets de commandes de Jobin qui nous soient parvenus. Il furent les deux derniers du sculpteur, couvrant la période qui va de janvier 1913 à mai 1925. Par le fait même, ils éclairent la connaissance que nous pouvons avoir de Jobin vers la fin de sa carrière. Faisant état d'environ 240 commandes de statues diverses, ces documents exceptionnels contiennent de précieuses données sur tout ce qui entourait la production du sculpteur à Sainte-Anne : clients, sujets, modèles, dimensions, supports, moyens de fixation et de livraison, coûts, etc. Bref, des indications de premier ordre qui nous renseignent autant sur le processus de création et de fabrication d'une statue que sur les exigences des commanditaires au début du siècle.

Déposé aux Archives nationales du Québec à Montréal, le *canon des proportions* s'avère pour sa part être le seul texte théorique connu de Jobin. L'étude comparée du *canon des proportions* et des autres écrits de Jobin permet d'attribuer à celui-ci la paternité du manuscrit. Quant au *marché pour le calvaire de Cap-Santé*, il s'agit du seul contrat notarié signé par Jobin en vue de la réalisation d'une commande spéciale. Les *lettres* et *reçus* du sculpteur constituent également des documents de première main pour l'étude de sa production. Enfin, la photographie originale prêtée par le Musée McCord est l'une des plus remarquables qui aient été prises de l'extérieur de l'atelier du sculpteur à Sainte-Anne (fig. 31).

V.

Deux carnets de commandes de Louis Jobin, 1913-1925.

Collection
Musée McCord, université McGill, Montréal (n^os M21607 et M21608).

VI.

Texte de Louis Jobin sur les proportions du corps humain.

(voir n°s 25 et 27).

Collection
Archives nationales du Québec, Montréal; Fonds Marius-Barbeau; N72.262,06.P51/3, dossier 85.

VII.

Marché entre Ferdinand de Lille et Louis Jobin pour un calvaire à Cap-Santé, le 4 avril 1887.

(voir p. 35).

Collection
Archives judiciaires de Québec, Québec; greffe du notaire Édouard J. Angers, n° 5054.

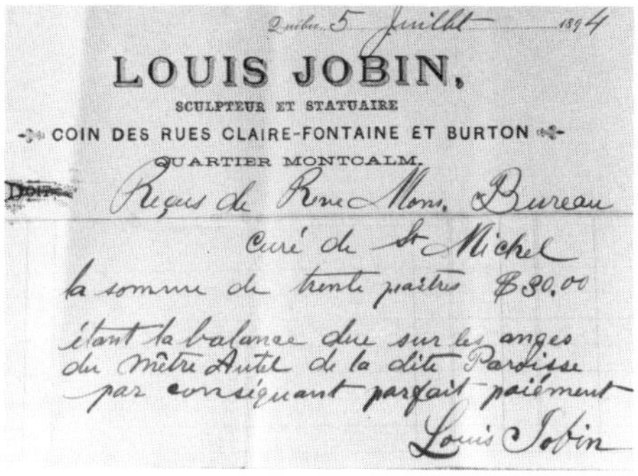
Québec 5 juillet 1894
LOUIS JOBIN,
SCULPTEUR ET STATUAIRE
COIN DES RUES CLAIRE-FONTAINE ET BURTON
QUARTIER MONTCALM.
Reçus de Rvnd Mons. Bureau
Curé de St Michel
la somme de trente piastres $30.00
étant la balance due sur les anges
du Maître Autel de la dite Paroisse
par conséquent parfait paiement
Louis Jobin

VIII.
Reçu de Louis Jobin au curé Joseph-Aimé Bureau de Saint-Michel de Bellechasse, 5 juillet 1894.

(voir nº 30).

Collection
Archives de la fabrique Saint-Michel de Bellechasse.

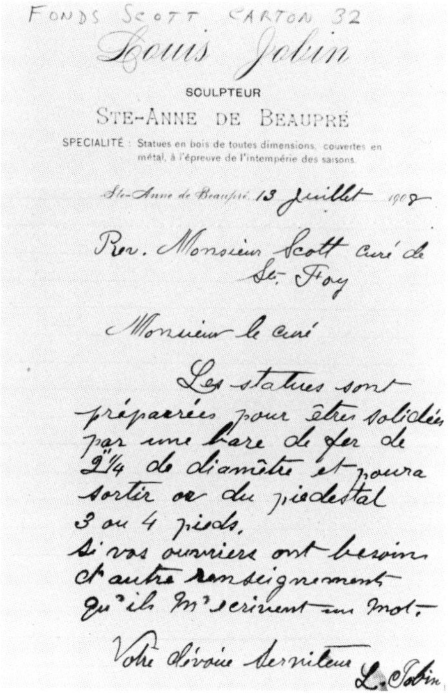
FONDS SCOTT CARTON 32
Louis Jobin
SCULPTEUR
STE-ANNE DE BEAUPRÉ
SPECIALITÉ : Statues en bois de toutes dimensions, couvertes en métal, à l'épreuve de l'intempérie des saisons.
Ste-Anne de Beaupré, 13 juillet 1908
Rev. Monsieur Scott Curé de Ste Foy
Monsieur le curé
Les statues sont préparées pour êtres solidés par une barre de fer de 2 1/4 de diamètre et poura sortir [illegible] du piedestal 3 ou 4 pieds.
Si vos ouvriers ont besoin d'autre renseignement qu'ils m'ecrivent un mot.
Votre dévoué serviteur L. Jobin

IX.
Deux lettres de Louis Jobin au curé Henri-Arthur Scott de Sainte-Foy, 7 mai et 13 juillet 1908.

(voir aussi ill. 31b).

Collection
Archives du Musée du Séminaire de Québec, Québec; Fonds H.A. Scott, carton 32.

X.
P.D. Manseau, Saint-Romuald (?)
Vue de l'atelier de Louis Jobin à Sainte-Anne de Beaupré, vers 1915;

photographie, 12,5 × 17 cm.

(voir fig. 31).

Collection
Musée McCord, université McGill, Montréal (nº M.21583).

Outils servant à la taille directe

Jobin a laissé peu d'indices de nature à nous renseigner sur son outillage et ses diverses sources d'approvisionnement. Comme le reste de ce que contenait l'atelier, les outils de Jobin furent dispersés, entre 1925 et 1930, dans diverses institutions muséales. Le Musée du Château de Ramezay de même que le Musée de la civilisation de Québec possèdent aujourd'hui les plus importantes collections d'outils de Jobin. Acquise par les anciennes Archives de la Province puis transmise par le Musée du Québec, la collection du Musée de la civilisation comprend une grande quantité d'outils de menuiserie: bouvets, trusquins, équerres, etc. La collection du Château de Ramezay, qui possède elle aussi quelques instruments de menuisier (rabots, bouvets, etc.), est surtout constituée d'un important ensemble d'outils de sculpteur (ciseaux, compas, etc.). Parcs Canada, région du Québec, et le Musée national de l'Homme conservent enfin quelques pièces de l'outillage de Jobin.

La présente sélection réunit un maillet et un ébauchoir qui sont deux outils de fabrication domestique, deux trusquins et deux compas, des instruments servant à prendre des mesures ou à tracer des lignes, et un ensemble de 71 ciseaux à bois: gouges, fermoirs, burins, etc. D'après les marques de fabrique, la plupart des ciseaux ont été manufacturés en Angleterre par S.J. Addis, Southnarte, Spears & Jackson, Henry Taylor, L. Hill, F.G. Pearson, etc. Quelques gouges portant des initiales gravées comme « H.A. » (vraisemblablement Henri Angers, apprenti de Jobin) et « L.J. » indiquent que les sculpteurs identifiaient à l'occasion leurs outils.

XI.
Plane-ébauchoir.

36,5 × 6,5 × 4 cm.

Collection
Musée du Château de Ramezay, Montréal.

XII.
Trusquin.

29,5 × 7,5 × 7,5 cm.

Collection
Musée du Château de Ramezay, Montréal.

XIII.
Trusquin.

46 × 15,5 × 6 cm.

Collection
Musée du Château de Ramezay, Montréal.

XIV.
Compas.

38,5 cm.

Collection
Musée du Château de Ramezay, Montréal.

XV.
Compas.

34 cm.

Collection
Musée du Château de Ramezay, Montréal.

XVI.

Maillet à double tête.

Bois, 13,5 × 26 × 9,5 cm.

Collection
Gestion des collections, Parcs Canada, Région du Québec (n° EC.64.254).

XVII.
Ensemble de ciseaux à bois (gouges, fermoirs, burins).

Collection
Musée du Château de Ramezay, Montréal.

Moules à couler du plomb

Bien que Jobin soit surtout connu comme sculpteur sur bois, il lui est arrivé de recourir à des procédés de fabrication tels que le moulage et la fonte. En 1925 Barbeau trouvait en effet dans l'atelier du sculpteur quantité de moules en bois servant à couler le plomb en fusion. En plus des moules pour une signature et un petit *coeur* conservés au Château de Ramezay, la plupart de ceux qui nous sont parvenus se retrouvent dans les collections de Parcs Canada, région du Québec.

À l'exception des moules en forme de récipients pour le *coeur* et les *deux signatures*, les autres sont des panneaux de bois sculptés au recto et au verso de petits motifs en relief creusé. Une fois le plomb coulé, ces motifs pour ornements ou accessoires étaient rapportés et appliqués sur les rondes-bosses recouvertes de métal. Le procédé permettait à Jobin de façonner plus facilement et plus rapidement des éléments courants tels qu'une signature, une couronne, une croix latine, une étoile, une fleur de lys, etc.

Bibliographie

BARBEAU, *Louis Jobin statuaire*, 1968, p. 104-110.

XVIII.
Moule à signature.

Bois, 22,5 × 8,5 × 4 cm.

Collection
Musée du Château de Ramezay, Montréal (nº 104).

XIX.
Moule à signature.

Bois, 42,6 × 5,3 × 6,1 cm.

Collection
Gestion des collections, Parcs Canada, Région du Québec (nº EC.64.62).

XX.
Moule à motifs ornementaux.

Bois, 34,7 × 8,5 × 4 cm.

Collection
Gestion des collections, Parcs Canada, Région du Québec (n° EC.64.63).

XXI.
Moule à motifs ornementaux.

Bois, 39 × 15,7 × 2,3 cm.

Collection
Gestion des collections, Parcs Canada, Région du Québec (n° EC.64.68).

XXII.
Moule à motifs ornementaux.

Bois, 50 × 18,5 × 2,4 cm.

Collection
Gestion des collections, Parcs Canada, Région du Québec (n° EC.64.69).

Objets divers

À son atelier de Québec, Jobin réalisa un petit bas-relief dans une forme et avec une inscription qui lui donnent toutes les apparences d'un sceau. Outre l'inscription, l'objet est orné, au centre, d'une silhouette de castor. L'usage auquel était destiné cet objet reste une chose mystérieuse, mais comme l'inscription est taillée en positif, on peut supposer que Jobin s'en servait, comme décalque, par frottement au crayon pour son papier d'affaires.

La petite esquisse d'*angelot* soulève également des questions. Il n'est pas exclu qu'il s'agisse, comme dans le cas d'un bon nombre d'objets provenant de l'atelier de Jobin, d'une étude faite par un apprenti ou d'un autre modèle servant à reproduire un motif décoratif.

Quant au *rinceau* et à la *console*, ils constituent les plus beaux exemples de sculpture ornementale et de support. Le Musée du Château de Ramezay et le Musée national de l'Homme en conservent de nombreux autres aussi attribués à Jobin. Comme le montre une photographie de l'époque, la *console aux têtes d'anges*, à l'atelier de Sainte-Anne, était posée contre un mur extérieur et soutenait une statuette.

XXIII.
Sceau (?).

Bois naturel, 5,5 × 6,5 × 2,5 cm.
Inscriptions: « L. JOBIN SCULP/QUÉBEC C.A. »

Collection
Archives de la basilique de Sainte-Anne-de-Beaupré.

XXIV.
Tête d'angelot.

Bois naturel, 17 × 13,1 × 7 cm.

Collection
Musée du Château de Ramezay, Montréal (nº 58).

XXV.
Rinceau.

Bois naturel, 29 × 12 cm.

Collection
Musée du Château de Ramezay, Montréal (n° 4510).

XXVI.
Console aux têtes ailées.

Bois monochrome, 50 × 42,5 × 31,25 cm.

Bibliographie
BARBEAU, *Louis Jobin statuaire*, 1968, p. 104 et 110.

Collection
Musée national de l'Homme, Ottawa; Musées nationaux du Canada (n° Z-III-A-140).

Les modèles d'accessoires

Sauf exception, la plupart des personnages sculptés par Jobin sont représentés avec des objets, des accessoires, des attributs ou des symboles qui servent à les identifier. Aussi le sculpteur gardait-il sous la main une série de modèles de nature à lui permettre de façonner plus rapidement ces attributs profanes ou religieux. Certains comme les *ailes d'anges*, les *titulus de calvaires* ou les *coeurs enflammés de Sacré-Coeur* étaient chose courante alors que d'autres comme la *couronne royale* de la *Vierge* ou de *saint Louis* ou la *couronne de roses* de la *Vierge* ou de la *sainte Philomène* ne devaient être sculptés qu'occasionnellement. Pour leur part, les *fleurs de lys* pouvaient servir à reproduire certains motifs courants aux extrémités des croix de calvaires. Le Château de Ramezay et le Musée national de l'Homme conservent d'autres attributs sculptés par Jobin.

XXVII.
Aile d'ange.

Bois naturel, 61 × 29 × 11,2 cm.

Collection
Musée du Château de Ramezay, Montréal (n° 82).

XXX.
Couronne de saint.

Bois naturel, 27,5 × 21,5 cm.

Collection
Gestion des collections, Parcs Canada, Région du Québec (n° EC.64.44).

XXVIII-XXIX.
Ailes d'ange.

Bois naturel, 46 × 22 × 6 cm.

Collection
Musée du Château de Ramezay, Montréal (nos 83-84).

XXXI.
Couronne de roses.

Bois naturel, 23 × 6,5 cm.

Collection
Musée du Château de Ramezay, Montréal (n° 89).

XXXII.
Titulus I.N.R.I..

Bois monochrome, 28,5 × 8,5 cm.

Collection
Musée du Château de Ramezay, Montréal (nº 60).

XXXIII.
Fleurs de lys.

Bois naturel, 21,8 × 17,5 × 4 cm.

Collection
Musée du Château de Ramezay, Montréal (nºs 97A et B).

XXXIV.
Coeur enflammé.

Bois peint, 10,5 × 6,6 × 5 cm.

Collection
Musée du Château de Ramezay, Montréal (nº 98).

Modèles d'anatomie humaine

Comme les têtes, les visages et le masque, les études anatomiques que Jobin conservait dans son atelier devaient l'être en vue de la composition de ses personnages. À l'exception des *doigts* et de l'*oreille gauche*, ces modèles représentent tous des *bras* et des *mains* dans des positions diverses et difficiles à rendre. Ces travaux préparatoires pouvaient servir à façonner les bras des *Christ en croix* (XXXV), d'*anges* en action (XXXVI), de personnages tenant un objet (XXXVII) ou fermant la main (XXXVIII). Certaines des études sont restées inachevées (n°s XXXV-XL) alors que d'autres sont très élaborées (n°s XL-XLIII). Les deux *mains* du Château de Ramezay, par exemple, sont saisissantes de vérité avec leurs réseaux de veines gonflées. Monsieur Luc Lacoursière, à Beaumont, possède une étude de *mains jointes* dont la position n'est pas sans rappeler celle des mains d'un *saint Jean* de calvaire (fig. XXXV).

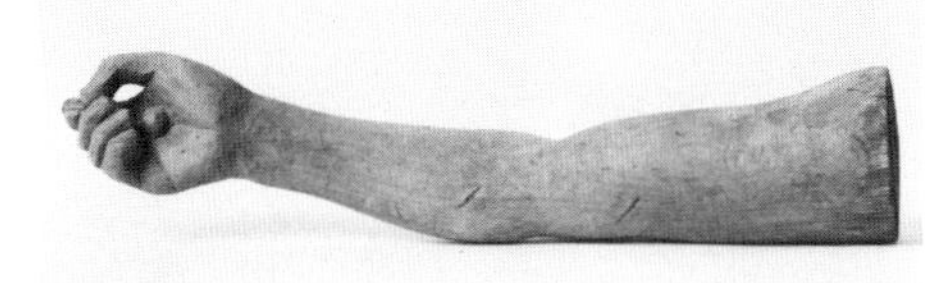

XXXV.
Bras droit (de Christ en croix).

Bois naturel, 40,5 × 7,5 cm.

Collection
Musée du Château de Ramezay, Montréal (n° 106a).

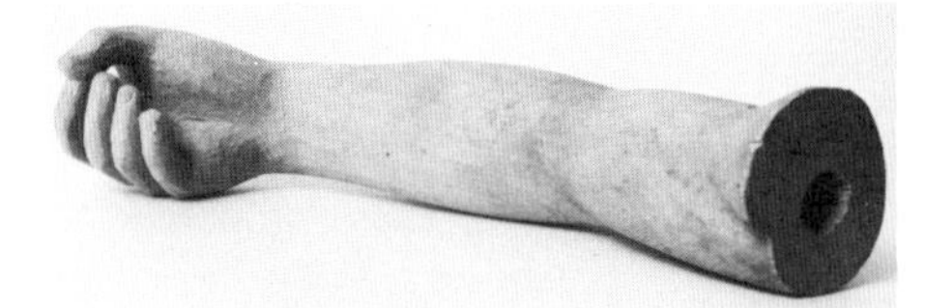

XXXVII.
Bras droit.

Bois naturel, 32 × 7,5 cm.

Collection
Musée du Château de Ramezay, Montréal (n° 108).

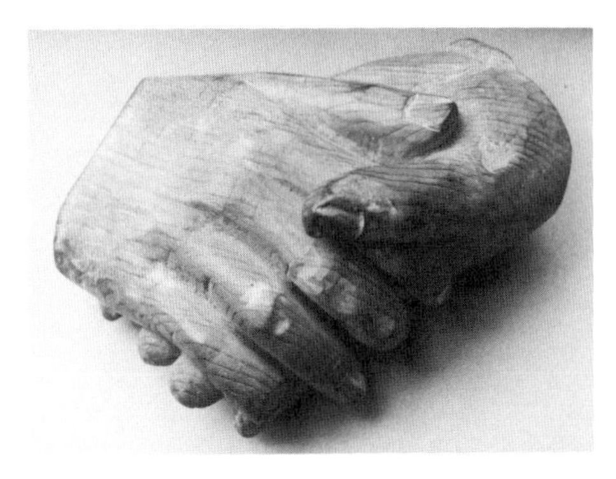

Fig. XXXV. ***Mains jointes.*** *Bois naturel. Coll. Luc Lacoursière, Beaumont.* (Photo Patrick Altman, Musée du Québec).

XXXVI.
Bras gauche.

Bois naturel, 50 × 8,1 cm.

Collection
Musée du Château de Ramezay, Montréal (n° 106c).

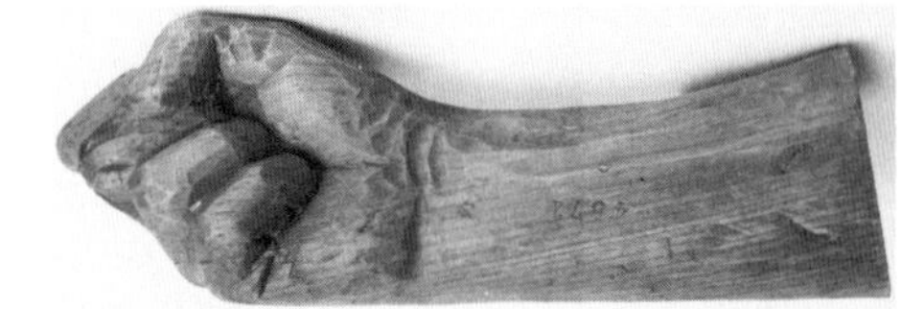

XXXVIII.
Avant-bras droit.

Bois naturel, 30,5 × 9,5 cm.

Collection
Musée du Château de Ramezay, Montréal (n° 107).

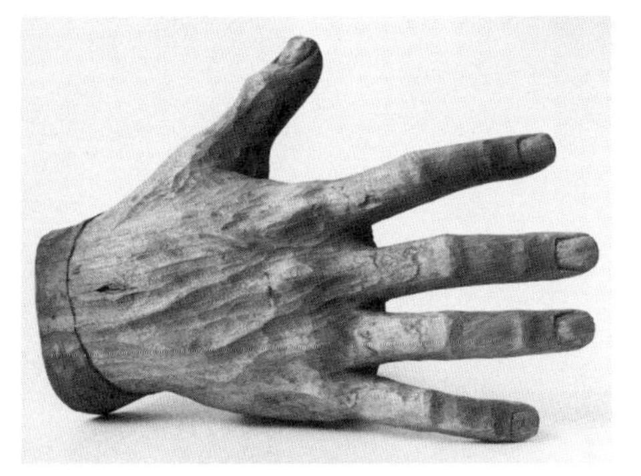

XXXIX.
Main droite.

Bois naturel, 25 × 16,5 cm.

Collection
Musée du Château de Ramezay, Montréal (nº 109a).

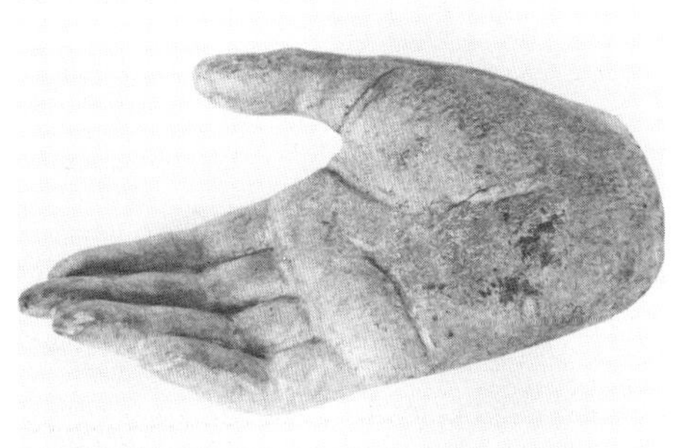

XLI.
Main droite.

Bois monochrome, 12 cm.

Bibliographie
BARBEAU, *Louis Jobin statuaire*, 1968, p. 105.

Collection
Musée national de l'Homme, Ottawa; Musées nationaux du Canada (nº Z-III-A-133).

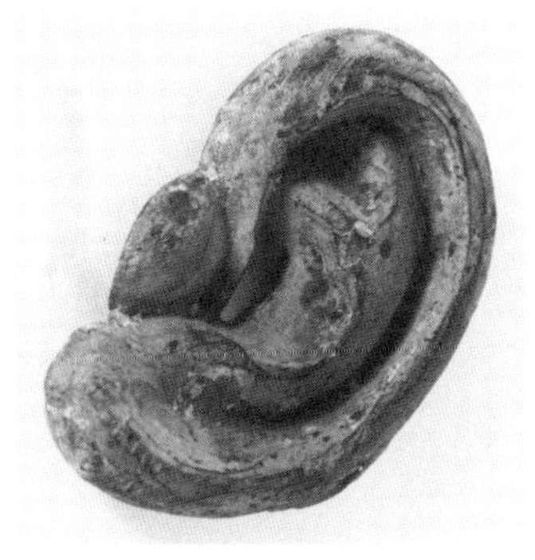

XLIII.
Oreille gauche.

Bois monochrome, 5,5 × 9 × 2 cm.

Bibliographie
BARBEAU, *Louis Jobin statuaire*, 1968, p. 105.

Collection
Musée national de l'Homme, Ottawa; Musées nationaux du Canada (nº Z-III-A-135).

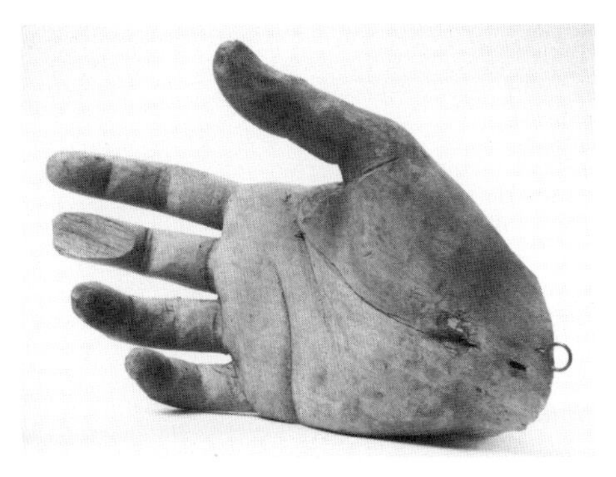

XL.
Main droite.

Bois naturel, 27,5 × 22,5 cm.

Collection
Musée du Château de Ramezay, Montréal (nº 109b).

XLII.
Doigts de la main droite.

Bois monochrome, 9 × 11,5 cm.

Collection
Musée du Château de Ramezay, Montréal (nº 101).

Têtes, visages et masque

Les têtes, les visages et le masque sculptés forment un ensemble de modèles en bois dont Jobin devait se servir pour concevoir et exécuter de nombreux personnages. Ces études, en relief (XLIV-XLVI) ou en ronde-bosse (XLVII-XLIX), ont été laissées au bois naturel, quoique parfois rehaussées de peinture polychrome (XLVIII) ou recouvertes de métal (XLIX). Certains de ces travaux préparatoires sont restés à l'état d'ébauches et présentent de nombreuses traces d'outils (XLIV, XLV et XLVII). D'autres, plus achevés, atteignent une finition très soignée (XLVI et XLVIII).

Les études partielles d'hommes, de femmes ou d'enfants devaient être utilisées par Jobin pour la composition de têtes d'apôtres (XLIV), de saintes religieuses (XLV et XLVII), d'anges (XLIX). Sur la base d'indications fournies par Jobin lui-même, Barbeau identifia les modèles du Musée national de l'Homme comme étant les têtes de *saint Paul* (XLIV), de *saint François de Sales* (XLVI) et de *sainte Jeanne de Chantal* (XLV). Non sans quelque exagération, Barbeau voyait dans le relief de *saint Paul* « l'une des meilleures pièces connues de Jobin, digne des plus grands musées d'Europe ».

Il est généralement impossible de dater ou de bien identifier de tels objets. Barbeau a cependant recueilli quelques propos du sculpteur qui nous donnent des indices sur deux d'entre eux. D'abord concernant l'un des visages d'homme du Musée national : « un masque, fait à Québec, avant d'être venu à Sainte-Anne. On m'avait donné une image de saint François de Sales. C'est d'après ça que je l'ai sculpté. » Ensuite au sujet de la tête d'*enfant (ange?)* Jobin a dit que l'oeuvre avait été réalisée avant l'installation de son neveu et assistant Edouard Marcotte à Sainte-Anne, donc avant 1907, et que le recouvrement en plomb de la tête d'*ange* avait été effectué, selon le procédé du repoussé-estampé, par les apprentis Lacasse et Dupont.

Certaines des têtes se distinguent par la qualité de leur exécution ou suivant le souci de réalisme avec lequel elles ont été sculptées. Ainsi, l'impression de vérité qui se dégage du visage de *saint François* est proche de celle d'un masque funéraire. Et la tête de mannequin du Château de Ramezay, avec ses quelques éléments peints au naturel, évoque la vision plutôt macabre d'une scène de décapitation.

À cet ensemble d'études ou d'ébauches, il faut ajouter un visage d'*apôtre* en relief acquis par le Musée national de l'Homme de même que deux bustes de *saintes* conservés par Parcs Canada, région du Québec.

XLIV.
Visage d'apôtre (saint Paul?).

Bois naturel, 33 × 15,7 × 10,6 cm.

Expositions
1927, Québec, Château Frontenac, *Canadian Folk-Song and Handicraft Festival*; 1935, Toronto, The Art Gallery of Toronto, *Exhibition of Traditional Arts of French Canada*, n° 531; 1941, Montréal, Art Association, *Arts of Old Québec*; 1946, Détroit, The Detroit Institute of Arts, *The Arts of French Canada*.

Bibliographie
BARBEAU, « Un grand artisan : Louis Jobin », 1933, p. 45 (repr.); BARBEAU : « Le dernier de nos grands artisans », 1933, n.p. (repr.); BARBEAU. « Laurentian Wood Carvers », 1935, p. 184 (repr.); BARBEAU, « Wood Carvers of Early Canada », 1935, p. 31 (repr.); BARBEAU, *Quebec Where Ancient France Lingers*, 1936, p.87 (repr.); BARBEAU, *Québec où survit l'ancienne France*, 1937, p. 94 (repr.); BARBEAU, « Nos arts populaires », 1940, p. 5 (repr.); BARBEAU, « Louis Jobin Link with Renaissance », 1942, p.6 (repr.); BARBEAU, *Louis Jobin statuaire*, 1968, p. 121 (repr.).

Collection
Musée national de l'Homme, Ottawa; Musées nationaux du Canada (n° 79.654).

XLV.

Visage de sainte religieuse (Jeanne de Chantal?).

Bois naturel, 19 × 12,9 × 8,1 cm.

Exposition
1927, Québec, Château Frontenac, *Canadian Folk-Song and Handicraft Festival*.

Bibliographie
BARBEAU, « Le dernier de nos grands artisans », 1933, n.p. (repr.); BARBEAU, *Quebec Where Ancient France Lingers*, 1936, p. 80 (repr.); BARBEAU, *Québec où survit l'ancienne France*, 1937, p. 85 (repr.); BARBEAU, *Louis Jobin statuaire*, 1968, p. 124 (repr.).

Collection
Musée national de l'Homme, Ottawa; Musées nationaux du Canada (n° 79.656).

XLVI.

Visage de saint (François de Sales?).

Bois naturel, 26,6 × 17,7 × 12,7 cm.

Expositions
1927, Québec, Château Frontenac, *Canadian Folk-Song and Handicraft Festival*; 1935, Toronto, The Art Gallery of Toronto, *Exhibition of Traditional Arts of French Canada*, n° 609.

Bibliographie
BARBEAU, *Louis Jobin statuaire*, 1968, p. 104.

Collection
Musée national de l'Homme, Ottawa; Musées nationaux du Canada (n° Z-III-A-128).

XLVII.

Tête de sainte religieuse.

Bois naturel, 24 × 22,5 × 25 cm.

Collection
Musée du Château de Ramezay, Montréal (n° 91).

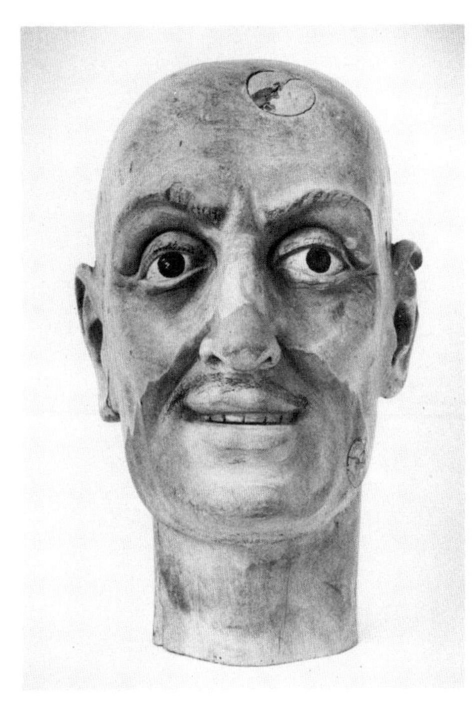

XLVIII.
Tête d'homme.

Bois polychrome, 31 × 21,2 × 25 cm.

Collection
Musée du Château de Ramezay, Montréal (n° 92).

XLIX.
Tête d'enfant (ange?).

Bois recouvert de plomb, 19 × 17,7 × 20,3 cm.

Exposition
1927, Québec, Château Frontenac, *Canadian Folk-Song and Handicraft Festival.*

Bibliographie
BARBEAU, *Louis Jobin statuaire*, 1968, p. 105.

Collection
Musée national de l'Homme, Ottawa; Musées nationaux du Canada (n° Z-III-A-129).

OEUVRES PRÉSENTÉES

5.
Vierge à l'Enfant dite « Reine des cieux« , 1886

14.
Sainte Vierge (de calvaire), vers 1888

Avant restauration *Après restauration*

15.
Saint Jean (de calvaire), vers 1888

Avant restauration

17.
Sacré-Coeur, 1889

30.
Saint Michel, 1894

35.
Saint Mathias, 1894-1895

36.
Saint Paul, 1894-1895

37.
Saint Luc, 1894-1895

45.
Saint Georges terrassant le dragon, 1909

46.
La Sainte Famille, 1875

47.
Autoportrait, 1867

49.
Paul Cousin, Louis Jobin et Pierre Gauvin.
***Le char de l'Agriculture*, 1880**

50.
Sainte Cécile, 1880 ou 1885

55.
Boeuf, vers 1885

56.
Matelot, 1873

57.
Indien, vers 1885

59.
Wolfe, 1901

1.
Saint Georges terrassant le dragon.

Bois naturel, 55,2 × 15 × 15 cm.

Cette ébauche de *saint Georges terrassant le dragon* est recensée dans la liste des objets acquis de Jobin par Marius Barbeau en 1925. Aussi, quelques photographies prises à l'intérieur de l'atelier de Sainte-Anne montrent la statuette posée sur une console sculptée, entre deux fenêtres (fig. 34).

Étant donné son aspect inachevé, le petit *saint Georges* de Jobin pourrait être un travail préparatoire à une oeuvre définitive. En plus des nombreuses traces de gouge et de ciseau, on peut voir que la statuette est incisée de lignes dessinant divers motifs à tailler: armure, ceinture, écailles de dragon. La tête du personnage est presque terminée. Une jambe est partiellement dégagée de la masse alors que le bras droit est coupé au coude.

Dans la taille directe, les oeuvres préparatoires sont généralement de petites dimensions et laissées inachevées. Ces ébauches servent de modèles, de maquettes ou d'études à d'autres oeuvres. Dans la liste des objets qu'il a vus dans l'atelier de Jobin, Barbeau a noté, en plus de la statuette du *saint Georges*, les ébauches d'un *saint Louis*, d'un *saint Jean-Baptiste* et d'un *ange* « passé au blanc de céruse », et plusieurs autres figures d'anges. Si toutes ces statuettes sont aujourd'hui disparues, l'Art Gallery of Ontario (Toronto) possède en revanche une petite étude ayant servi à l'*ange des pèlerins* de Sainte-Anne-de-Beaupré (voir n° 28). En plus de ces ébauches de personnages, il convient de mentionner qu'il existe de nombreux modèles en bois de membres humains, de têtes, de visages ou d'accessoires particuliers tels qu'en conservent le Musée du Château de Ramezay, le Musée national de l'Homme et la section de Parcs Canada, à Québec.

Expositions
1943, Windsor; 1952, Québec, Musée de la Province, *Exposition rétrospective de l'art au Canada français*, n° 154; 1959, Vancouver, The Vancouver Art Gallery, *Les arts au Canada français*, n° 43; 1959, Québec, Parlement, *Exposition d'art religieux*.

Bibliographie
MORISSET, *Exposition rétrospective de l'art ...*, 1952, p. 51; MORISSET, *Les arts au Canada français*, 1959, p. 28; BARBEAU, *Louis Jobin statuaire*, 1968, p. 106.

Collection
Musée du Québec, Québec (n° 39.221).

2 et 3.
***Saint Jean et saint Luc*,**
vers 1900.

Bois naturel,
saint Jean : 72,3 × 18 × 21 cm ; *saint Luc* : 72,3 × 10 × 25 cm.

Portant l'écriteau « L. JOBIN » au-dessus de la porte d'entrée, la première boutique de Jobin, à Sainte-Anne-de-Beaupré, était décorée de nombreuses statues qui servaient à toute fin pratique d'annonces au statuaire. Un imposant *ange à la trompette* couronnait le pignon de ce modeste atelier alors que trois statuettes étaient placées sur des consoles contre les murs extérieurs : un *saint Patrice* du côté du mur donnant sur l'Avenue royale et deux *évangélistes* sur le fronton de la façade, de part et d'autre de l'enseigne du sculpteur (fig. 31). Si l'*ange* et le *saint Patrice* furent à un certain moment enlevés, les deux *évangélistes* apparaissent en revanche sur la plupart des photographies de l'extérieur du premier atelier de Jobin. D'ailleurs, en 1925, lorsque Marius Barbeau rendit visite pour la première fois au statuaire de Sainte-Anne, il porta une attention spéciale à ces deux figures :

> Sa boutique [...] était sur la côte. Un enfant nous y conduisit par un chemin tortueux. Étroite, elle était perchée là-haut. Sur le pignon, deux statuettes supportées par des consoles, étaient tournées vers la rue, en plein soleil du midi. Elle représentaient des apôtres, l'un avec un boeuf à ses pieds, et l'autre, avec un aigle. Splendides, bien que recouvertes d'une patine grise, elles envisageaient les vents de l'est ...

D'après les informations données par Jobin lui-même en 1925 à Barbeau, les deux statuettes avaient été réalisées par le sculpteur peu après son installation à Sainte-Anne-de-Beaupré. En fait elles faisaient à l'origine partie d'un ensemble de quatre figures représentant les évangélistes. Les statuettes étaient restées sans preneur jusqu'à ce qu'un Américain passant en automobile achète le *saint Marc* et le *saint Mathieu*. En 1925, Marius Barbeau acquit les deux autres apôtres pour le Musée national de l'Homme.

Avec l'*ange à la lyre* de l'Art Gallery of Ontario (Toronto), le *saint Jean* et le *saint Luc* constituent les premières oeuvres de Jobin acquises par un musée du vivant du sculpteur. Elles sont en outre parmi les premières pièces de Jobin à avoir été présentées dans une exposition, laquelle eut lieu en 1927, un an avant le décès du statuaire de Sainte-Anne. Aussi, les deux statuettes devaient bénéficier d'une large audience autant grâce aux publications de Barbeau sur le sculpteur qu'à l'occasion d'expositions prestigieuses comme celles qui eurent lieu à la Tate Gallery de Londres en 1938 ou au Detroit Institute of Arts en 1946. Enfin les deux oeuvres ont amené Robert H. Hubbard, dans sa synthèse intitulée *L'évolution de l'art au Canada* (1963), à faire le commentaire suivant sur Louis Jobin : « Son *saint Luc* et son *saint Jean* rappellent assez Chartres pour montrer que l'artiste n'avait pas échappé à l'influence du néogothique. Il s'y révèle en outre, une espèce de mystique, doué d'une vue profonde sur certains aspects de la personnalité de son peuple ».

Expositions
1927, Québec, Château Frontenac, *Canadian Folk-Song and Handicraft Festival*; 1928, Québec, Château Frontenac, *Canadian Folk-Song and Handicraft Festival*; 1935, Toronto, The Art Gallery of Toronto, *Exhibition of Traditional Arts of French Canada*, n° 619; 1938, London, Tate Gallery, *A Century of Canadian Art*, nos 258 et 259; 1941, Montréal, Art Association, *Arts of Old Quebec*; 1946, Détroit, The Detroit Institute of Arts, *The Arts of French Canada*, nos 47a et b.

Bibliographie
BARBEAU, « Temples in Arcadia ... », 1932, p. 347 (*saint Luc*, repr.); BARBEAU, « Un grand artisan », 1933, p. 45 (*saint Luc*, repr.); BARBEAU, *Quebec Where Ancient France Lingers*, 1936, p. 87 (*saint Luc*, repr.); BARBEAU, *Québec où survit l'ancienne France*, 1937, p. 94 (*saint Luc*, repr.); Galerie nationale du Canada, *A Century of Canadian Art*, 1938, p. 35; AYRE, « Native Arts of Quebec », 1941 (*saint Luc*, repr.); BARBEAU, « Louis Jobin statuaire », 1945, p. 1 (*saint Jean*, repr.); The Detroit Institute of Arts, *The Arts in French Canada*, 1946, p. 27; ABELL, « The Arts of French Canada », 1947, p. 47 (*saint Luc*, repr.); BARBEAU, *J'ai vu Québec/I Have Seen Quebec*, 1957, n.p. (repr.); HUBBARD, *L'évolution de l'art au Canada*, 1963, p. 43-44 (repr.); BARBEAU, *Louis Jobin statuaire*, 1968, p. 13, 19-20, 104, 126-127 (repr.), 143; HUBBARD, « Master Carvers of French Canada », 1969, p. 61; FRIED, *Artists in Wood*, 1970, p. 164.

Collection
Musée national de l'Homme, Ottawa; Musées nationaux du Canada (nos 25.1 et 25.2).

Ill. 2-3a. *Vue du premier atelier de Louis Jobin à Sainte-Anne-de-Beaupré où on distingue les deux statuettes de* ***saint Jean*** *et de* ***saint Luc*** *placées sur le pignon de la boutique.* (Photo anonyme, vers 1915; A.B.S.A.B.).

4.
Bon Pasteur, 1894.

Bois polychrome, 80 × 24 × 20 cm.

Dans son devis de construction du maître-autel de Saint-Michel de Bellechasse (voir n° 30), l'architecte David Ouellet ajouta une huitième statue au décor déjà chargé du meuble liturgique. Le 12 février 1894, Ouellet adressait une lettre à ce sujet au curé de Saint-Michel:

> S'il vous plait ajouter au supplément. Un Bon Pasteur sera fait en bois de grandeur convenable pour la niche du centre. Il sera doré à la colle avec bruni comme le reste de l'autel. Il sera mobile pour être enlevé pour l'exposition du Saint-Sacrement.

En plus des deux *anges à l'oriflamme*, du *saint Pierre* et du *saint Paul*, le *Bon Pasteur* devait être fourni par l'entrepreneur. Ferdinand Villeneuve, de Saint-Romuald, avait eu le contrat. Il avait confié l'exécution et la décoration des cinq oeuvres à Louis Jobin.

La statuette du *Bon Pasteur* avait été conçue de façon à être amovible. Mais pour une raison inconnue elle fut peinte polychrome plutôt que dorée à la colle. En raison de ce qu'elle représente et de la place à laquelle on la destinait, cette statuette se situe dans la tradition des Bon Pasteur sculptés en relief depuis le début du siècle précédent sur la monstrance des maîtres-autels. Mais contrairement à celui du Sacré-Coeur (n°s 6 et 17), le sujet du Bon Pasteur ne connut pas une grande expansion au tournant du siècle. Le Christ est ici représenté en Pasteur. Il tient dans la main gauche la canne du berger. Avec sa main droite, il retient un agneau couché sur ses épaules. Son manteau rouge est décoré de fleurs de lys stylisées et dorées.

La statuette du maître-autel de Saint-Michel de Bellechasse constitue le seul *Bon Pasteur* en ronde-bosse produit par Jobin. Le sculpteur nous a en revanche laissé un superbe tableau-relief représentant le *Bon Pasteur guidant ses brebis* (fig. 9). Conservé au Musée des beaux-arts du Canada, ce relief date de la période montréalaise et est l'un des rares ouvrages exécutés par Jobin, non pas sur commande, mais par pur plaisir. Jobin devait d'ailleurs garder jalousement cette oeuvre jusqu'à sa mort. Le Bon Pasteur de la statuette et du tableau-relief ne sont pas sans présenter entre eux quelques similitudes, notamment en ce qui concerne leur attitude et la position dans laquelle ils ont été sculptés.

Bibliographie
Archives de la fabrique Saint-Michel: *n° 123, Boite VII, Travaux à l'église et au presbytère* et *Reçus de la fabrique*.

Collection
Fabrique Saint-Michel, Saint-Michel de Bellechasse.

5.
Vierge à l'Enfant dite « Reine des cieux« , 1886.

Voir reproduction en couleurs, p. 89

Bois polychrome, 64,5 × 20 × 19 cm.
Inscription (sous la base): « L. JOBIN/MARS 1886/QUÉBEC ».

Les circonstances dans lesquelles la commande de cette *Vierge* aurait été faite à Louis Jobin ne nous sont pas connues. Dans les archives paroissiales de Saint-Joseph de Lauzon, rien ne nous indique de quelle façon la fabrique serait entrée en possession de la statuette. En raison de son petit format et du sujet, on peut supposer que l'oeuvre a été acquise par l'un des curés de la paroisse pour ses dévotions et usages personnels. Placée à l'origine dans la sacristie de l'église de Lauzon, la statuette se trouve aujourd'hui au presbytère.

Coiffée d'une couronne et tenant un sceptre dans la main droite, la Vierge royale porte, sur son bras gauche, un Enfant Jésus avec un globe et faisant le geste de bénir. La Mère du Christ est vêtue d'un somptueux vêtement qui a l'aspect d'un brocart fait de fils d'or et d'argent et dont la bordure est rehaussée de pierres précieuses. Ce type de madones royales trouve son origine dans celui des vierges de majesté de la fin du Moyen Âge. *Notre-Dame de Paris*, par exemple, est représentée couronnée, tenant un sceptre et portant un Enfant Jésus avec globe et bénissant.

À partir des années 1850, les multiples dévotions à la Vierge amènent le recours à de nouveaux vocables tels ceux de Notre-Dame de Lourdes (n° 18) ou de l'Immaculée-Conception (n° 7). Ainsi la *Vierge* de Lauzon s'apparente-t-elle de très près aux *Reines des cieux* en plâtre produites par les statuaires italiens du tournant du siècle. À cet égard, la statuette de Jobin reprend le sujet des moulages fabriqués en série de même que leur apparence matérielle. La polychromie naturelle de l'oeuvre, rehaussée de motifs dorés ou colorés, rappelle les « décors riches ou extra-riches » effectués par les statuaires mouleurs de l'époque. Comme dans le cas de la statue du *saint patron* de l'église de Saint-Michel de Bellechasse (n° 30), il est possible que la décoration minutieuse de la statuette ait été réalisée par un peintre spécialisé.

Bibliographie

Le Grand Héritage. L'Église catholique et les arts au Québec, 1984, p. 138-139 (repr.).

Collection

Fabrique Saint-Joseph, Lauzon.

6.
Sacré-Coeur, 1910.

Bois teint, 73 × 24 × 21,5 cm.
Inscription (sur la base): « L. JOBIN 1910 ».

En 1962, le Musée McCord de Montréal a fait l'acquisition de trois oeuvres de petit format exécutées par Louis Jobin: un *Sacré-Coeur*, une *Notre-Dame de Lourdes* et un *crucifix*. Ces trois oeuvres auraient vraisemblablement été conservées par le sculpteur jusqu'à sa mort. En effet, dans la liste des objets achetés par Marius Barbeau à l'atelier de Sainte-Anne, il est fait mention d'un *Sacré-Coeur*, d'une *Vierge* et d'un *crucifix* dont les dimensions se rapprochent de celles des oeuvres du Musée McCord. Quoi qu'il en soit, ces pièces sont parmi les rares exécutées dans ces dimensions et signées par le sculpteur dans la dernière période de sa carrière.

Le thème du Sacré-Coeur a fait l'objet de nombreuses interprétations de la part de Jobin (voir n° 17). Dans la version du Musée McCord, le Christ désigne avec l'index gauche un coeur enflammé et rayonnant. Il ouvre la main droite vers le spectateur. Le sculpteur exécuta plusieurs statues de ce genre, notamment pour les jésuites de Québec (non daté), pour les églises de Notre-Dame des Victoires (1878), de Sainte-Hélène de Kamouraska (1879) et de Saint-Joachim (1879), pour l'Hôtel-Dieu du Sacré-Coeur de Québec (1879), et pour l'église de Saint-Charles de Bellechasse (1886).

Celle du *Sacré-Coeur* du Musée McCord se distingue des autres versions par les petites dimensions données à l'oeuvre, mais aussi par la qualité de son exécution. Il s'agit même là de l'un des Christ les plus achevés de sa production. Dans ce cas comme dans celui du *crucifix* des soeurs de la Charité (n° 12), le statuaire a livré un chef-d'oeuvre de finesse et d'élégance compte tenu du traitement accordé au costume et à l'anatomie du personnage. Le drapé, les mains, les pieds, la tête et plus particulièrement la chevelure font de Jobin un virtuose dans son domaine. Le sculpteur arrive même à insuffler à une oeuvre de petites dimensions la puissance et la grandeur si caractéristiques de sa statuaire de grand format. Le *Christ* du Musée McCord nous indique finalement qu'avec un thème aussi banal que celui du Sacré-Coeur Jobin pouvait faire preuve d'invention et de sensibilité.

Bibliographie

Barbeau, *Louis Jobin statuaire*, 1968, p. 107 (?) et 138 (repr.).

Collection

Musée McCord, université McGill, Montréal (n° 21581).

7.
Immaculée-Conception, 1884.

Bois doré, 52 × 18 cm.
Inscription (sous la base): « L. JOBIN/1884 ».

Pas plus que dans le cas de la *Vierge à l'Enfant* de Lauzon (nº 5), on ne sait dans quelles circonstances la fabrique de Saint-Jean de l'Île d'Orléans acquit en 1886 cette *Madone* signée par Jobin. On peut penser qu'à l'occasion de la rénovation de l'église de Saint-Jean, cette année-là, elle aura été, soit offerte par un paroissien, soit fournie par l'entrepreneur des travaux.

Bien qu'en soit absent l'habituel serpent qu'on mettait alors sur le demi-globe, le thème de la *Madone* constitue à l'évidence l'une des nombreuses variantes de celui de l'Immaculée-Conception.

Dans un article consacré aux « Madones canadiennes d'autrefois », Gérard Morisset donna une appréciation des Vierges sculptées à la fin du XIXe siècle. Dans le même article, l'historien de l'art y alla de l'un de ses rares commentaires sur l'oeuvre de Jobin:

> À mesure qu'on avance dans le XIXe siècle, (surtout à partir de l'époque 1860), la statuaire d'église tend à se rapprocher des insupportables figures fabriquées en série par les gâcheurs de plâtre – (cette statuaire dite de Saint-Sulpice) cette honte de notre époque. Presque tous nos sculpteurs (– le fade Napoléon Bourassa, le réaliste Philippe Hébert, le laborieux [Arthur] Vincent –) produisent des madones plus ou moins insignifiantes. Même le grand Louis Jobin, vigoureux et hardi dans ses statues d'apôtres, glisse dans la banalité toutes les fois qu'il ébauche une madone. Ce caractère est déjà sensible dans celle de Saint-Jean (Île d'Orléans) [...]. L'uniformatisation moderne s'est étendue jusqu'à l'un des sujets les plus attachants et les plus féconds de la chrétienneté.

Si ce jugement sévère peut s'appliquer à certaines oeuvres secondaires de Jobin ou à la production courante de la fin du XIXe siècle (voir nº 17), on peut s'étonner qu'il soit encore aujourd'hui celui de beaucoup de gens sur l'ensemble de la statuaire religieuse de l'époque. Chaque oeuvre religieuse a sa genèse et présente des aspects matériels, thématiques et formels qui lui sont propres. La *Vierge* de Jobin qui est à Saint-Jean, Île d'Orléans, montre hors de tout doute que les sculpteurs québécois du tournant du siècle exprimaient la sensibilité de leur temps et, de plus, qu'ils maniaient avec une habileté certaine la gouge et le ciseau.

Bibliographie
MORISSET, « Madones canadiennes », 1950, p. 37; 1971, p. 16; BARBEAU, *Louis Jobin statuaire*, 1968, p. 97; ROY et RUEL, *Le Patrimoine religieux* ..., 1982, p. 195 (repr.).

Collection
Fabrique Saint-Jean, Saint-Jean de l'Île d'Orléans.

8.
Saint Joseph.

Bois verni, 64,5 × 20 × 20 cm.
Inscription (sur la base, à droite): « L. JOBIN ».

Louis Jobin est surtout connu pour sa statuaire monumentale aux revêtements dorés ou peints. Les oeuvres en bois naturel, verni ou teint sont, comme les oeuvres de petit format, très rares dans sa production. Le *Sacré-Coeur* du Musée McCord (nº 6), le *saint Joseph* de l'Hôtel-Dieu de Québec et la *sainte Philomène* des franciscains de Québec (nº 9) peuvent donc être considérés comme des oeuvres exceptionnelles à ce chapitre.

Tenant compte de la traditionnnelle dévotion des Canadiens-français à leur saint patron, Jobin a créé une grande quantité de saint Joseph de toutes dimensions et de revêtements divers (fig. 18). On ne lui en connaît pas moins d'une quarantaine. Mais contrairement aux thèmes du Sacré-Coeur et de la sainte Anne (nos 17 et 22), celui du saint Joseph n'a pas donné lieu à une très grande variété de représentations. Celles de Jobin sont ainsi toutes issues du même modèle: une main sur la poitrine, le saint tient habituellement un bâton fleuri ou une tige de lys. Les diverses versions créées par le sculpteur se différencient les unes des autres dans l'agencement du drapé et dans la disposition des mains et de l'attribut. On ne lui connaît pas comme tel de saint Joseph représenté avec l'Enfant comme l'est la *Reine des cieux* de Lauzon (nº 5).

Le *saint Joseph* de l'Hôtel-Dieu de Québec aurait été donné aux augustines en 1918 par la famille Gauvreau, de Québec, des parents de Mère Marie de Lourdes. Il s'apparente aux statues de grand format que Jobin livra à Deschambault (1870-1875), à l'Ancienne-Lorette (1886; Musée du Québec), à Montmagny (1889) et à Saint-Jean, Île d'Orléans (1890).

Le patron du Canada français est souvent associé à la *Vierge* (voir nº 20) ou au *Sacré-Coeur* (voir nº 17). Fort curieusement il n'est pas exclu, cependant, que le *saint Joseph* de l'Hôtel-Dieu ait pu à l'origine avoir été conçu pour faire pendant à la *sainte Philomène* des franciscains de Québec (nº 9). Ces deux statuettes présentent en effet de remarquables similitudes en ce qui concerne la base, les dimensions et la finition, mais aussi la facture d'ensemble, dans les motifs de la bordure des vêtements notamment.

Expositions
1980, Chicoutimi, Musée du Saguenay-Lac-Saint-Jean, *Coup d'oeil sur la sculpture au Québec*, nº 28; 1982, Montréal, Musée de l'Oratoire Saint-Joseph, *Saint Joseph dans notre tradition*.

Collection
Musée des Augustines de l'Hôtel-Dieu de Québec.

9.
Sainte Philomène.

Bois verni, 65 × 19 × 20 cm.
Inscription (sur la base, à l'arrière): « L. JOBIN ».

Au cours du XIXe siècle, la dévotion à sainte Philomène devait soulever la ferveur populaire grâce à l'action de l'abbé Jean-Baptiste Vianney, mieux connu sous le nom de curé d'Ars. Au Québec, le phénomène se développa surtout à la fin du siècle avec, entre autres, la publication, de 1880 à 1889, du *Propagateur de la dévotion à sainte Philomène*.

Création hagiographique, sainte Philomène est née d'une légende forgée de toutes pièces au début du XIXe siècle. Cette pseudo-sainte aurait vécu au temps de l'empereur Dioclétien. Jetée dans le Tibre avec une ancre au cou, elle aurait été sauvée par des anges. Elle aurait ensuite été criblée de flèches avant d'être finalement décapitée par ses persécuteurs. Dans les faits, cette nouvelle vierge et martyre populaire n'a jamais existé. En 1961, l'Eglise catholique a aboli la raison d'être du culte qu'on lui rendait en rayant du calendrier liturgique le nom de la sainte imaginaire.

On ne sait quand et comment les franciscains de Québec entrèrent en possession de leur *sainte Philomène*. Cette statuette d'une facture très soignée n'est pas sans présenter de fortes ressemblances avec le *saint Joseph* du monastère des augustines (n° 8). La *sainte Philomène* signée par Jobin est représentée avec ses deux instruments de martyre légendaires, l'ancre et la flèche. Elle tient en outre une tige de lys, symbole de sa virginité, et elle est coiffée d'une couronne de roses dont la signification nous échappe (voir n° 20). Sa longue chevelure bouclée rappelle enfin la coiffure des Marie-Madeleine façonnées par Jobin (voir n° 16). Le Musée de Vaudreuil possède une *sainte Philomène* d'un sculpteur anonyme. Cette sculpture, polychrome et de grand format, reprend le modèle utilisé par Jobin.

Collection
Franciscains de Québec.

10.
Ange à l'encensoir.

Bois naturel, 63,2 × 21 × 16,5 cm.
Inscription (sur la base): « L. JOBIN ».

Réalisé à une date inconnue, cet *ange à l'encensoir* fut acquis par Marius Barbeau en 1925 de Jobin lui-même. Cette pièce est d'ailleurs l'une de celles, très nombreuses, inventoriées et achetées par Barbeau à l'atelier du sculpteur à Sainte-Anne, le tout formant une collection dont la succession de Barbeau a cédé une partie au Musée national de l'Homme. En raison de ses dimensions et de son caractère inachevé, cet *ange thuriféraire* a peut-être servi à Jobin lorsqu'il avait des modèles à soumettre à des commanditaires. Bien que l'*ange* ait des dimensions et une base semblables au *saint Joseph* (n° 8) et à la *sainte Philomène* (n° 9), sa finition est beaucoup moins poussée.

En plus des anges à la trompette, au flambeau ou à l'étendard (n°s 28, 29, 32 à 34), Jobin en façonna toute une cohorte aux accessoires aussi divers qu'originaux: une banderole (Notre-Dame de Jacques-Cartier, Québec, 1884), une balance (Deschambault, 1892), un écusson (Saint-Basile, 1900; maintenant au Musée des beaux-arts du Canada), les Tables de la loi ou les Saintes Écritures (Saint-Apollinaire, 1914), une lyre (Rivière-du-Loup, 1895), des candélabres (Beauceville, 1890), etc.

Expositions
1927, Québec, Château Frontenac, *Canadian Folk-Song and Handicraft Festival*; 1928, Québec, Château Frontenac, *Canadian Folk-Song and Handicraft Festival*; (?) 1935, Toronto, The Art Gallery of Toronto, *Exhibition of Traditional Arts of French Canada*, n° 530.

Bibliographie
BARBEAU, « Un grand artisan ... », 1933, p. 45 (repr.); BARBEAU, *J'ai vu Québec / I Have Seen Quebec*, 1957, n. p. (repr.); BARBEAU, *Louis Jobin statuaire*, 1968, p. 108 et 132.

Collection
Musée national de l'Homme, Ottawa; Musées nationaux du Canada (n° 79.657).

11.
Crucifix, vers 1900.

Bois verni; *croix*, 118,7 × 54,9 × 11,7 cm; *corpus*, 68 × 44 × 9,5 cm.
Inscriptions (sur le suppedanum): « L. JOBIN« ; (sur le titulus): « I.N.R.I. ».

Ce *crucifix*, signé par Jobin à une date indéterminée, aurait appartenu à l'abbé Joseph Leclerc, curé des Chûtes-à-Blondeau à partir de 1894. Un relevé effectué dans les deux carnets de comptes de Jobin indique que l'abbé Leclerc a commandé plusieurs oeuvres au sculpteur alors qu'il était à son atelier de Sainte-Anne, soit un *saint Michel terrassant le dragon* en 1913, un *calvaire* à cinq personnages en 1916-1917, deux *anges*, une *Assomption* et un *Sacré-Coeur de Montmartre* en 1919.

Moins finement travaillé que celui des soeurs de la Charité (n° 12), le *crucifix* du Musée du Québec ne manque cependant pas d'intérêt. La composition de ce *Christ en croix* rappelle celle des Christ de nombreux calvaires de Jobin, à cette différence près que le Sauveur du *crucifix* lève la tête du côté gauche plutôt que la pencher vers l'épaule droite (voir n° 13). En fait il s'agit d'une représentation de Christ agonisant plutôt que mort. Bien que le Musée McCord et le Musée des beaux-arts du Canada conservent eux aussi des *crucifix* attribués au sculpteur, ces Christ en croix de petites dimensions sont chose rare dans la production de Jobin. Dans ses carnets de commandes, Jobin n'inscrivit qu'une seule commande de *crucifix*, en 1920, pour le révérend O'Sullivan d'Halifax. De toute évidence, le statuaire était surtout réputé pour ses *Christ en Croix* monumentaux comme en témoignent les nombreux calvaires qu'il réalisa tout au long de sa carrière (fig. 19, 21 et 45).

Collection
Musée du Québec, Québec (n° 82.24).

12.
Crucifix, 1887.

Bois naturel; *croix*, 77 × 44,5 × 10 cm; *corpus*, 38 × 30,5 cm.
Inscriptions (sur le suppedanum): « L. JOBIN 1887« ; (sur le titulus): « I.N.R.I. »

Ce *crucifix* du Musée des Soeurs de la Charité aurait été donné à la communauté par Mgr J.-Arthur Gauthier, deuxième curé de Giffard de 1919 à 1956. Selon soeur Marguerite Poulin, responsable du musée, les statuaires de Québec Barsetti et Manucci auraient fait un moulage de ce magnifique crucifix pour des reproductions en plâtre. Il s'agit de l'une des plus remarquables oeuvres de petites dimensions que Jobin ait sculptées.

La position du Crucifié sur la croix engendre un fort hanchement créant, depuis les pieds légèrement obliques jusqu'à la tête penchée sur le côté droit, une série d'axes inclinés et une répartition asymétrique du corps. Le contour de la silhouette prend ainsi des inflexions en courbes et contre-courbes formant une ligne sinueuse. En plus de rendre avec exactitude les proportions et l'anatomie humaines, Jobin atteint un sommet quant à la finesse et à l'élégance qui se dégagent de cette oeuvre de petit format, ce qu'on retrouve notamment dans le traitement du « perizonum », de la tête, des mains et des pieds du Christ.

Collection
Musée des Soeurs de la Charité, Giffard.

13.
Christ (de calvaire), 1902.

Bois décapé, 181,7 × 157 × 44,8 cm.

De son propre aveu, Jobin s'inspirait de modèles vivants pour rendre avec précision les proportions de ses Christ en croix et pour sculpter les membres et le torse nus de ses personnages. En 1925, lorsque Marius Barbeau lui demanda s'il avait déjà travaillé d'après nature, Jobin répondit que durant les dix premières années de son séjour à Québec tous ses crucifix avaient été conçus d'après des modèles vivants. Le statuaire confia également à Barbeau qu'il se mettait encore nu-pieds ou nu-bras pour sculpter les pieds et les bras des Christ en croix. Jobin gardait aussi dans son atelier des modèles réduits en bois de bras de crucifiés, lesquels sont aujourd'hui conservés au Musée du Château de Ramezay à Montréal (n° XXXV).

La fabrique de Sainte-Perpétue de Nicolet acquit de Louis Jobin, le 18 juillet 1902, un *Christ en croix* polychrome et grandeur nature au coût de 30 $. Le *Christ* aurait à l'origine été suspendu à la voûte de la deuxième église paroissiale. Lors de l'incendie de cet édifice, en 1922, des paroissiens parvinrent à l'arracher à sa croix de chêne. Il fut alors placé dans un édicule du cimetière de l'endroit, puis transporté, vers 1929, dans le nouveau cimetière. Peu après avoir été mis à l'abri, réparé et décapé par le curé de la paroisse, le « corpus » fut cédé à des particuliers en 1971, lesquels en firent don à l'université Laval de Québec dix ans plus tard.

Le *Christ en croix* de Sainte-Perpétue est un Christ de calvaire très courant dans la production de Jobin. Ce Christ mort a les yeux fermés et la tête penchée vers l'épaule droite. Le « perizonum », vêtement cachant le sexe du Christ, est attaché à la taille du personnage par un gros noeud d'où découlent une série de plis disposés en éventail dans le drapé. Les deux pieds sont cloués l'un à côté de l'autre sur le « suppedanum ». Les quatre clous du crucifié sont sculptés à même les pieds et les mains du personnage tandis que les bras sont joints aux épaules par des chevilles de bois. Le Christ était jadis coiffé d'une couronne d'épines rapportée et façonnée en plomb.

Ill. 13a. *Vue du* ***Christ de calvaire*** *peint polychrome placé au cimetière paroissial de Sainte-Perpétue. Photo tirée de Bergeron,* ***À l'ombre du clocher****, 1960, p. 105.* (Copie photographique Patrick Altman, Musée du Québec).

Le traitement du « perizonum », le rendu de l'anatomie et l'allure générale du Sauveur de Sainte-Perpétue rappellent la facture de très nombreux « corpus » réalisés par Jobin au tournant du siècle. Il n'y a pas si longtemps il s'en trouvait encore des exemples dans des dizaines de paroisses du Québec, le long des rangs, à la croisée des chemins, dans les cimetières et à l'intérieur des églises. Quelques institutions publiques ou privées, comme le Musée du Québec, le Musée des beaux-arts de Montréal et le Musée du Saguenay-Lac-Saint-Jean, possèdent elles aussi des *Christ en croix* de Jobin.

Les diverses représentations de la Passion, Calvaire, Ecce Homo (n° 19), Pietà, etc., furent parmi les sujets les plus prisés de l'époque victorienne. Elles éveillaient la compassion et traduisaient la fascination des fidèles pour les visions exacerbées de la douleur et de la mort. Il n'est donc pas étonnant qu'à partir des années 1850 les calvaires extérieurs en soient venus de plus en plus à remplacer ou à concurrencer les modestes croix de chemins. Jobin allait exploiter ce courant de dévotion. Il fut celui qui suscita le plus d'intérêt de la part du public, surpassant de loin tous ses concurrents. Les calvaires à un ou à plusieurs personnages devinrent presque l'apanage du sculpteur. L'inventaire effectué à ce jour révèle que Jobin produisit quelque quatre-vingts calvaires au cours de sa longue carrière. Il fit preuve d'invention et aborda toutes les facettes du sujet, allant même jusqu'à sculpter des groupes de six personnages. Que Jobin apparaisse aujourd'hui comme un maître de ce domaine n'a donc rien de surprenant.

Bibliographie

Archives de la fabrique Sainte-Perpétue de Nicolet: *vol. 3*, p. 240; BERGERON, *À l'ombre du clocher*, 1960, p. 105-106 (repr.); PORTER et DÉSY, *Calvaires et croix de chemins ...*, 1973, p. 82-85, 88, 90-91, 114, 122-123, 144 (repr.).

Collection

Collections de l'université Laval, Sainte-Foy.

14 et 15.
Sainte Vierge et saint Jean (de calvaire), vers 1888.

Voir reproductions en couleurs, p. 90 et 91

Bois polychrome;
Vierge, 186,5 × 52 × 45 cm; *saint Jean*, 182,5 × 55 × 45 cm.

Acquis de Paul Gouin en 1955, la *Vierge* et le *saint Jean* du Musée du Québec proviendraient d'un calvaire jadis érigé à Lauzon. Louis Jobin confia en 1925 à Marius Barbeau qu'il avait réalisé une dizaine de calvaires dans la grande région de Lévis-Lauzon. De fait, l'abbé Edouard Fafard, curé de Saint-Joseph de Lévis, vouait une dévotion particulière et profonde au calvaire. Il a commandé plusieurs représentations du thème à Jobin. Ainsi, en 1888, il fit ériger au coût de 246 $ un *calvaire* à trois personnages à un rond-point de l'allée principale du cimetière paroissial. Le 6 août 1889 *Le Courrier du Canada*, après l'avoir annoncé le 1er du même mois, fit état d'une cérémonie de bénédiction par le révérend Fafard d'un nouveau *calvaire* dans le deuxième rang d'Harlaka à Saint-Joseph de Lauzon. Le journal ayant mentionné que celui-ci avait coûté plus de deux cents « piastres », on peut supposer qu'il s'agissait d'un calvaire très élaboré. Or Jobin avait bien dit à Barbeau qu'il avait réalisé un calvaire à la concession d'Harlaka de Lauzon. Comme la facture et la manière de la *Vierge* et du *saint Jean* du Musée du Québec se rattachent à celles de la période québécoise de Jobin, il y a tout lieu de penser que ces oeuvres proviennent de l'un des deux calvaires commandés par l'abbé Fafard en 1888-1889.

L'installation de Jobin dans la vieille capitale vers 1875 coïncida avec la prolifération des calvaires à grand déploiement. Ces mises en scène élaborées émouvaient et fascinaient les fidèles. Elles suscitaient leur ferveur. Jobin composa de nombreux calvaires à trois personnages : les uns avec le Christ, la Vierge et saint Jean, d'autres avec le Sauveur et les deux larrons. Ainsi, en 1887, avec un dénommé Ferdinand de Lille de Cap-Santé, il signa un contrat pour un Christ en croix avec les deux larrons (fig. 19). Si l'utilisation des larrons n'a pas connu une grande expansion, les personnages de la Vierge et de saint Jean bénéficièrent en revanche d'une plus grande vogue. Toujours dans une attitude recueillie, ils se tiennent debout de chaque côté du Christ, la Vierge généralement à sa droite et saint Jean à sa gauche.

Jobin réalisa un nombre impressionnant de calvaires comportant une Vierge et un saint Jean : à Pont-Rouge (1890 ; Musée des beaux-arts de Montréal), à l'Ancienne-Lorette (1894-1902), à Saint-Alban (1906), à Montebello (1907), à Saint-Charles (1914 ; Musée national de l'Homme), à Saint-Georges-de-Windsor (1914), à Saint-Joseph de Beauce (1915 ; Musée d'art de Saint-Laurent), à Inverness (1916-1917), à L'Ange-Gardien (1917-1918), à Saint-Léonard (1917-1918), à Saint-Damien de Buckland (1921), à Sainte-Justine (1921), etc. La *Vierge* et le *saint Jean* du Musée du Québec constituent toutefois ses représentations les plus achevées si on s'en tient à l'expression des physionomies et à l'adresse dans le drapé. Ces deux modèles ont également été exploités par Jobin pour la *Mater Dolorosa* qui fait pendant à l'*Ecce Homo* (n° 19) à l'église de Saint-Henri, et pour le *saint Jean* du calvaire de Pont-Rouge, aujourd'hui conservé au Musée des beaux-arts de Montréal. Signalons enfin que les deux statues du Musée du Québec sont coiffées d'une calotte de plomb et qu'elles présentent une polychromie ancienne des plus intéressantes.

Expositions
1941, Montréal, Art Association, *Arts of Old Quebec* ; 1952, Québec, Musée de la Province, *Exposition rétrospective de l'art au Canada français*, n°s 151-152 ; 1983, Québec, Musée du Québec, *Cinquante années d'acquisitions, 1933-1983*, n° 136 (*Vierge*).

Bibliographie
Archives de la fabrique Saint-Joseph : *Livre de caisse ; 1875-1906* ; *Prônes 1888* ; *Le Courrier du Canada*, 1er et 6 août 1889 ; p. 2 ; *Le Quotidien*, 24 septembre 1903 ; HAYWARD, « Jobin the Wood-Carver », 1922, p. 98 ; ANDERSON, « Jobin, the Wood-Carver », 1928, p. 1 ; AYRE, « Native Arts of Quebec ... », 1941, (repr.) ; MORISSET, *Exposition rétrospective de l'art* ..., 1952, p. 50 ; BARBEAU, *Louis Jobin statuaire*, 1968, p. 22, 24 et 96 ; *Le Musée du Québec. 500 oeuvres choisies*, p. 118, (*Vierge*, repr.).

Collection
Musée du Québec, Québec (n°s 55.268 et 55.269).

16.
Marie-Madeleine (de calvaire), vers 1900.

Bois décapé, 101,6 × 64 cm.

Le sculpteur façonna quelques calvaires exceptionnels comportant jusqu'à six figurants: le Christ, la Vierge, saint Jean, les deux larrons et Marie-Madeleine. À son atelier de Québec, Jobin exécuta en deux étapes (1879 et 1884) un groupe à grand déploiement pour Richibouctou au Nouveau-Brunswick (fig. 21). À Sainte-Anne-de-Beaupré, il fit aussi des calvaires élaborés qu'il livra aux Chûtes-à-Blondeau (1916-1917) et à Saint-Eugène (1917) en Ontario. Le plus célèbre de ces groupes à six personnages demeure toutefois celui que Jobin devait réaliser à l'âge de 73 ans pour le sanctuaire du Lac-Bouchette au Lac-Saint-Jean (fig. 45).

D'acquisition récente, cette *Marie-Madeleine*, agenouillée et méditant aux pieds du Christ, provient d'un calvaire ayant jadis comporté au moins quatre personnages (voir n°s 14 et 15). La repentante n'est en effet jamais représentée seule avec le Christ en croix. Elle est toujours associée aux personnages de la Vierge et du saint Jean placés de chaque côté du Sauveur. Cette oeuvre reprend un modèle courant de Marie-Madeleine sculptée par Jobin à Richibouctou (1879), à Saint-Georges-de-Windsor (1914) et au Lac-Bouchette (1918). Sa forme triangulaire et son attitude triste et résignée sont conçues pour que le personnage puisse s'harmoniser avec le reste du groupe. La grande habileté du sculpteur est également manifeste dans la façon dont les longs cheveux sont bouclés, dans l'inclinaison de la tête et dans la position des mains et des genoux.

La présente *Madeleine* proviendrait d'un calvaire appartenant à une communauté religieuse du comté de Portneuf. Non seulement s'agit-il d'une des rares Marie-Madeleine en bois qui nous soient parvenues de cette époque, mais encore de la seule qui soit conservée dans les collections publiques ou privées. Soumis aux températures les plus extrêmes, les calvaires extérieurs en bois n'ont pas résisté longtemps à la destruction ou à la détérioration. À cet égard, il est assez révélateur qu'aucune institution muséale ne conserve un calvaire complet de trois personnages provenant du même endroit. Enfin, plusieurs des calvaires et autres sculptures en bois (voir n°s 43 et 44) de Jobin encore exposés en plein air sont menacés de disparition à plus ou moins brève échéance.

Collection
Musée du Québec, Québec (n° 85.10).

Ill. 16a. ***Marie-Madeleine de calvaire****, 1879, cimetière de Richibouctou au Nouveau-Brunswick.* (Photo Marius Barbeau, 1944; M.N.C.O., Coll. Marius-Barbeau, nég. n° 97405).

17.
Sacré-Coeur, 1889.

Voir reproduction en couleurs, p. 92

Bois polychrome, 155 × 48 × 26 cm.
Inscription (sur la base, à droite): « L. JOBIN/1889 ».

À l'instar de la dévotion à Notre-Dame de Lourdes (n° 18), le culte au Sacré-Coeur de Jésus allait connaître une expansion considérable à la fin du XIXe siècle. Objet de dévotion dès la fin du XVIIe, le Coeur de Jésus devint celui du culte que, après les désastres de 1870 en France, les catholiques lui vouèrent pour le relèvement du pays. Au sommet de la butte Montmartre, les Parisiens élevèrent quelques années plus tard en son honneur un sanctuaire qui devint l'un des plus grands centres mondiaux de la dévotion au Sacré-Coeur.

Depuis la fin du siècle dernier, l'image du Sacré-Coeur a fini par supplanter toutes les autres représentations du Christ. À la différence de celle de la Vierge, elle n'a toutefois pas engendré d'oeuvres d'art de premier plan, bien au contraire! Diffusée par les éditeurs de statues en plâtre et de chromolithographies, l'image du Sacré-Coeur a donné lieu à plusieurs variantes du même modèle, à savoir le Christ montrant un coeur enflammé ou rayonnant appliqué sur sa poitrine. Les statues du Sacré-Coeur qui se multiplièrent à la fin du XIXe siècle dériveraient d'un Christ sculpté par le Danois Thorvaldsen pour l'église Notre-Dame de Copenhague.

Tirant parti de la ferveur populaire, Jobin produisit une infinie variété de Sacré-Coeur allant de celui qu'on peut voir en train de bénir à celui dit de Montmartre, représenté debout sur un globe, les bras grands ouverts (fig. 44). On ne lui attribue pas moins de 70 oeuvres du genre destinées à divers emplacements et exécutées dans des dimensions et sous des revêtements variés. La moitié de cette production est toutefois constituée de Sacré-Coeur de Montmartre surtout commandés durant la Grande Guerre en vue de monuments. Comme à Notre-Dame des Victoires (1878), à Sainte-Hélène de Kamouraska (1879), à Saint-Joachim (1879), à Montmagny (1889; voir n°s 41 et 42) ou à l'Hôpital-Général de Québec (1892), les Sacré-Coeur de Jobin sont souvent associés aux saint Joseph (le patron du Canada) courants à l'époque.

Signé et daté de 1889, le *Sacré-Coeur* de Cap-Santé se rattache aux Christ ouvrant leur poitrine des deux mains sur un coeur rayonnant. Jobin exploita ce modèle courant de Sacré-Coeur à Montmagny, à l'Hôpital-Général, à Sainte-Famille de l'Île d'Orléans, à Cap-Rouge et à Sainte-Anne-de-Beaupré (fig. 40).

Le *Sacré-Coeur* de Jobin est tout à fait représentatif des oeuvres produites et décorées « dans le style européen » tel que l'annonçait le sculpteur dans *Le Courrier du Canada* au cours des années 1880. Directement influencée par la statuaire en plâtre d'importation ou de fabrication locale et par l'imagerie munichoise ou saint-sulpicienne, cette production conventionnelle répondait aux goûts victoriens tout en s'inscrivant dans certains courants internationaux. Les caractéristiques de cette statuaire sont la mièvrerie de l'attitude et de l'expression des personnages, la mollesse des drapés et la polychromie voyante de la finition. À cet égard, la présentation visuelle et matérielle du *Sacré-Coeur* de Cap-Santé ne reprend-elle pas le même modèle en plâtre polychrome vénéré dans la même église? Il n'est donc pas étonnant qu'on se méprenne encore sur la nature du matériau de maintes statues religieuses de l'époque.

Plusieurs de nos historiens de l'art constatent non sans raison que la fadeur et le goût douteux, voire kitsch de cette statuaire courante et produite en série n'ont pas fait honneur à l'art religieux. On a eu cependant trop tendance à mépriser ou à tout simplement ignorer ce genre de production qui, d'une part, était jadis omniprésent dans les églises, et qui, d'autre part, a fait vivre bon nombre de sculpteurs nationaux de l'époque. À tout le moins, ces oeuvres témoignent d'un important changement de goût et de mentalité dans la société québécoise de l'époque (voir aussi n° 6).

Bibliographie
MORISSET, *Le Cap Santé, ses églises* ..., 1980, p. 129 et 321 (repr.).

Collection
Fabrique Sainte-Famille, Cap-Santé.

18.
***Notre-Dame de Lourdes*, 1884.**

Parmi les cultes de la seconde moitié du XIXe siècle qui connurent une expansion considérable, il y a la nouvelle dévotion à la Vierge engendrée par le dogme de l'Immaculée Conception (1854) et par les apparitions à Bernadette Soubirous, à Lourdes, en 1858. Il est d'ailleurs intéressant de noter que d'un point de vue iconographique ces deux sujets se confondent à plusieurs égards puisque la forme la plus récente prise par l'Immaculée Conception est celle de la Vierge de Lourdes (voir no 7). Il y a même des historiens qui ont soutenu que la Vierge des visions de la jeune bergère (no 25) ne serait autre que celle du tableau de l'*Immaculée Conception* peint par Murillo en 1678.

Les peintres et les sculpteurs québécois de la fin du siècle dernier exploitèrent ce nouveau courant de dévotion à la Mère du Christ. Jobin lui-même en tira parti en réalisant de nombreuses représentations de la Vierge et, particulièrement, de Notre-Dame de Lourdes. À son atelier de Montréal il façonna en 1873 un bas-relief illustrant une scène de l'*Apparition de la Vierge à Lourdes*, bas-relief qui fut offert en don à l'église du Sault-au-Récollet. Mais il reçut surtout de nombreuses commandes de statues de Notre-Dame de Lourdes, notamment de Saint-Casimir de Portneuf en 1900 (voir no 21), de Saint-Cyrille-de-Lessard en 1893, et même de Lourdes de Blanc-Sablon, sur la frontière du Labrador, en 1916. Cela, sans compter les oeuvres aujourd'hui déposées dans les institutions muséales comme le Musée du Québec, le Musée McCord (voir no 6) ou le Musée du Saguenay-Lac-Saint-Jean. Quant à la *Vierge de Lourdes* du Musée des beaux-arts du Canada, elle constitue

Bois décapé, 213,5 × 55 cm.
Inscription (sur la base): « L. JOBIN/1884 ».

Ill. 18a. *Vue de la **Notre-Dame de Lourdes** peinte en blanc placée sur le clocher de la chapelle de procession de Saint-Charles de Bellechasse.* (Photo Georges Côté, 1928; Coll. Mme Judith Bernier de Saint-Charles de Bellechasse).

certainement l'une des oeuvres les plus travaillées de cette abondante production.

De récentes recherches sur cette *Notre-Dame de Lourdes*, signée et datée de 1884, ont permis d'établir que l'oeuvre du Musée des beaux-arts du Canada provenait de la paroisse de Saint-Charles-de-Bellechasse, plus précisément de la chapelle de procession en bois située au sud-ouest du village. Suite à une ordonnance de 1880 de l'archevêque de Québec, la fabrique de Saint-Charles fit reconstruire, trois ans plus tard, la chapelle dédiée à la sainte Vierge. Le 30 mars 1884, l'assemblée des marguilliers de la paroisse adopta trois résolutions concernant cette nouvelle construction dont l'une avait pour but « de faire faire, au prix de cent piastres, par sieur Louis Jobin, statuaire à Québec, une statue en bois doré de la hauteur d'environ sept pieds pour couronner le petit clocher de la dite chapelle ». En effet la reddition des comptes de 1884 fit état de l'achat d'une statue pour la chapelle au coût de 100 $. Ce coût très élevé montre hors de tout doute que la *Vierge* fut livrée dorée.

Deux photographies prises en 1928 par l'abbé Georges Côté, de Saint-Charles, montrent la statue de Jobin couronnant un clocher formé d'une base et d'une lanterne carrées. Il s'agit d'une représentation de Notre-Dame de Lourdes non plus dorée, comme on a pu le lire dans la résolution des marguilliers, mais peinte en blanc. La *Vierge* de Jobin aurait été remplacée vers la fin des années 1940 par une *Assomption* en poussière de pierre acquise de l'atelier Prévost de Québec. Cette dernière statue a longtemps été confondue avec l'oeuvre de 1884. Quant à celle-ci, elle est entrée en 1962 dans les collections de la Galerie nationale.

Conformément à l'imagerie populaire du temps, cette Immaculée Conception est représentée dans l'attitude et avec le costume de la « belle dame » de Lourdes. Les yeux levés au ciel et les mains jointes, la Vierge est debout sur une base évoquant le rocher de la célèbre grotte des Pyrénées. Coiffée d'un grand voile et un rosaire suspendu à son bras droit, Marie est vêtue d'une robe blanche serrée à la taille par un long ruban flottant au vent. Toutes les Notre-Dame de Lourdes de Jobin sont inspirées de ce modèle. Comme l'a souligné Louis Réau dans son traité sur l'*Iconographie de l'art chrétien* (tome second, II, p. 83), cette Vierge « ressemble comme une soeur à la *Purisima* du Prado. Ainsi, c'est un chef-d'oeuvre de Murillo qui serait la source du pèlerinage le plus populaire du XIXe siècle : une hypothèse qui viendrait à l'appui de l'influence des images sur la naissance des cultes. »

Expositions
1963, Ottawa, Galerie nationale du Canada, *Recent Accessions Exhibition*; 1965, Ottawa, Galerie nationale du Canada, *Treasures from Quebec*.

Bibliographie
Archives de la fabrique Saint-Charles de Bellechasse : *cahier des délibérations, 1859-1932*, p. 131, 136, 137, 143 ; CÔTÉ, *La vieille église de Saint-Charles* ..., 1929, p. 18 ; « Dons au Musée national », 1963, p. 9 ; BARBEAU, *Louis Jobin statuaire*, 1968, p. 34.

Collection
Musée des beaux-arts du Canada/National Gallery of Canada, Ottawa (n° 9675).

19.
Ecce Homo, vers 1880.

Bois monochrome, 157 × 40 × 35 (env.).

À l'église de Saint-Henri de Lévis Jobin réalisa, entre 1878 et 1882 un imposant ensemble statuaire comprenant quatorze personnages pour la nef (voir n°s 38-40), un *saint Henri* pour le maître-autel et quatre grandes statues pour les deux côtés du choeur. L'*Éducation de la Vierge* et l'*Ange Gardien* furent plus tard placés dans la sacristie avant de prendre le chemin du Musée du collège de Lévis. Nichant sous des dais de style néogothique, l'*Ecce Homo* et la *Mater Dolorosa* se font toujours face au-dessus des stalles du choeur de l'église.

À l'instar des thèmes traités dans les calvaires (n°s 13-16), ceux de l'*Ecce Homo* et de la *Mater Dolorosa* témoignent d'un penchant de la société victorienne pour les représentations apitoyées de la souffrance et de la mort. L'association du *Christ de dérision* et de la *Mère des douleurs* trouverait son origine dans le décor intérieur de l'église néogothique de Beauport, décor dessiné par François-Xavier Berlinguet et réalisé sous sa surveillance vers 1860. Dans le choeur de cette église, l'ancien maître de Jobin avait en effet sculpté des statues en bois doré de l'*Ecce Homo* et de l'*Immaculée Conception* pour des dais situés de chaque côté du trône épiscopal. Une soixantaine d'années plus tard, Henri Angers, ancien élève de Jobin, reprendra lui aussi les mêmes personnages du Christ et de sa mère abrités sous des dais pour le choeur de la nouvelle église de Beauport.

La *Mater Dolorosa* de Saint-Henri s'inspire de certaines vierges de calvaires attribuées à Jobin (voir n° 14). Quant à l'*Ecce Homo*, c'est la seule représentation de ce thème façonnée par le sculpteur. Il est fort possible que la statue ait à l'origine été peinte polychrome. L'église Saint-Antoine de Longueuil conserve aussi une statue en bois polychrome d'un *Christ de dérision* assis dont l'attribution à Jobin demeure hypothétique.

Un album de statues religieuses ayant déjà appartenu à Jobin et maintenant conservé au Musée McCord comporte, sur la première page, de petites esquisses de *Christ* se rapprochant de la figure de Saint-Henri. Il s'agit en fait de deux

Ill. 19a. *Esquisses au crayon d'un* ***Ecce Homo*** *(7,5 cm) dans l'****Album de statues religieuses*** *ayant appartenu à Jobin et aujourd'hui conservé au Musée McCord de Montréal.* (Photo Musée McCord, Montréal).

dessins au crayon montrant de face et de profil un *Ecce Homo* tenant un bâton. Comme dans le cas de ses Christ de calvaires (voir n° 13), il est possible que Jobin ait travaillé d'après nature pour composer l'anatomie du *Christ* de Saint-Henri. Coiffé de la couronne d'épines et les mains liées par une corde, l'*Ecce Homo* n'a pour tout vêtement qu'une ample tunique lui tombant sur les hanches. Ce Christ de Pitié ne porte ni le manteau pourpre ni le sceptre de roseau habituels. Le modelé doux du torse contraste ici avec le traitement fouillé des plis du drapé. Le personnage au repos, caractérisé par un hanchement prononcé et par la tête baissée, est conçu pour être vu à une certaine hauteur. La dérision dont est l'objet le Roi des Juifs est enfin rendue manifeste par son attitude triste et résignée.

Bibliographie

Archives de la fabrique Saint-Henri : *Livres de comptes et de délibérations, II* ; BARBEAU, *Louis Jobin statuaire*, 1968, p. 88 et 98 ; LEMAY et MERCIER, *Esquisse de Saint-Henri* ..., 1979, p. 181 (repr.).

Collection

Fabrique Saint-Henri, Saint-Henri de Lévis.

20.
Vierge couronnée de roses (Immaculée-Conception?), 1881.

Bois monochrome, 178,5 × 53 × 44 cm.

La fabrique de Saint-Charles-de-Bellechasse comptait parmi les clients de Jobin qui lui commandèrent, à intervalles plus ou moins réguliers, plusieurs statues religieuses. Ainsi, en 1880, la fabrique acquérait un petit *saint Joseph* polychrome pour l'un des autels latéraux de l'église, l'année suivante une *Vierge* et un autre *saint Joseph* pour le cimetière, en 1884 la *Notre-Dame de Lourdes* pour l'une des chapelles de procession du village (nº 18), deux ans plus tard des *Sacré-Coeur de Jésus et de Marie* pour la sacristie, et en 1914 un *calvaire à trois personnages* pour le cimetière paroissial (oeuvre qui est maintenant au Musée nat. de l'Homme).

Comme en fait état la reddition des comptes de l'année 1881, la *Vierge couronnée de roses* et son pendant, le *saint Joseph*, furent achetés par la fabrique à Louis Jobin au coût de 50 $ pour les deux statues. En 1928, des photographies prises par Marius Barbeau au cimetière de Saint-Charles montrent les deux statues peintes en blanc. La *Vierge* fait maintenant partie des collections du Musée du Québec. Le *saint Joseph* fut probablement détruit suite à sa détérioration. La *Vierge* acquise par le Musée fut pour sa part largement restaurée au début des années 1960.

L'appellation de cette *Notre-Dame* aux mains jointes et à la couronne de roses reste problématique. Par sa présentation générale, elle pourrait être l'une des nombreuses variantes du thème de l'Immaculée-Conception (voir nº 7). Destinée à un cimetière, il est possible que cette Vierge ait eu comme saint Joseph, le patron de la bonne mort, une signification funéraire. Pour les piliers de la porte d'entrée du cimetière de Saint-Jean, à l'Île d'Orléans, Jobin exécuta en 1890 un *saint Joseph* de même qu'une *Vierge couronnée de roses*, celle-ci conservée au Musée des beaux-arts du Canada (M.N.C.O., nég. nºs 20905, 80906, 91998).

En 1879, le sculpteur avait également réalisé, pour Georges-Manly Muir, une Vierge inspirée de ce modèle et destinée à être placée dans un édicule à Rivière-Jaune, près de Charlesbourg. Cette autre *Vierge couronnée de roses* est, depuis, désignée sous le vocable familier de *Notre-Dame des Laurentides*.

Ill. 20a. *Vue de la **Vierge** peinte en blanc placée dans le cimetière paroissial de Saint-Charles de Bellechasse.* (Photo Marius Barbeau, 1928; M.N.C.O., Coll. Marius-Barbeau, nég. nº 71766).

Notons enfin que le Musée du Château de Ramezay conserve de Jobin une couronne de roses sculptée en bois dont on suppose qu'elle devait servir de point de référence pour l'exécution d'autres couronnes du genre (nº XXXI).

Bibliographie

Archives de la fabrique Saint-Charles: *Cahier des délibérations*, p. 123; CÔTÉ, *La vieille église de Saint-Charles* ..., 1929, p. 18; LASNIER et BARBEAU, *Madones canadiennes*, 1944, p. 211 (repr.); BARBEAU, *Louis Jobin statuaire*, 1968, p. 34.

Collection

Musée du Québec, Québec.

21.
Saint Jean-Baptiste
(une statue d'un ensemble de cinq), 1900.

Bois monochrome, 228 cm (env.).
Inscription (sur l'oriflamme): « ECCE AGNUS DEI ».

Hormis quelques calvaires à six personnages, Jobin n'exécuta pas, à son atelier de Saint-Anne, d'ensembles de plus de cinq statues. Alors qu'étant à Québec il avait rempli de grandes commandes (Saint-Henri (nos 38-40), Montmagny (nos 41 et 42), Séminaire de Québec (nos 35 à 37) et Rivière-du-Loup, le sculpteur ne réalisa entre 1900 et 1925 que quatre ensembles importants dont deux à quatre personnages et deux autres à cinq. Les deux premiers furent livrés à Coaticook (1914) et à Drummondville (1922), les deux autres à Saint-Casimir de Portneuf (1900) et à Saint-Dominique de Jonquière (1914). La moindre envergure de ces ensembles pourrait s'expliquer par le fait que ceux-ci sont tous destinés à des sites extérieurs, une destination qui, vu notre climat, n'a guère favorisé la réalisation d'ensembles très élaborés (voir nos 41 et 42).

D'après les paiements notés dans le livre des comptes de la fabrique, l'ensemble de Saint-Casimir aurait été réalisé à la fin de l'année 1899 et au début de l'année suivante. Il s'agirait donc du premier de ces importants ensembles livrés par le sculpteur de Sainte-Anne. Contrairement à celui de Jonquière qui constitue un ensemble thématique très cohérent comprenant un *saint Dominique* et les *quatre évangélistes*, le groupe de Saint-Casimir se compose du saint patron de la paroisse et, reliés aux grandes dévotions de l'époque, d'une *sainte Anne*, d'un *saint Jean-Baptiste*, d'un *saint Joseph* et d'une *Notre-Dame de Lourdes*. De plus, alors que les statues de Jonquière sont étalées sur la façade principale de l'église, celles de Saint-Casimir sont dispersées sur trois élévations différentes : le saint patron couronne la principale tandis que les quatre autres personnages sont abrités par les deux niches qui ornent la façade de chacun des bras du transept. Signalons enfin que les oeuvres en bois peint monochrome de Saint-Casimir ne sont pas recouvertes de métal, en quoi Jobin a dérogé à la pratique qui était la sienne lorsqu'il sculptait des statues destinées à être exposées en plein air.

Ill. 21a. ***Saint Jean-Baptiste enfant*** *signé (sur la base, à droite) : « L. JOBIN », vers 1885. Bois monochrome, 158 cm. Coll. M. Luc Lacoursière, Beaumont.* (Photo Patrick Altman, Musée du Québec).

Le *saint Jean-Baptiste* de la façade nord du transept constitue l'oeuvre la plus intéressante de l'ensemble statuaire de Saint-Casimir. Le patron des Canadiens-français est représenté en prophète et prêcheur, une image courante en sculpture québécoise. Pieds et torse nus, saint Jean-Baptiste est vêtu d'une mélote en poils de chameau qu'il portait dans le désert. L'index et le majeur droits pointés vers le ciel, le dernier des prophètes tient de la main gauche une longue croix en roseau ornée d'une banderole. L'oriflamme porte l'inscription « ECCE AGNUS DEI » (« Voici l'agneau de Dieu »), paroles par lesquelles le Baptiste avait salué l'arrivée du Messie. Enfin, attribut habituel du Précurseur, un agneau est couché à ses pieds.

Jobin a aussi traité le thème du saint Jean-Baptiste aux églises de l'Anse Saint-Jean (1883), de Saint-Paul-de-Chester (1897), de Saint-Georges de Beauce (1902), de Sainte-Perpétue-de-Nicolet (1913) et de Saint-Léonard d'Aston (1922). Comme l'église de l'Anse Saint-Jean, l'ancienne École du meuble à Montréal possédait une statue du Précurseur, polychrome et de petit format, signée et datée de 1883. Tous ces *saint Jean* portent une croix et indiquent le ciel. L'usage de l'agneau et de l'oriflamme reste facultatif. Sans mentionner le destinataire de l'oeuvre, Jobin inscrivit dans son carnet de comptes, en 1914, la commande d'un « Saint Jean Baptiste montrant l'agneau de ses doigts – croix dans la main gauche ». La statue de Saint-Casimir semble donc constituer une synthèse de ces diverses représentations. Signalons enfin que Jobin réalisa vers 1885, pour un notaire de Saint-Michel de Bellechasse, un *saint Jean-Baptiste enfant* aujourd'hui propriété de monsieur Luc Lacoursière de Beaumont. Un élément de cette représentation permet d'identifier clairement le patron des Canadiens-français : le saint Jean tient une oriflamme avec l'inscription « Dieu et Patrie ».

Bibliographie

Archives de la fabrique Saint-Casimir : *Livre de comptes, 1889-1906*, p. 147, 154 et 256; GINGRAS, *Saint-Casimir (Portneuf)*, 1972, p. 103.

Collection

Fabrique Saint-Casimir, Saint-Casimir de Portneuf.

22.
Education de la Vierge, 1877.

Bois décapé, 161 × 62 × 48 cm.
Inscriptions (sur la base, au centre): « STE ANNE «; (à droite): « L. JOBIN/QUÉBEC/1877 »; (à gauche): « Présentée par les paroissiens/citoyens de ST Sauveur/le 7 out 1877 ».

On a longtemps prétendu que Louis Jobin ne signait que très rarement, sinon pas du tout, ses oeuvres. Comme dans le cas de dizaines d'autres pièces de Jobin, le groupe de l'*Éducation de la Vierge*, aujourd'hui conservé au Musée de la basilique de Sainte-Anne-de-Beaupré, permet de contredire cette allégation. L'oeuvre porte en effet la signature « L. JOBIN/QUEBEC/1877 ». En outre, une inscription indique qu'elle fut offerte cette année-là au sanctuaire de Sainte-Anne par les citoyens de la paroisse de Saint-Sauveur de Québec. Le 15 septembre 1877, le *Daily Telegraph* de la vieille capitale fit état de ce don au célèbre lieu de pèlerinage:

> Statue de sainte Anne. – Deux citoyens de Saint-Sauveur, MM. Ignace Beaupré et David Létourneau, ont eu l'idée d'acheter une grande statue de sainte Anne et de l'offrir à l'église consacrée à cette sainte à Beaupré. La statue, qui sera superbe, proviendra de l'atelier de M. Jobin. Une liste des souscripteurs sera placée à l'intérieur de la statue. On projette de faire un pèlerinage à Sainte-Anne le 7 octobre et de presenter l'image au curé, le révérend père Gauvreau. Si les recettes devaient excéder les dépenses, la différence serait distribuée aux pauvres au cours de l'hiver. *(Traduction).*

Comme le montrent des photographies prises par Edgar Gariépy au début du siècle, le groupe de l'*Éducation de la Vierge* était à l'origine monochrome. De plus, l'ex-voto occupait un emplacement privilégié au sanctuaire de Sainte-Anne, en l'occurence une niche ouvragée placée au-dessus du retable de la chapelle commémorative.

À l'instar du culte à saint Joseph (nº 8) et à la Sainte Famille (nº 46), la dévotion à sainte Anne jouissait en ce tournant du siècle d'un regain de popularité, suscitant la production d'une grande variété d'images sculptées, peintes, gravées ou brodées. Ex-voto en reconnaissance à la « Grande thaumaturge canadienne », les dons de statues ou de tableaux de sainte Anne étaient chose courante il n'y a pas si longtemps encore. Commandées à la suite de l'expression d'un voeu ou pour

Ill. 22a. *Vue du choeur de la chapelle commémorative de Sainte-Anne-de-Beaupré avec l'**Éducation de la Vierge** peinte en blanc.* (Photo Edgar Gariépy; M.A.C.Q., Fonds Gérard-Morisset, nég. n° 6976.A-12).

faveur obtenue, ces images de la Mère de la Vierge étaient offertes à des églises, à des chapelles, à des communautés religieuses ou, plus communément, à des sanctuaires érigés en son honneur. Par exemple, le 14 juin 1888, les journaux de Québec rapportèrent qu'un dénommé Jean Richard, peintre du faubourg Saint-Jean, avait fait don à l'église de Saint-Ubald de Portneuf « d'une magnifique statue de la bonne sainte Anne, pour la remercier d'une faveur obtenue par l'intercession de la grande thaumaturge. Cette statue, qui a fait l'admiration de tous ceux qui l'ont vue, a été sculptée par M. Jobin, artiste bien connu de Saint-Jean, Québec. »

Comme l'évoque cet entrefilet, Jobin exploita la ferveur populaire suscitée par la patronne du Canada français. On ne lui connaît pas moins d'une trentaine de représentations de la thaumaturge partagées en deux types: celui de la sainte Anne tenant dans son bras la Vierge enfant (fig. 43) et celui où elle enseigne à Marie les Saintes Écritures. La statue offerte en 1877 au fameux sanctuaire se rattache à la catégorie de l'« Éducation de la Vierge ».

Le groupe présente sainte Anne âgée apprenant à la jeune Marie les Saintes Écritures. La fillette tient en effet un parchemin dont elle lit attentivement un passage que lui indique sa mère de l'index droit. Sainte Anne regarde aussi le parchemin déroulé, la main gauche appuyée sur l'épaule de la Vierge. Le sanctuaire de la Côte de Beaupré conserve un autre groupe signé par Jobin en 1877 et qui reprend le modèle, à cette différence près que le parchemin est remplacé par un livre. Le sculpteur exploita aussi une autre version de la scène dans laquelle sainte Anne tient elle-même le livre ou le parchemin que regarde une Marie qui a de son côté les bras croisés sur la poitrine. Jobin livra de tels groupes à Beaumont, à Cap-Santé, à Chicoutimi-Nord (maintenant au Musée du Saguenay-Lac-Saint-Jean), à East-Broughton et à Neuville. La plus spectaculaire de ces *Éducation de la*

Vierge demeure toutefois le groupe que Jobin façonna en 1879 pour l'église de Saint-Henri de Lévis (voir n°s 38-40 et 19).

À l'atelier de Sainte-Anne-de-Beaupré, il va sans dire que la proximité du sanctuaire valut à Jobin de nombreuses commandes. Ainsi, les rédemptoristes acquirent une sainte Anne en 1924 pour leur église de Sainte-Anne-des-Chênes au Manitoba. Cependant, les commandes de statues ou de groupes de Sainte-Anne furent surtout celles de pèlerins et de touristes américains venus d'aussi loin que Grand Rapids au Michigan (1903), Ashland au Wisconsin (1918) et Lake Wales en Floride (1913 et 1922).

Bibliographie

The Daily Telegraph, 15 septembre 1877, p. 1; MARQUIS, « Louis Jobin », 1968, p. 30.

Collection

Musée de la basilique de Sainte-Anne-de-Beaupré.

23.
Saint Calixte, 1883 (?).

Bois polychrome,
163 × 56 × 50 cm.
Inscriptions
(sur la base, avant):
« ST- CALIXTE »;
(arrière): « L. JOBIN ».

En plus du superbe *ange à la trompette* du buffet d'orgue (n° 34), l'église Saint-Calixte de Plessisville renferme une autre statue de Jobin représentant, celle-là, le patron et titulaire de la paroisse, *saint Calixte*. Cette statue en bois polychrome soulève de sérieuses questions de datation même si les livres de la fabrique, au 21 janvier 1883, font état de la commande d'un *saint Calixte*:

> Que pour l'honneur du Patron de cette paroisse, et aussi pour la symétrie des travaux, le paragraphe suivant soit ajouté au devis, une augmentation [...] étant allouée au dit Mr Cyrias Ouellet pour cette addition à l'entreprise.
>
> Clause à ajouter au devis: Dans le chassis voisin de l'autel de la Ste Vierge, en face de l'autel Ste Anne, sera fait, en l'honneur de St Calixte, une niche en tout semblable à celle de Ste Anne, avec mêmes ornements dans le haut des chassis. En avant de la tablette du chassis sera fait une petite corniche appuyée sur des pilastres: la statue de St Calixte sera en bois, décorée dans le genre de celle de Ste Anne, et fournie par l'entrepreneur.

Que l'entrepreneur soit le commanditaire de la statue expliquerait le silence des archives sur le nom du sculpteur exécutant. Mais, suite à cet ajout au devis de construction, il est probable que le *saint Calixte* ait été commandé à Jobin par Cyrias Ouellet en cette année 1883. Cependant, une quinzaine d'années plus tard, l'église de Plessisville fut détruite par un incendie et il est douteux que la statue ait pu être sauvée du sinistre. Quoi qu'il en soit, les livres de comptes de la fabrique ne font pas mention de l'achat d'un autre saint Calixte en bois.

Fondateur de la basilique Santa Maria in Trastevere, saint Calixte aurait été pape de 217 à 222. Cet esclave affranchi avait été choisi comme diacre par le pape Zéphirin. Mis en prison, saint Calixte aurait guéri un soldat et baptisé plusieurs païens avant d'être lui-même jeté dans un puits avec une pierre au cou. Il n'est pas étonnant que ses attributs usuels soient une meule attachée à son cou ou le puits au fond duquel il fut précipité. Le *saint Calixte* de Jobin n'est pas représenté avec ces éléments mais plutôt avec ce qui pourrait être un livre ou un coffret richement orné. Chaussé de sandales, il porte une calotte papale ainsi qu'une chasuble dont la bordure est brodée de nombreux motifs ornementaux.

Ce type de commandes provenait de dévotions à un patron personnel ou à un protecteur de paroisse (n° 30). Jobin eut ainsi à réaliser des dizaines de statues généralement destinées à des façades d'église: un *saint Zéphirin* à Courval (1904), un *saint Athanase* à Iberville (1914), un *saint Albert* à Victoriaville (1916), un *saint Cyrille* à Normandin (1917), un *saint Frédéric* à Drummondville (1922), un *saint Philibert* en Beauce (1922), un *saint Janvier* à Weedon (1923), etc. Il va sans dire que pour façonner des saints qui faisaient l'objet d'un culte aussi peu courant qu'inusité, le sculpteur se devait de posséder une bonne connaissance de l'iconographie religieuse. Que ce soit pour les physionomies, les costumes ou les accessoires particuliers des personnages, Jobin ne pouvait que puiser à des sources visuelles très diversifiées. Le statuaire gardait à cette fin, dans son atelier, des Vies illustrées de saints et des Albums de statues religieuses édités par les grandes manufactures étrangères (fig. 48b).

Bibliographie

Archives de la fabrique Saint-Calixte: *Comptes et délibérations, 1877-1900*, p. 66-67.

Collection

Fabrique Saint-Calixte, Plessisville.

24.
***Sainte Jeanne de Chantal*,**
vers 1909 (?).

Bois polychrome, 158 × 47 × 36 cm.

Comme les paroisses de Saint-Charles de Bellechasse (voir nos 18 et 20) et de Notre-Dame-de-Foy (voir no 31), le village de Pont-Rouge reçut à diverses reprises des statues provenant de l'atelier de Jobin. La paroisse du comté de Portneuf n'était-elle pas le lieu d'origine du sculpteur? Ainsi, en 1876 et à la suite d'une faveur obtenue, Augustin Brousseau commanda à Jobin une *Éducation de la Vierge* pour la petite chapelle qu'il érigea en l'honneur de sainte Anne dans le rang du Petit-Capsa. Destinées au cimetière paroissial, Jobin signa en 1884 trois statues qui sont maintenant conservées à Ottawa: un *saint Joseph* au Musée national de l'Homme, un *saint Pierre* et un *saint Paul* au Musée des beaux-arts du Canada. Ces représentations des Princes des apôtres sont considérées comme des oeuvres majeures (fig. 16). Au même endroit Jobin livra aussi, en 1890, un *calvaire à trois personnages* dont deux statues sont aujourd'hui la propriété du Musée des beaux-arts de Montréal. En 1920-1922, il façonna encore un *Sacré-Coeur de Montmartre* ainsi que deux autres *calvaires* pour des rangs de la paroisse.

L'intérieur de l'église de Pont-Rouge abrite deux autres statues attribuées à Jobin, un *saint Tarcisius* et une *sainte Jeanne de Chantal*, sur lesquelles on ne trouve rien dans les archives paroissiales. À l'origine, ces deux statues polychromes et grandeur nature se faisaient pendant aux tribunes nord et sud du transept de l'église. Selon ce qui a été rapporté à Marius Barbeau, Jobin aurait donné ces deux oeuvres à la fabrique, vraisemblablement lors des travaux d'agrandissement de l'édifice vers 1909. Ce don expliquerait le silence des archives de la fabrique.

Sainte Jeanne de Chantal est la patronne et titulaire de la paroisse de Pont-Rouge. Baronne de Rabutin-Chantal, Jeanne-Françoise Frémyot naquit à Dijon en 1572. Devenue veuve assez tôt, elle se consacra, sous la direction de François de Sales, à des oeuvres de charité. En 1610, sainte Jeanne fonda à Annecy le premier couvent de l'Ordre de la Visitation. Décédée à Moulins en 1641, elle fut béatifiée en 1751 et canonisée en 1767.

Ill. 24a. *Vue de la* ***sainte Jeanne de Chantal*** *dorée.*
(Photo M.A.C.Q., nég. no 75.2367(35)23).

Jobin représente sainte Jeanne vêtue de l'habit de l'ordre des visitandines qu'elle fonda. Les mains croisées sur la poitrine, la religieuse tient un crucifix, son attribut habituel. À l'origine polychrome, la statue fut dorée vers 1955, puis repeinte de couleurs naturelles il y a quelques années par la maison Barsetti de Québec. Une photographie prise en 1975 nous fait comprendre quels effets visuels différents peuvent produire le revêtement polychrome ou la finition dorée d'une même oeuvre.

Comme dans le cas de nombreux saints masculins (voir no 23), Jobin exécuta des représentations originales de saintes patronnes elles aussi peu familières. Donnons pour exemple, une *sainte Geneviève* à Lévis (1887), une *sainte Anastasie* à Lyster (1909), une *sainte Pudentienne* à Roxton-Pond (1913), une *sainte Sabine* à Sainte-Sabine d'Iberville (1913), une *sainte Luce* à Disraéli (1925), etc.

Bibliographie

BARBEAU, *Louis Jobin statuaire*, 1968, p. 57.

Collection
Fabrique Sainte-Jeanne-de-Chantal, Sainte-Jeanne-de-Pont-Rouge.

25.
Sainte Bernadette, 1920.

Ill. 25a. *Louis Jobin à l'âge de 80 ans avec la **sainte Bernadette** peinte en blanc.* (Photo Marius Barbeau, 1925; M.N.C.O., Coll. Marius-Barbeau, nég. n° 66272).

Bois décapé, 80 × 41 × 49 cm.

Conservée dans les réserves de Parcs Canada à Québec, cette *sainte Bernadette* décapée n'apparaît pas dans la liste des objets recensés ou achetés par Marius Barbeau dans l'atelier de Jobin. Il s'agit pourtant de la sculpture qu'on aperçoit sur l'une des photographies prises du sculpteur par l'ethnographe en 1925. Par ailleurs, cinq ans plus tôt, Jobin avait inscrit dans son carnet de comptes cette commande pour F.-P. Gauvin, fabricant d'ameublement liturgique et détaillant d'objets religieux: « Statue Bernadette/2½ pds en bois peint/en blanc $ 30.00/livrable 20 juillet .../Mr F.P. Gauvin/Québec ». Dans son livret de commandes, Jobin avait pris l'habitude d'indiquer la mention « Payé » à côté des notes sur les nombreuses oeuvres qu'il livrait à Gauvin. Comme on ne trouve pas cette indication avec la commande de la *sainte Bernadette*, il y a tout lieu de croire que celle-ci ne parvint jamais à son destinataire. Vu ses dimensions et son revêtement, la *sainte Bernadette* de Parcs Canada serait donc l'oeuvre commandée par Gauvin et apparaissant sur la photographie.

Cette *sainte Bernadette* a dû être conçue pour faire partie d'un groupe incluant une représentation de *Notre-Dame de Lourdes* (voir n° 18). Âgée de 14 ans, Bernadette Soubirous avait assisté dans la grotte de Lourdes, en 1858, à plusieurs apparitions de la Vierge. En 1866, la bergère des Pyrénées se cloîtra à Nevers. Elle y mourut en 1879. Béatifiée en 1925, elle fut canonisée en 1933.

Inspirée de l'imagerie saint-sulpicienne, la *sainte Bernadette* de Jobin est représentée en petite paysanne. Elle tient un bâton et est en train d'égrener un chapelet.

Bibliographie

Archives du Musée McCord: *Livre de comptes de L. Jobin, n° 21608*, p. 3; BARBEAU, *Louis Jobin statuaire*, 1968, p. 81 et 113 (repr.).

Collection

Gestion des collections, Parcs Canada, région du Québec (n° EC.64.11).

26 et 27.
Anges adorateurs, 1890.

Bois doré, *ange aux mains jointes*, 112 × 33 × 40 cm; *ange aux bras croisés*, 114 × 34 × 33 cm.
Inscriptions (sur les bases, à droite): « L. JOBIN/90 » et « L.J. ».

Il est possible que ces deux *anges adorateurs* datés de 1890 aient remplacé d'anciens *anges* acquis par la fabrique de Saint-Augustin en 1848. Les deux *anges adorateurs* de Jobin sont conçus pour se faire pendant de chaque côté du maître-autel de l'église. Placés sur des piédestaux, ils ne sont toutefois pas intégrés au meuble. Ce type d'*anges adorateurs debout* a donné lieu à diverses versions aux maîtres-autels des églises de Sainte-Croix de Lotbinière et de Vaudreuil, de la chapelle du Sacré-Coeur de l'église Notre-Dame et de l'ancienne chapelle Notre-Dame-des-Anges à Montréal. L'aspect donné aux *deux anges debout*, l'un les mains jointes, l'autre les bras croisés, et le choix du lieu auquel on les destinait sont dans la tradition de ceux des *anges adorateurs agenouillés* qu'on voit depuis le début du XVIIIe siècle de chaque côté du maître-autel (voir n° 30). Signalons aussi que Jobin façonna pour les églises de Beauceville (1890) et de Notre-Dame de Jacques-Cartier à Québec (1884) des *anges* tenant des candélabres ou des banderoles destinés à se faire pendant de part et d'autre d'un maître-autel (voir n°s 32 et 33).

Les deux *anges adorateurs* de Saint-Augustin comptent parmi les oeuvres les plus délicates de Jobin. Ces deux enfants, charmants et gracieux, amorcent un mouvement de marche en prenant appui sur leur pied. Joufflus et bouclés, ils sont vêtus d'une courte tunique attachée aux épaules par des fibules. Le fin tissu de leur vêtement, et particulièrement celui de la tunique de l'enfant aux mains jointes, forme un drapé aux plis chiffonnés, tantôt courbes, tantôt verticaux.

Selon un système de construction établi au tournant du siècle précédent, Jobin a sciemment appliqué aux deux personnages le canon des proportions de « cinq têtes ». À cet égard, on trouve dans le Fonds Marius-Barbeau des Archives nationales du Québec, à Montréal, un texte manuscrit de Jobin sur les proportions du corps humain. Ce texte présente un grand intérêt puisqu'il s'agit non seulement de l'un des rares manuscrits de Jobin à nous être parvenus, mais aussi du seul écrit théorique qu'on lui connaisse. La fin de ce texte, spécialement consacrée au canon de proportions pour les enfants, s'applique aux deux *anges* de saint Augustin : « Chez les enfants – le corps a généralement 3 fois la longueur de la tête depuis le haut de celle-ci jusqu'à l'aine – 2 têtes depuis ce point jusqu'à la plante des pieds. ½ tête entre les épaules 1 tête entre les hanches. »

Jobin a laissé peu de représentations enfantines si ce n'est qu'accessoirement et pour certains de ses groupes comme l'*Éducation de la Vierge* (n° 22) ou l'*Ange-Gardien*. Les seuls autres *anges enfants* qu'on lui connaisse sont les deux jeunes figures qu'il exécuta en 1879 pour accompagner la *Notre-Dame des Laurentides*. Les deux enfants rendent hommage à la « Vierge canadienne » en lui présentant, l'un une couronne de feuilles d'érable, l'autre une banderole avec l'inscription « Religion et Patrie » (voir aussi ill. 21a).

Bibliographie

BÉCHARD, *Histoire de la paroisse* ..., 1885, p. 214 ; EAST, « Saint-Augustin de Portneuf », 1934, p. 5 ; BARBEAU, *Louis Jobin statuaire*, 1968, p. 136 (repr.).

Collection

Fabrique Saint-Augustin, Saint-Augustin-de-Desmaures.

28.
Ange à l'étendard dit
« Ange des pèlerins », vers 1905.

Bois décapé, 221 × 100 × 85 cm.
Inscription (sur l'étendard): « Vers son sanctuaire/Depuis deux cents ans/la Vierge à sa mère/Conduit ses enfants ».

Ill. 28a. *Vue de l'**ange à l'étendard** peint en blanc placé dans le parc de la basilique de Sainte-Anne-de-Beaupré.* (Photo Marius Barbeau, 1925; M.N.C.O., Coll. Marius-Barbeau, nég. n° 66283).

Sainte-Anne-de-Beaupré, le célèbre lieu de pèlerinage, attirait à l'époque des visiteurs de tous les coins du Québec, du Canada anglais et même des États-Unis. Des curés, des supérieurs de communauté, des entrepreneurs et de riches américains faisaient souvent un détour par l'atelier de Jobin pour commander, qui un Sacré-Coeur ou une sainte Vierge, qui un calvaire ou un saint Joseph. Les responsables du sanctuaire de Sainte-Anne, les rédemptoristes, furent cependant parmi les premiers et les plus importants de ces clients. Ils acquirent au moins une vingtaine d'oeuvres destinées à divers endroits du parc, à l'intérieur de la basilique, aux jardins du monastère, etc. (fig. 39).

L'*ange à l'étendard* constitue, avec l'*ange au flambeau et à l'oriflamme* (n° 29), l'une des oeuvres majeures réalisées par Jobin pour les rédemptoristes. Son coût aurait été défrayé par une riche américaine. Cela expliquerait peut-être le fait qu'on ne trouve, dans les archives du monastère, aucun paiement concernant son acquisition. N'apparaissant pas dans les deux derniers livres de comptes du sculpteur, l'oeuvre devait avoir été réalisée entre 1896 et 1912, soit au cours des quinze premières années que Jobin passa à son atelier de Sainte-Anne.

L'*ange à l'étendard* ou l'*ange des pèlerins* ornait naguère l'entrée du parc de la basilique où étaient accueillis les nombreux visiteurs du lieu de pèlerinage. Il leur indiquait en quelque sorte le chemin du Sanctuaire. Il pointe en effet l'index droit dans la direction à suivre et porte un étendard sur lequel sont inscrites les premières lignes d'un cantique

Ill. 28b. ***Ange à l'étendard*** *signé (sur la base): « L. JOBIN ». Bois naturel, 66 cm. Coll. Musée des beaux-arts de l'Ontario, Toronto.* (Photo Musée des beaux-arts de l'Ontario, Toronto).

propre aux pèlerins, d'où la deuxième appellation: *ange des pèlerins*. Comme tant d'autres oeuvres de Jobin, l'*ange à l'étendard* fut décapé dans les années 1950.

La tradition rapporte que Jobin aurait exécuté la figure de son *ange* d'après nature, c'est-à-dire d'après un modèle vivant. Il s'agirait en l'occurence d'Étienne Parot, un séminariste de Sainte-Anne qui serait devenu par la suite père rédemptoriste. Ce serait donc là une des rares oeuvres de Jobin qui aurait été réalisée d'après un modèle bien identifié. Or il se trouve que le sculpteur façonna d'abord un modèle en bois de petites dimensions que Marius Barbeau remarqua dans l'atelier de Jobin en 1925: « modèle pour celui du parc .... Un juvéniste avait posé comme modèle ». Barbeau acquit d'ailleurs l'oeuvre pour l'Art Gallery of Ontario à Toronto. Il s'agit d'un travail préparatoire, d'un modèle original réduit (66 cm) et de facture sommaire composé et façonné par Jobin en vue de l'*ange des pèlerins*. C'est le cas le plus intéressant de maquette créée d'après nature par le sculpteur en vue d'une oeuvre définitive.

Bibliographie

POTVIN, « Louis Jobin ... », 1926, p. 37; 1927, p. 10; 1928, p. 84; BARBEAU, *Louis Jobin statuaire*, 1968, p. 109; MARQUIS, « Louis Jobin », 1968, p. 30; GAGNÉ et ASSELIN, *Sainte-Anne de Beaupré*, 1971, p. 69 (repr.); « Louis Jobin... », 1974, p. 313 (repr.); LEFEBVRE, *Le Guide du pèlerin*, 1974, p. 93; BAILLARGEON, *Votre visite au Sanctuaire* ..., 1978, p. 176.

Collection

Musée de la basilique de Sainte-Anne-de-Beaupré (n° 65).

29.
Ange au flambeau et à l'oriflamme, vers 1905.

Bois décapé, 189 × 130 × 35 cm.

Comme l'*ange des pèlerins* (n° 28), l'*ange au flambeau et à l'oriflamme* orna d'abord le parc de la basilique de Sainte-Anne comme le montre une photographie prise par Marius Barbeau en 1925. Plus tard, il fut placé sur une arche construite à l'entrée d'un chemin donnant sur un côteau, à Sainte-Anne toujours (M.N.C.O., nég. n°s 89270 et 93204). L'*ange au flambeau et à l'oriflamme* pose des problèmes de datation. Il n'est pas mentionné dans les livres de comptes des rédemptoristes ni dans les carnets de commandes de Jobin. On pourrait situer sa réalisation entre 1896 et 1912. Il n'est enfin pas exclu que le coût de cet *ange* ait lui aussi été défrayé par un autre bienfaiteur du sanctuaire.

Debout sur un globe, l'*ange* est représenté en action, les ailes déployées et les vêtements flottant au vent. Il élève un flambeau de la main droite et tient, de la gauche, une lance ornée d'une oriflamme.

L'*ange au flambeau et à l'oriflamme* est constitué, on le voit, d'un assemblage complexe de pièces sculptées. En fait, toutes les figures qui sont en action et dont les gestes s'étendent dans l'espace, de même que les oeuvres qui ont de grandes dimensions exigent divers procédés d'assemblage (voir, par exemple, les n°s 13, 28, 31-34, 39, 45, 59, etc.). Il en va de même de certaines oeuvres dont les personnages possèdent des attributs ou des accessoires particuliers (voir n°s 28, 30-34, 45, etc.).

Dans le cas de l'*ange* de Sainte-Anne, plusieurs attributs et éléments en extension ont été taillés séparément, puis rapportés au corps principal: les ailes, la lance à l'oriflamme, les deux sections du bras droit, les bandes de tissu flottant, etc. Jobin a ainsi monté et assemblé

Ill. 29a. *Vue de l'**Ange au flambeau et à l'oriflamme** peint en blanc placé dans le parc de la basilique de Sainte-Anne-de-Beaupré.* (Photo Marius Barbeau, 1925; M.N.C.O., Coll. Marius-Barbeau, nég. n° 66280).

par pénétration ou combinaison de sections les différentes parties qu'il avait sculptées. Selon le cas, cette opération s'effectue à partir de divers procédés de collage ou d'agrafage et selon diverses méthodes d'embouvetage: chevilles, tenons et mortaises, etc. Avant d'entreprendre la finition de l'oeuvre, le sculpteur bouche les fentes et les perforations avec des flipots de bois ou avec du mastic. Les joints et les fissures sont finalement cachés par la couche d'apprêt précédant le revêtement peint ou doré.

Comme l'*ange des pèlerins* (n° 28) et les statues de Montmagny (n°s 41 et 42), l'*ange au flambeau et à l'oriflamme* était jadis monochrome, peint en blanc. Ce type de revêtement donnait l'impression d'une certaine richesse, son aspect imitant celui des oeuvres taillées dans un matériau plus noble comme le marbre. L'*ange* monochrome fut malheureusement décapé et laissé au bois naturel. Cette opération irréversible date d'une époque somme toute assez récente où l'ignorance et les jugements de goût ou de valeur avaient encore leur place non seulement chez les collectionneurs et les antiquaires mais également dans nos institutions muséales (voir n°s 13, 16, 18, 22, 58, etc.). Il va sans dire que de telles « restaurations » radicales détruisent tout l'impact visuel que le sculpteur avait originellement souhaité produire avec son oeuvre (voir n° 24).

Bibliographie

POTVIN, « Louis Jobin ... », 1926, p. 37; 1927, p. 10; 1928, p. 84; MARQUIS, « Louis Jobin », 1968, p. 30; LEFEBVRE, *Le guide du pèlerin*, 1974, p. 92; BAILLARGEON, *Votre visite au sanctuaire*, 1978, p. 175.

Collection

Musée de la basilique de Sainte-Anne-de-Beaupré (n° 54).

30.
***Saint Michel*, 1894.**

Voir reproduction en couleurs, p. 93

Bois polychrome, 195 × 50 × 65 cm.
Inscription (sur l'oriflamme): « Parce Domine/Parce Populo Tuo ».

Au début de l'année 1894, l'architecte David Ouellet, de Québec, soumit à la fabrique de Saint-Michel de Bellechasse un devis accompagné d'un plan pour la construction du maître-autel de l'église paroissiale. Aux points quatre et cinq de son devis descriptif, Ouellet prévoyait l'intégration de sept statues à l'ouvrage:

> 4. La statue de couronnement, (St Michel triomphant) fournie par la Fabrique – Les deux anges de couronnement des ailes fournis par l'entrepreneur. Aussi les deux petites statues dans les niches. Les statues seront en bois ou en carton Romain – finies en décor demi riche, ou dorées complètement pour correspondre à l'autel.
>
> 5. Les deux anges adorateurs de chaque côté de l'autel seront aussi fournis par la Fabrique mais les bases pour les porter seront faites à même l'autel.

Dans un supplément à son devis daté du 12 février, l'architecte parlait d'une huitième statue: un *Bon Pasteur* en bois pour la niche centrale du maître-autel (n° 4). Bien que soient notées la présence d'un *saint Pierre* dans la niche gauche et celle d'un *saint Paul* dans la droite, le projet dessiné par Ouellet montre seulement les cinq *anges* prévus dans le devis descriptif: un *saint Michel*, deux *anges à l'oriflamme* et deux *anges adorateurs*.

Le 17 février suivant, Ouellet va encore en soumission, cette fois pour l'exécution proprement dite des travaux de construction. L'architecte accepte de fournir les statues. Il propose deux choses: ou bien les statues seront importées de Paris et faites de bois ou de « carton romain », ou bien elles seront en bois et réalisées à Québec. Ouellet spécifie que les *anges* devraient être en « décor riche ou mi-riche » et les autres statues dorées à la colle. Selon les coûts inscrits dans la soumission, une statue importée de Paris aurait coûté nettement plus cher que si elle avait été fabriquée dans la vieille capitale. Par exemple, un *saint Michel* en bois « décor riche » revenait à 225 $ importé de France, et à 105 $ réalisé au Québec.

Quoi qu'il en soit, le 18 février Ferdinand Villeneuve fit lui aussi une proposition. Cette soumission, plus basse que celle d'Ouellet, fut retenue par la fabrique de Saint-Michel puisqu'une entente pour la confection du meuble fut conclue entre l'entrepreneur et le curé de la paroisse. Il est spécifié dans cette entente écrite que « les cinq statues fournies par l'entrepreneur devront être en bois et faites par M. Jobin statuaire et richement décorées ». D'après le devis d'Ouellet, les cinq statues devaient être deux *anges à l'oriflamme*, un *saint Pierre* et un *saint Paul* ainsi qu'un *Bon Pasteur*. Quant aux trois statues fournies par la fabrique, le *saint Michel* et les deux *anges adorateurs*, deux reçus signés de la main de Jobin les 6 avril et 5 juillet 1894 nous confirment qu'elles lui furent également commandées. Deux autres paiements datés du 9 juillet et du 3 août nous apprennnent par ailleurs que la décoration des trois statues avait été confiée à Michele Rigali de Québec. Ce statuaire mouleur italien offrait un vaste assortiment de statues religieuses et exécutait aussi des « décorations en tous genres ». C'est néanmoins Jobin qui sculpta l'ensemble des statues des plans et devis d'Ouellet. Il s'agirait d'ailleurs là du seul ensemble statuaire exécuté par le sculpteur pour un maître-autel.

La série de documents conservés aux archives de la fabrique est riche de données et de renseignements de toutes sortes sur le métier de sculpteur et sur le processus de création au tournant du siècle. On y trouve des informations sur la relation existant entre le commanditaire, l'architecte-concepteur, l'entrepreneur-exécutant, le statuaire et le peintre-décorateur sous-contractants, sur la spécialisation des divers intervenants et sur leur collaboration, sur la concurrence étrangère (importations françaises) ou locale (statuaire-modeleur italien), etc.

En raison du plan établi par l'architecte, il s'agit certes d'un ensemble statuaire concerté mais non tout à fait homogène comme c'est le cas dans la chapelle extérieure du Séminaire de Québec (n°s 35-37) ou sur la façade de l'église de Montmagny (n°s 41 et 42). L'ensemble composite, voire éclectique présente, aux plans thématique et formel, une certaine hiérarchie entre les divers éléments statuaires en regard de leur intégration au décor du maître-autel. En effet, le format et la finition de chacune des oeuvres sont dépendants de leur emplacement dans le cadre architectural. Accompagné de deux *anges à l'oriflamme*, l'archange *saint Michel* est placé au sommet de l'autel. Occupant la niche centrale, le *Bon Pasteur* est flanqué de *saint Pierre* à sa gauche et de *saint Paul* à sa droite. Deux *anges adorateurs* complètent l'ensemble en se faisant pendant de chaque côté du maître-autel (voir n°s 26 et 27). Ces diverses composantes décoratives constituaient en quelque sorte la synthèse de certaines des conceptions qu'on se faisait à l'époque des maîtres-autels.

Ill. 30a. *Vue du maître-autel de l'église de Saint-Michel de Bellechasse.* (Photo Patrick Altman, Musée du Québec).

Ill. 30b. *Plan de David Ouellet pour le maître-autel de l'église de Saint-Michel de Bellechasse. Archives de la fabrique de Saint-Michel de Bellechasse.* (Photo Guy-A. Roy, M.A.C.Q., nég. n° 85.087(35)20).

Couronnant le maître-autel, le *saint Michel*, patron et protecteur de la paroisse, se trouve être la statue la plus élaborée de l'ensemble. Vu de la nef, il se détache sur un trophée sculpté en relief, placé au chevet du choeur et affectant la forme d'un écusson. Il s'agit dans les faits d'un cas remarquable d'intégration d'une statue à un décor architectural : le saint paraît auréolé ou couronné, voire enveloppé par les divers ornements sculptés du chevet. Le thème retenu pour l'archange est celui d'un *saint Michel triomphant* tel que proposé dans le devis d'Ouellet. Debout sur un globe, le chef de la milice céleste est représenté vêtu d'un costume militaire à l'antique : cuirasse, jupe, cape et sandales. Il tient une oriflamme de la main gauche et une épée flamboyante de la droite. Il s'agit de la plus grande statue de l'ensemble. Elle est celle qui présente la finition la plus poussée. La décoration « riche » effectuée par Rigali ajoute à l'importance du personnage, soit une polychromie de couleurs naturelles rehaussée de motifs en filigrane dorés sur la cuirasse et sur la jupe.

C'est le seul *saint Michel* que Jobin exécuta selon le type iconographique de l'archange triomphant et l'un des rares connus en sculpture québécoise. Toutes ses autres représentations de l'ange victorieux font état d'un *saint Michel terrassant le dragon* très actif et mouvementé. Il en est ainsi des statues qu'il livra à Saint-Pascal de Kamouraska vers 1892, à Sainte-Foy en 1908 (n° 31), à Yamaska en 1909, aux Chûtes-à-Blondeau en 1913, à Saint-François-du-Lac en 1923, etc. Le traitement habituel de ce *saint Michel* n'est d'ailleurs pas sans pouvoir être rapproché de celui du *saint Georges terrassant le dragon* (voir n°s 1 et 45).

Bibliographie

Archives de la fabrique Saint-Michel : *n° 123, Boîte VII, Travaux à l'église et au presbytère* et *Reçus de fabrique*.

Collection

Fabrique Saint-Michel, Saint-Michel de Bellechasse.

31.
***Saint Michel*, 1908.**

Bois recouvert de cuivre, 323 × 195 × 140 cm.

L'ancienne église Notre-Dame de Foy, à Sainte-Foy, était le lieu, avant l'incendie de 1977, d'une intéressante concentration d'oeuvres de Jobin. En effet, le temple abritait une *sainte Vierge* (1878), une *sainte Anne* (1886) et un *Sacré-Coeur* (non daté), cela, sans compter le *calvaire* érigé dans le cimetière en 1878. Sur la façade du temple paroissial, une *Notre-Dame de Foy* ornait la niche centrale alors qu'un *saint Michel* et un *Sacré-Coeur de Montmartre* couronnaient les piédestaux situés aux angles de l'élévation. Si toutes les statues intérieures périrent dans le désastre de 1977, celles de la façade furent heureusement sauvées et entreposées, le lendemain du sinistre, dans les réserves du Musée du Québec.

C'est au printemps 1908 que Louis Jobin reçut du chanoine Henri-Arthur Scott la commande de deux statues destinées à se faire pendant sur la façade de l'église de Sainte-Foy. Le 16 avril, le sculpteur de Sainte-Anne écrivit au curé pour lui demander de venir le voir afin qu'il puisse lui montrer des modèles. Dans une deuxième lettre datée du 7 mai, Jobin annonça à l'abbé Scott qu'il prévoyait terminer les statues vers la mi-juillet. Il ajoutait qu'il aurait à donner quelques précisions à l'ouvrier de la fabrique sur les moyens de fixation prévus pour ancrer les statues en place. Le travail sera effectivement achevé au milieu de juillet puisque Jobin, le 13 de ce mois, adressa encore une lettre au curé au sujet du système d'ancrage des statues : des barres de fer de « 2¼ pouces » de diamètre qui devront sortir du piédestal de « trois ou quatre pieds ».

Une dizaine d'années plus tard, Jobin inscrivit sommairement dans son premier carnet de comptes la commande de la dernière statue qu'il livra à l'abbé Scott : une *Notre-Dame de Foy* de 1,80 m (6 pieds), recouverte en cuivre et au coût de 150 $.

Contrairement au *saint Michel triomphant* de Saint-Michel-de-Bellechasse (nº 30), celui de Sainte-Foy est représenté en action, terrassant un Lucifer. Les ailes déployées et vêtu d'un costume de milicien, l'archange brandit une lance

Ill. 31a. *Vue du **saint Michel** placé à l'angle gauche de la façade de l'église de Sainte-Foy.* (Photo Gérard Morisset, 1961; M.A.C.Q., Fonds Gérard-Morisset, nég. n° 14925.H-1).

en direction d'un démon anthropomorphe couché à ses pieds. Tournant la tête et grimaçant, le Malin se protège la figure d'une main en se défendant avec une fourche de l'autre. À en juger par l'assurance du *saint Michel* victorieux, l'issue du combat est parfaitement prévisible. Cette vision manichéenne de la lutte entre les forces du bien et celles du mal trouve sa résonnance dans le *saint Georges terrassant le dragon* (voir n°s 1 et 45).

Le *Sacré-Coeur* et le *saint Michel* de Sainte-Foy sont tout à fait représentatifs de la production de Jobin à Sainte-Anne: une statuaire religieuse de grand format et recouverte de métal, destinée donc à être exposée en plein air. L'en-tête des lettres de Jobin au curé Scott vante d'ailleurs la spécialité qui était devenue celle du sculpteur dans son dernier atelier: le revêtement métallique conçu à l'épreuve de toute intempérie (n° IX).

Le procédé du repoussé-estampé consiste à frapper des feuilles de métal pour leur faire épouser plus ou moins exactement les formes d'un support en bois. Les feuilles de cuivre ou de plomb martelées sur l'âme en bois sont fixées sur le modèle à l'aide de clous ou de rivets, et assemblées entre elles par soudure (voir n°s 43 et 44). Une fois fixées et assemblées sur le modèle en bois, le sculpteur peut y graver des motifs divers, les écailles de la cuirasse et les plumes des ailes dans le cas présent (voir aussi n° 45).

Destinées au sommet de la façade de l'église, il fallait que les deux statues soient recouvertes en métal et de très grandes dimensions. L'emplacement commandait aussi qu'elles puissent être bien perçues d'en bas, qu'elles soient d'une facture plutôt sommaire et d'un modelé aux plans larges. Aujourd'hui détachées de leur contexte originel, le *Sacré-Coeur* et le *saint Michel* présentent une monumentalité, voire une massivité des plus impressionnantes (voir n°s 41 et 42).

Jobin s'était acquis une solide réputation de sculpteur d'oeuvres monumentales commandées en fonction d'emplacements particuliers. Il réalisa ainsi un nombre important de statues dont les dimensions dépassaient les 3,50 mètres. Parmi les plus spectaculaires, signalons un *Sacré-Coeur* pour la chapelle des soeurs de la Charité à Québec (1887; 5 m), un *saint Louis* pour l'église de Lotbinière (1888; 5 m), un *Christ-Roi* pour l'église Saint-Edmond du Lac-au-Saumon (1907; 5 m), une *Immaculée-Conception* pour l'église de Loretteville (1907; 3,60 m), une *sainte Anastasie* pour l'église de Lyster (1909; 4 m), un *Sacré-Coeur de Montmartre* pour Minnedosa, au Manitoba (1913; 4 m), etc. Sa fameuse statue de la *Vierge*, sur le cap Trinité, constitue un cas exceptionnel; elle atteint des dimensions colossales, soit près de 7,50 mètres (fig. 20).

Bibliographie

A.S.Q., Fonds H.A. Scott: *lettres de L. Jobin à l'abbé H.A. Scott*, 16 avril, 7 mai, 13 juillet et 25 décembre 1908; POTVIN, « Louis Jobin ... », 1926, p. 37; 1927, p. 27; 1928, p. 86; BARBEAU, *Louis Jobin statuaire*, 1968, p. 98.

Collection

Fabrique Notre-Dame-de-Foy, Sainte-Foy (dépôt temporaire au Musée du Québec).

Louis Jobin
SCULPTEUR
STE-ANNE DE BEAUPRÉ
SPECIALITÉ : Statues en bois de toutes dimensions, couvertes en métal, à l'épreuve de l'intempérie des saisons.

Ste-Anne de Beaupré, 7 Mai 1908

Reverend Monsieur Scott

Je crois que ver le 15 Juillet les statues seron terminee. Quand votre ouvrier aura besoin de s'entendre avec moi pour les barre de fer pour tenir les statues en place qu'il m'écrive.

Votre tout dévoué serviteur

Louis Jobin

Ill. 31b. *Lettre de Louis Jobin au curé Henri-Arthur Scott de Sainte-Foy, 7 mai 1908. Archives du Séminaire de Québec.* (Photo Patrick Altman, Musée du Québec).

32 et 33.
Anges à la trompette, 1914.

Bois monochrome, 210 × 135 × 90 cm.

À la fin de l'année 1914, Jobin inscrivit dans son carnet de comptes une importante commande de sept statues pour le curé de Saint-Georges de Windsor:

> St-Georges de Windsord/via Danville sur/le Grand Tronc coRichmond/ St George statue/bois recouverte en/ cuivre prix $ 115/hauteur de la niche 6½/largeur 3 pied/profondeur 3 pied/statue de 6 pied
>
> 2/St Jean et la Ste/vierge recouverte/en même metal ainsi/que la Madeleine/prix $ 100 chaque/madeleine $ 50
>
> 3 Sacre coeur Monmarthe/statue de 9 pied/recouvert en cuivre/prix $ 200/Livrable en juin/1915/J.H. Roy ptre curé/
>
> 2 anges a trompette/quarante piastre/chaque total $ 80.00/J.H.Roy.

Ancien supérieur du Séminaire de Sherbrooke, J. Hercule Roy fut curé de Saint-Georges de Windsor de 1912 à 1917. Le *saint Jean*, la *Vierge* et la *Madeleine* étaient destinés à compléter un *calvaire* du cimetière, le *saint Georges* à orner la façade de l'église, le *Sacré-Coeur* à couronner la coupole s'élevant à la croisée du transept, et les deux *anges* à surmonter les angles du maître-autel du temple paroissial.

Jobin est réputé pour ses nombreuses réalisations d'anges. Ainsi, pour le seul sujet de l'ange à la trompette, on ne lui connaît pas moins d'une trentaine de réalisations dispersées à Deschambault (1892), à Saint-Edmond du Lac-au-Saumon (1911), à Saint-Honoré (1916), à Holyoke au Massachusetts (1922), etc.

Ill. 32-33a. *Vue du maître-autel de l'église de Saint-Georges de Windsor.* (Photo Guy-André Roy, M.A.C.Q., nég. nº 76.1444.28.35).

Ill. 32-33b. *Vue de l'ancienne porte d'entrée du cimetière paroissial de Saint-Nicolas avec les deux* ***anges à la trompette*** *attribués à Louis Jobin. Oeuvres disparues.* (Photo Marius Barbeau, 1925; M.N.C.O., nég. nº 66073).

Les collections publiques et privées du Québec et de l'Ontario conservent également de nombreuses représentations du thème attribuées au sculpteur. À l'exception de ceux de Windsor et de Plessisville (nº 34), la plupart des *anges à la trompette* de Jobin ont été commandés pour l'extérieur. Quelques-uns, appelés *anges de la Résurrection*, se retrouvaient sur des charniers ou aux portes d'entrée des cimetières comme à Charlesbourg, à Lauzon ou à Saint-Nicolas.

Comparés à l'*ange à la trompette* de Plessisville, ceux de Windsor sont d'une facture beaucoup plus sommaire si on considère le rendu des plis des drapés, les plumes des ailes et les traits du visage. Les deux figures sont néanmoins très bien proportionnées et douées d'un mouvement pour le moins convaincant. Au sujet du traitement plutôt « lâche » des deux oeuvres, est-il nécessaire de souligner que le sculpteur atteignait alors ses 70 ans.

Bibliographie

Archives du Musée McCord: *Livre de comptes de L. Jobin, nº M21607,* (p. 15); BARBEAU, *Louis Jobin statuaire*, 1968, p. 74.

Collection

Fabrique Saint-Georges, Saint-Georges-de-Windsor.

34.
Ange à la trompette, 1902.

Bois doré, 152 cm (env.).

En 1902, la fabrique de Saint-Calixte de Plessisville se dota d'un nouvel orgue et d'une chaire dont les plans avaient été confiés à l'architecte Georges-Émile Tanguay (voir n°s 41 et 42). Au sommet de chacune de ces deux pièces, Tanguay avait projeté l'installation d'une statue représentant un ange. Dans une lettre datée du 21 avril, l'architecte donna au curé de la paroisse les renseignements suivants à propos de la réalisation de ces deux statues:

> Un mot à la hâte pour vous dire que je me suis occupé des anges à faire pour l'orgue et la chaire de votre église, par M. Jobin. Je reçois à l'instant une lettre de ce dernier me disant qu'il lui est impossible de faire ces deux morceaux dans trois semaines. Il me dit qu'il viendra à mon bureau mercredi, alors je m'entendrai avec lui pour le prix et la date qu'il pourra livrer ces deux anges.

Tanguay ajoutait que Michele Rigali (voir n° 30) allait livrer une statue de *sainte Cécile* (voir n° 50) « décorée », de 90 cm de hauteur et destinée au même buffet d'orgue. Quant aux deux *anges* commandés à Jobin, l'architecte de Québec écrivit deux jours plus tard à ce sujet au curé de la paroisse après avoir reçu la visite du sculpteur:

> Je vous inclus le modèle de l'ange pour l'orgue. Il en a un de fait d'après ce modèle et pourrait vous l'expédier d'ici huit à neuf jours après que vous aurez donné l'ordre. Le prix de cet ange sera de $ 40.00 décoré en or sur un fond crème et livré sur les chars à Lévis. Quant à celui de la chaire, il demande $ 25.00, décoré, et pourra le livrer dans un mois. Pour ce dernier, il me faudra prendre les mesures sur les lieux. J'attendrai votre réponse avant de lui donner l'ordre.

Dans une autre lettre datée du 15 juin, Tanguay informa le curé que l'*ange* de la chaire était en bonne voie de réalisation et qu'il pourrait être installé au plus tard le 8 juillet.

Suite à des travaux de rénovation à l'intérieur de l'église au cours des années 1950, l'*ange* de la chaire disparut mais, heureusement, celui du buffet d'orgue demeura en place. Il s'agit d'une représentation d'*ange à la trompette*, une statue aujourd'hui entièrement dorée bien qu'une des lettres de Tanguay fasse état d'un « décor en or sur un fond crème ». À l'instar de la *sainte Cécile* de l'église Saint-Jean-Baptiste de Québec (n° 50), ce sujet était tout à fait approprié à l'instrument de musique. À l'église Saint-Patrice de Rivière-du-Loup Jobin avait, dans la même veine, exécuté un *ange à la lyre* pour un buffet d'orgue dessiné par Napoléon Bourassa en 1895.

Ill. 34a. *Vue de l'**ange à la trompette** prise du jubé de l'église de Saint-Calixte de Plessisville.* (Photo John R. Porter, université Laval de Québec).

L'*ange à la trompette* de Plessisville est représenté en pleine action. Les ailes déployées et les cheveux rejetés en arrière, il pose le bout du pied sur un globe et tend le bras gauche pour maintenir son équilibre. Il souffle à pleine bouche dans une trompette qu'il tient délicatement avec deux doigts de la main droite. À en juger par le dynamisme qui se dégage du corps et du vêtement, l'ange donne l'illusion d'arriver des cieux pour se poser directement au sommet du buffet d'orgue. Cet instant arrêté engendre un jeu complexe de drapés entrecroisés et de plis ondulés et serrés. Le souffle du vent gonfle les manches et découvre, par une fente de la robe, la jambe gauche de l'*ange*. Ce mouvement crée à l'arrière des jambes un pan de vêtement en contre-courbe, au plissé froissé et très travaillé. En raison du traitement élaboré du thème, l'*ange à la trompette* de Plessisville constitue l'un des grands moments de l'oeuvre sculpté de Louis Jobin, sinon l'un des sommets de la sculpture sur bois québécoise.

Bibliographie

Archives de la fabrique Saint-Calixte; *cahier de correspondance*: Lettres de G. Émile Tanguay au curé A.M.H. Vaillancourt, 21 et 23 avril, 15 juin, 22 et 25 juillet 1902.

Collection

Fabrique Saint-Calixte, Plessisville.

35, 36 et 37.
Saint Mathias, saint Paul et saint Luc
(trois bustes d'un ensemble de seize), 1894-1895.

Voir reproductions en couleurs, p. 94

Bois doré, *Mathias*, 74,5 × 55 × 31 cm; *Paul*, 73,5 × 48 × 24,5 cm; *Luc*, 73 × 54 × 30 cm.
Inscriptions: *Mathias* (sur le piédouche): « S MATHIAS »; (sur la relique): « S. MATHIM APOSTOLI »; *Paul* (sur le piédouche): « S PAUL »; (sur la relique): « EX OSSIBUS/S. PAULI, APOST. »; *Luc* (sur le piédouche): « S. LUC »; (sur la relique): « EX OSSIBUS/S. LUCE EVANG. »

Au début de l'automne 1894, Louis Jobin accepta deux commandes parmi les plus importantes de sa carrière: douze statues grandeur nature pour la nef de l'église Saint-Patrice de Rivière-du-Loup (fig. 17) et seize bustes reliquaires pour les bas-côtés et le transept de la chapelle extérieure du Séminaire de Québec.

En ce qui concerne cette dernière commande, une campagne de souscription avait été lancée dans le grand public afin d'amasser les fonds nécessaires à la réalisation de l'ensemble. Le 29 décembre 1894, le *Journal du Séminaire* rapporta ce qui suit: « Louis Jobin, le sculpteur des bustes apostoliques, est venu hier à la chapelle faire l'essai d'un de ses bustes, Mgr C. Marquis invité à assister à cette installation provisoire, a été tout simplement enchanté de l'ouvrage du sculpteur ». La campagne de financement alla bon train si bien qu'au milieu du mois de février suivant on procéda à l'installation définitive des bustes dans la chapelle du Séminaire.

Comme les douze statues d'*apôtres* de Saint-Patrice, le groupe des seize bustes du Séminaire de Québec constitue un ensemble concerté et homogène. D'une part, l'ensemble suit un plan défini et cohérent; d'autre part, il tend à créer une grande unité visuelle, matérielle et formelle. Les seize bustes sculptés ont en effet été commandés pour conserver les reliques des seize membres du Collège apostolique, en l'occurence les apôtres ainsi que les évangélistes et saint Paul. Chaque buste en bois doré est supporté par un piédouche renfermant une relique de chacun des saints membres du Collège par ailleurs bien identifiés. Ces bustes à l'antique présentent une découpe sans bras opérée en bas des épaules et au niveau de la poitrine. Le contour inférieur arrondi est posé sur un piédouche taillé dans le même bloc.

Bien que l'ensemble du Séminaire soit d'une grande unité, il laisse place à la présentation d'une certaine diversité de personnages. Chacun des membres du Collège apostolique offre des particularités dans le rendu de la tête et du drapé. Cette individualité se trouve renforcée par l'expression du visage. À preuve les bustes de *saint Mathias*, de *saint Paul* et de *saint Luc*.

Légèrement chauve, saint Mathias tourne la tête vers la gauche. Il porte la barbe et les cheveux relativement courts, et ses oreilles sont dégagées. Son manteau est négligemment posé sur ses épaules et largement ouvert sur l'encolure de sa tunique. Saint Paul regarde droit devant lui. Ses oreilles sont cachées par une chevelure avec une raie alors que sa longue barbe tombe en épaisses boucles sur sa poitrine. Les pans de son manteau sont attachés à l'épaule gauche par une fibule de forme circulaire. Quant à saint Luc, il tourne la tête vers la droite. Ses cheveux longs descendent en mèches serrées sur la nuque et sont rejoints par la barbe sur la poitrine. Son manteau est enroulé sur ses épaules et laisse voir la partie supérieure de sa tunique. À tout cela s'ajoute une approche psychologique suggérée par de nombreux traits morphologiques: froncement ou haussement des sourcils, regards concentrés, directs ou perdus dans le vague, nez droits ou aquilins, rides dispersées, etc. Avec son ensemble de bustes, Jobin nous livre autant un traité des expressions qu'une synthèse de caractères aussi divers que multiples.

La disposition des bustes dans la chapelle fait en sorte qu'ils ne peuvent être perçus qu'individuellement et séparément par rapport à l'ensemble. Les diverses composantes s'appréhendent donc comme des entités décoratives néanmoins harmonieusement reliées entre elles selon un plan clairement établi. Leur symbolisme se trouve toutefois amoindri par la fonction même des reliques. Il est impossible de visualiser l'ensemble dans sa globalité. Enfin, chacun des bustes n'a pour toute identification qu'une simple inscription sur le piédouche. Si les figures sont personnalisées à un point tel qu'elles frôlent dans certains cas la caricature, le choix des personnages a été fait en fonction du décor-reliquaire surabondant qu'est l'intérieur de la chapelle du Séminaire.

L'ensemble du Séminaire de Québec est unique dans l'histoire de la sculpture québécoise. Sa conception et son exécution sont remarquables. Les bustes sculptés en bois sont excessivement rares, sinon exceptionnels, dans notre art ancien. Outre l'ensemble du Séminaire, Jobin lui-même ne réalisa, à notre connaissance, qu'un seul autre buste religieux: un *saint Vincent de Paul* en bois verni signé et daté de 1887 et conservé dans une collection privée de Québec.

Bibliographie

Archives du Séminaire de Québec: *Journal du Séminaire, vol. 4*, p. 421, 427, 430, 437, 453, 456, 472-473; *Université 59, nº 125 et 305, nº 39*; *Brouillard, 1893 à 1896*; THIBAULT, *Trésors des communautés* ..., 1973, p. 139.

Collection

Musée du Séminaire de Québec, Québec.

38, 39 et 40.
Saint Ignace de Loyola, saint Barthélémy, un docteur de l'Église
(3 statues d'un ensemble de 14), 1878-1882.

Bois doré, 152 cm (env.).
Inscriptions: *saint Ignace* (sur le livre ouvert): « IHS » surmonté d'une croix et « Ad Maiorem Dei Gloriam ».

Vers 1871, Louis Jobin a réalisé l'ensemble statuaire de la façade de l'église néogothique de Saint-Henri de Lévis dont six des sept statues sont maintenant conservées au Musée du Québec (fig. 10). Satisfaite de ce premier ensemble, la fabrique de Saint-Henri fit de nouveau appel, sept ans plus tard, à son talent et à son expérience pour remplir une commande de plus grande envergure. Il s'agissait d'un imposant programme de quatorze personnages de grandeur nature devant servir à décorer des niches aménagées au sommet des arcades de la nef, auquel programme s'ajoutaient cinq autres grandes statues pour le choeur : un *Ecce Homo* (n° 19) et une *Mater Dolorosa*, une *Éducation de la Vierge* et un *Ange Gardien*, et le saint patron de la paroisse pour le maître-autel. En 1884, la fabrique demanda encore à Jobin un dernier ensemble de douze statues décoratives pour les stalles et les piliers du choeur. En fait, le travail semble avoir été exécuté en deux étapes : les statues de la nef et du choeur entre 1878 et 1882, et celles des stalles et des piliers en 1884.

Les travaux de Jobin à Saint-Henri ne sont pas sans susciter maints problèmes en ce qui a trait aux questions de datation, d'emplacement original, d'identification, de signification, etc. Les notes recueillies par Hayward, Potvin et Barbeau ne sont guère explicites à ce sujet, pas plus que ne le sont les mentions inscrites dans les archives paroissiales.

D'après ce qu'aurait dit Jobin à Marius Barbeau en 1925, l'abbé J.-F. Laliberté, nommé curé de Saint-Henri en 1878, aurait commandé une à une, à l'atelier du sculpteur à Québec et suivant les dons faits par les paroissiens, les 32 statues de bois de l'église. À une statue près, cette commande concernerait donc les 19 statues livrées entre 1878 et 1882 et les 12 autres réalisées en 1884.

À la fin de l'année 1877, l'architecte Ferdinand Villeneuve (voir aussi n° 30) s'était vu confier la construction de la « fausse voûte » de la nef de l'église de Saint-Henri. C'est vraisemblablement à la suite de ces travaux qu'on commanda dans un premier temps à Jobin les quatorze personnages destinés à être placés à la retombée de la voûte. Du 12 décembre 1878 au 12 avril 1882, les archives de la fabrique font état de plusieurs versements au statuaire totalisant la somme de 645 $. Ces versements ont été effectués à intervalles plus ou moins réguliers, soit en décembre 1878, en janvier et en avril 1880, en septembre et en novembre 1881 et, finalement, en avril 1882. D'une part, la mention « en acompte » apparaissant avec les paiements de 1881 laisse croire que la majeure partie de l'ensemble statuaire avait été complétée à cette date. D'autre part, les livres de la fabrique ne disent pas à quelles fins ont été faits les divers versements si ce n'est, en 1878, au sujet d'un 160 $ pour cinq statues. En comparant ce paiement de 160 $ au montant global de 645 $, on obtient plus ou moins 20 statues à raison de 30 $ la pièce environ, ce qui correspondrait aux 19 grandes statues de la nef et du choeur.

Les quatorze statues de la nef constituent l'ensemble le plus élaboré de l'église de Saint-Henri, ensemble concerté et homogène duquel se dégage une unité matérielle et formelle, les statues de bois doré et grandeur nature composant entre elles un ensemble harmonieux en accord avec leur destination architecturale. Il paraît moins évident, en revanche, qu'elles répondent à un plan cohérent, à un programme iconographique. Il est assez difficile, en effet, d'imaginer un ensemble statuaire qui soit ordonné lorsque les oeuvres sont commandées à l'unité et suivant les dons versés par les paroissiens. De plus, Jobin a dit à Barbeau que le curé Laliberté le laissait libre de sculpter ce qu'il voulait mais que, à l'inverse, les modèles étaient connus d'avance. Enfin, des donateurs contribuaient pour des statues représentant leur saint patron. Cela dit, on peut noter dans cet ensemble de statues plus ou moins cohérent l'existence de sous-ensembles homogènes ainsi que de représentations se faisant pendant les unes les autres. Il n'est pas facile cependant de discerner ces diverses composantes à cause de déplacements ou de remaniements d'une part, et de problèmes d'identification des personnages d'autre part.

À l'avant de la nef, les niches abritent les quatre *évangélistes*, le *saint Pierre* et le *saint Paul*. Ceux-ci sont du même modèle que les statues de la façade. À ce sous-ensemble de six personnages s'ajoutent quatre autres figures d'apôtres dont trois reconnaissables à l'instrument de leur martyre: *saint André* avec la croix en sautoir à branches obliques, *saint Barthélémy* avec le long couteau, et *saint Jacques le Mineur* avec le bâton de foulon en forme de massue. Les mains jointes, le quatrième personnage n'a pas d'attribut mais porte la longue barbe caractéristique des apôtres de Jobin (voir n°s 3, 37, 42 et 44). Viennent ensuite deux *saints Evêques*, probablement des *docteurs de l'Église*, qui se font pendant de chaque côté de la nef. Finalement, les deux derniers personnages soulèvent des questions quant aux raisons de leur insertion dans l'ensemble: il s'agit d'un *saint Joachim* portant sa corbeille à deux colombes et d'un *saint Ignace de Loyola*, le fondateur de la Compagnie de Jésus. Les trois statues que nous présentons sont assurément les plus captivantes de l'ensemble statuaire de la nef de l'église de Saint-Henri.

Les deux bras tendus vers l'avant et la tête levée vers le ciel, l'apôtre Barthélémy est représenté serrant de la main droite le coutelas avec lequel il fut écorché vif. Barbu et chaussé de sandales, le martyr est vêtu d'une tunique à l'encolure ouverte et d'une toge dont un large pan passe sur le bras gauche. La chute du vêtement engendre un drapé ample avec des plis en faisceau. Le *saint Barthélémy* est la figure la plus dynamique de l'ensemble statuaire de la nef. En raison des contraintes architecturales, les treize autres figures ont toutes été représentées dans des poses relativement statiques. Il est à signaler que lors de la Saint-Jean-Baptiste de 1880, Jobin réalisa pour le char des tanneurs, corroyeurs et mégissiers un *saint Barthélémy* dont l'allure mouvementée s'apparentait de très près à celle du *saint Barthélémy* de Saint-Henri (fig. 28).

Le visage émacié et le front dégarni, le *saint Ignace* porte la barbe courte et bien taillée. Le fondateur de la Société de Jésus est vêtu de la soutane et de ses habits liturgiques: chasuble, étole et manipule. Bénissant de la main gauche, il soutient, de la droite, un livre ouvert, sa *Règle* ou ses *Exercices spirituels*, sur lequel sont inscrits le sigle « IHS », dans un cercle rayonnant, et la phrase « Ad Maiorem Dei Gloriam ». Le sigle IHS surmonté d'une croix est propre aux jésuites et signifie « Iesus Hominum Salvator » (Jésus Sauveur des Hommes), alors que la phrase « À la plus grande gloire de Dieu » fait référence à la devise de l'ordre missionnaire. Les habits liturgiques du saint sont ornés de riches motifs sculptés en bas relief, la chasuble, entre autres, avec sur le devant un calice entouré de nuages et surmonté d'une hostie rayonnante dans laquelle se retrouve le sigle « IHS ». En 1892, Jobin réalisera, en collaboration avec son apprenti Henri Angers, un *saint Ignace* en extase (fig. 13) pour un monument de la Villa Manrèse à Québec (aujourd'hui conservé dans les collections de l'université Laval).

La dernière statue soulève certains problèmes d'identification. Il s'agit d'un évêque bénissant de la main droite et serrant, de la gauche, contre sa taille, un livre fermé. Le saint imberbe est représenté avec ses ornements épiscopaux: la crosse ouvragée, la mitre ornée d'une croix grecque, la soutane, le surplis et la cape. Le rebord inférieur du surplis, la bordure de la cape et la mitre sont richement incisés de motifs suggérant dentelle et broderie. Bien que les docteurs de l'Église grecque ne portent pas de mitre épiscopale, la croix grecque de cet ornement devrait normalement faire référence à l'Église byzantine. À l'inverse, les docteurs de l'Église romaine peuvent être coiffés de la mitre tout en étant généralement représentés barbus. Bien que Marius Barbeau ait identifié cet évêque et son pendant comme étant *Athanase* et *Alphonse de Liguori*, on ne peut guère suggérer que les noms de l'un ou l'autre des docteurs des Églises grecque: Athanase, Basile, Grégoire de Naziance ou Jean Chrysostome, ou latine: Grégoire, Jérôme, Ambroise ou Augustin.

Par leur qualité plastique et leur finition très recherchée, les trois statues de Saint-Henri peuvent à juste titre être considérées comme étant parmi les oeuvres les plus achevées de Jobin en matière de statuaire religieuse. Le sculpteur atteint ici un sommet avec des oeuvres animées d'un souffle puissant, douées de force calme et d'une noble élégance. Sa recherche concernant la puissance et la grandeur parvient à son meilleur dans ces trois statues qui peuvent être classées parmi les chef-d'oeuvres de la sculpture ancienne du Québec.

Ill. 38a. *Vue de la nef de l'église de Saint-Henri de Lévis.* (Photo Patrick Altman, Musée du Québec).

L'ensemble de l'église de Saint-Henri de Lévis est tributaire du phénomène qui a vu la statuaire monumentale et décorative prendre son essor au Québec vers 1860. Ce phénomène est directement relié au triomphalisme religieux. Il est aussi associé à une nouvelle conception de la décoration des édifices et à la vogue des styles dits « revivals ». Avant cette date, la décoration intérieure des églises n'avait guère favorisé le déploiement d'ensembles statuaires monumentaux si ce n'est dans quelques cas isolés comme à Deschambault, à Saint-Joachim et à Notre-Dame de Québec. C'est en 1862 dans l'église néogothique de Beauport et avec François-Xavier Berlinguet que la statuaire décorative d'intérieur prend son essor. Le choeur de cette église fut alors orné de onze rondes-bosses de grandes dimensions.

Au moment où Jobin réalise son ensemble pour Saint-Henri de Lévis, Philippe Hébert entreprend, en 1880, la réalisation d'un important ensemble statuaire comprenant une soixantaine de personnages et destiné au retable de la cathédrale néogothique Notre-Dame d'Ottawa. La vogue des ensembles statuaires devait dès lors se prolonger jusqu'à la grande crise des années 1930. Jobin luimême réalisa deux autres ensembles d'envergure, l'un de douze apôtres pour la nef de l'église Saint-Patrice de Rivière-du-Loup (fig. 17), l'autre de seize bustes pour les bas-côtés de la chapelle extérieure du Séminaire de Québec (n°s 35-37). L'ensemble de la nef de Saint-Henri est cependant le plus complexe et le plus diversifié, celui, aussi, qui présente les oeuvres religieuses parmi les plus remarquables que le sculpteur ait exécutées durant sa longue carrière.

Bibliographie

Archives de la fabrique Saint-Henri: *Livre de comptes II, 1877-1934*; *Livre des délibérations II*; HAYWARD, « Jobin The Woodcarver », 1922, p. 98; POTVIN, « Louis Jobin ... », 1926, p. 37; BARBEAU, *Louis Jobin statuaire*, 1968, p. 33, 88-92 et 98; LEMAY et MERCIER, *Esquisse de Saint-Henri* ..., 1979, p. 179 (repr.) et 525.

Collection

Fabrique Saint-Henri, Saint-Henri de Lévis.

41 et 42.
Saint Jean et saint Mathieu
(deux statues d'un ensemble de six),
vers 1890.

Bois monochrome et plaques de plomb;
Jean, 227 × 76 × 67 cm; *Mathieu*, 229 × 83 × 71 cm. Inscriptions (sur la base): « ST JEAN »; « ST MATHIEU ».

La façade de l'église Saint-Thomas de Montmagny fut reconstruite à partir de 1890 d'après les plans de Georges-Émile Tanguay (voir n° 34). Le 30 décembre 1889, un marché de construction signé entre l'architecte et les syndics de la fabrique prévoyait l'installation de six statues sur des piédestaux posés sur la corniche, à la base du clocher aux angles du portail. Cet ensemble statuaire répondait à un plan relativement simple. À la base du clocher, *saint Joseph* était placé à gauche et le *Sacré-Coeur* à droite, tandis que sur la balustrade, sise au-dessus de la corniche, se trouvaient dans l'ordre habituel les évangélistes: *Luc*, *Mathieu*, *Jean* et *Marc*.

Les statues furent repeintes au moins à deux reprises, soit en 1897 et en 1905, avant que d'importants travaux, au début des années 1920, ne transforment radicalement la façade de l'église. Alors les statues furent descendues et placées dans le cimetière paroissial. Marius Barbeau les photographia toutes à cet endroit, d'abord en 1928 puis en 1936 (M.N.C.O., nég. n°s 11709 à 71716, 81002 à 81004 et 81017). Deux ans plus tard, il achetait trois des statues pour les revendre à des musées, laissant là les trois autres dans un état de détérioration avancée. Le *saint Jean* et le *saint Mathieu* allèrent au Musée du Québec. Le *saint Marc* fut acquis par la Galerie nationale du Canada à Ottawa.

Bien que les archives paroissiales soient muettes sur le sujet, c'est à Louis Jobin qu'il faut attribuer l'ensemble statuaire de Montmagny. Il a traité le sujet des quatre évangélistes à Saint-Henri de Lévis en 1871 (fig. 10) et vers 1880 (voir n°s 38-40), à Saint-Patrice de Rivière-du-Loup en 1895 (fig. 17) et à Saint-Dominique de Jonquière en 1913. À cela s'ajoutent ses bustes reliquaires de la chapelle extérieure du Séminaire de Québec en 1895 (voir n°s 35-37). Le *saint Jean* et le *saint Mathieu* de Montmagny sont reconnaissables à leurs attributs habituels: la plume et le parchemin pour les *évangélistes*, l'aigle pour *Jean*, et l'enfant pour *Mathieu*.

La réalisation en 1871 de la façade néo-gothique de Saint-Henri, ornée de sept rondes-bosses grandeur nature, marque l'avènement d'ensembles élaborés pour l'extérieur des églises. Jusque-là, les portails pourvus de plus de deux statues avaient été l'apanage exclusif des églises

Ill. 41-42a. *Vue de l'église de Saint-Thomas de Montmagny, avant 1920. Archives du Séminaire de Québec.*
(Copie photographique Patrick Altman, Musée du Québec).

de Notre-Dame-des-Victoires, de Cap-Santé, et de Saint-François et Sainte-Famille à l'Île d'Orléans. Entre 1892 et 1900, la commande des 13 statues en bois qu'Olindo Gratton réalisa pour la cathédrale Marie-Reine du Monde à Montréal de même que les 17 statues en ciment que Michele Rigali livra, en 1885, pour l'église Saint-Jean-Baptiste de Québec représentent sans doute un sommet si on considère le phénomène des ensembles décoratifs et monumentaux. Les six statues de Montmagny n'en constituent pas moins un jalon important pour comprendre la vogue des ensembles statuaires extérieurs. D'ailleurs, Henri Angers, élève de Jobin, se souviendra des leçons de son maître lorsqu'il livrera, en 1909, quatre évangélistes pour la façade de l'église de Loretteville. En effet ceux-ci empruntent non seulement leur allure aux statues de Montmagny mais aussi leur monumentalité.

La destination des oeuvres est considérée par les sculpteurs comme un problème esthétique d'une importance capitale. L'emplacement détermine le rôle décoratif de l'oeuvre sculptée. Il peut aussi amener, notamment dans le cas de statues devant s'intégrer à une façade, des corrections optiques importantes en fonction de l'espace et de l'élévation. Ces règles peuvent influer, par exemple, sur la position des membres ou sur celle des accessoires. Elles peuvent encore susciter des considérations d'ordre formel ou matériel de nature à modifier les proportions ou les dimensions de l'oeuvre. En bref, le lieu ou la destination joue un rôle de premier plan dans la composition de l'oeuvre sculptée. En 1925 Jobin lui-même, rapporte Marius Barbeau, énonça certains principes de corrections optiques qui tiennent compte à la fois du cadre architectural et du point de vue du spectateur. Dans le cas du *saint Jean* et du *saint Mathieu* du Musée du Québec, ces principes ont manifestement suscité leur grande dimension, provoqué l'allongement du corps et du visage, et fait amplifier le modelé des drapés.

Expositions
1952, Québec, Musée de la Province, *Exposition rétrospective de l'art au Canada français*, n°s 147 et 148; 1967, Québec, Musée du Québec, *Sculpture traditionnelle du Québec*, n°s 45 et 46; 1983, Québec, Musée du Québec, *Cinquante années d'acquisitions, 1933-1983*, n°s 137 et 138.

Bibliographie
Archives de la fabrique Saint-Thomas de Montmagny: *cahier des redditions de comptes et de délibérations, III, 1881-1917*, p. 49, 69, 163; *Correspondance et documents divers*; BARBEAU, « Le dernier de nos grands artisans ... », 1933, n.p. (repr.); BARBEAU, « Louis Jobin statuaire », 1944, p. 15 (repr.); MORISSET, *Exposition rétrospective de l'art ...* », 1952, p. 50; TRUDEL, *Sculpture traditionnelle du Québec*, 1967, p. 82 (repr.); BARBEAU, *Louis Jobin statuaire*, 1968, p. 19; BÉLANGER, *L'église de L'Islet*, 1968, p. 67; FRIED, *Artists in Wood*, 1970, p. 162 et 164 (repr.); *Le Musée du Québec. Oeuvres choisies*, 1978, p. 50-51 (repr.); *Le Musée du Québec. 500 oeuvres choisies*, 1983, p. 119 (repr.); *Le Grand Héritage*, 1984, p. 317.

Collection
Musée du Québec, Québec (n°s 41.238-14 et 41.238-15).

43 et 44.
Saint Pierre et saint Paul
(fragments), 1903.

Bois (naguère recouvert de plomb doré; 210 cm env.);
saint Pierre: 44 × 38,3 × 37 cm; *saint Paul*: 54,5 × 38,6 × 35 cm.

Le 6 septembre 1903, l'assemblée des marguilliers de la paroisse de Saint-Romuald d'Etchemin acceptait, au nom de la fabrique, le « don généreux » de trois statues fait par monsieur Joseph Garant « pour terminer le portail de l'église ». Deux ans plus tôt, d'importants travaux de rénovation au temple avaient en effet été entrepris par l'architecte-entrepreneur Joseph Saint-Hilaire. En réalité, et tel qu'on le lit dans la reddition des comptes de l'année 1903, le don des trois statues pour la façade principale consistait en un montant d'argent s'élévant à quelque 450 $. Ce sont donc la fabrique ou l'entrepreneur qui eurent la charge de trouver et de payer un sculpteur pour exécuter les trois statues.

Recouvertes de plomb doré, les trois statues représentaient le patron et titulaire de la paroisse, *saint Romuald*, de même que les Princes des apôtres, *saint Pierre* et *saint Paul*. Comme le montre une photographie de l'extérieur de l'église prise vers 1905, le *saint Romuald* était placé dans la niche centrale du portail tandis que les deux autres couronnaient les angles de la façade.

D'après le sculpteur de Saint-Romuald Lauréat Vallière qui en a parlé avec Marius Barbeau en 1958, les trois statues seraient l'oeuvre de Louis Jobin. Cela s'avère tout à fait plausible si on compare entre elles la facture des têtes des *saint Pierre* et *saint Paul* de Saint-Romuald d'Etchemin et celle des têtes des *saint Pierre* et *saint Paul* du Musée des beaux-arts du Canada (fig. 16) ou de tout autre apôtre de Jobin (voir n°s 3, 37 et 42). De plus, les deux statues de Saint-Romuald d'Etchemin étaient à l'origine recouvertes de métal suivant le procédé du repoussé-estampé largement utilisé par le sculpteur (voir n°s 31 et 45). Finalement, on sait que Jobin façonna quelques statues pour l'architecte-entrepreneur Joseph Saint-Hilaire dont un *saint Nicolas*, vers 1900, pour l'église de Saint-Nicolas.

C'est le sculpteur Lauréat Vallière qui récupéra, on ne sait trop quand, les deux statues de *saint Pierre* et de *saint Paul*. Les deux oeuvres étaient dans un tel état de pourriture que le sculpteur de Saint-Romuald ne put sauver que les deux têtes qu'il vendit au Musée du Québec en 1959.

Bien que Jobin ait cru, à l'époque, que ses statues recouvertes de métal étaient à « l'épreuve de toute intempérie », force nous est aujourd'hui de constater que le procédé a conduit à des résultats contraires. Il apparaît que les oeuvres recouvertes de métal ont avec le temps moins bien résisté à notre climat rigoureux que celles fabriquées uniquement en bois. Le recouvrement métallique constitue en effet une enveloppe plus ou moins étanche par laquelle peut s'infiltrer l'eau qui accélère le pourrissement de l'âme en bois de ces statues.

Si plusieurs statues de Jobin ont malgré tout pu être sauvées, il en est d'autres qui, en raison de nos températures extrêmes, suite à des incendies ou à cause de l'ignorance des vandales, ont été détruites ou sont à jamais perdues. Il en est ainsi de la majeure partie de la production profane du sculpteur et d'une bonne partie de la statuaire religieuse d'extérieur. À cet égard, nombreux sont les calvaires, les Sacré-Coeur et les statues de façade qu'on trouve encore dans les lieux auxquels ils étaient à l'origine destinés et qui sont gravement menacés de disparition à plus ou moins brève échéance.

Ill. 43-44a. *Vue de la façade de l'église de Saint-Romuald d'Etchemin, vers 1905.* (Photo R. Lafontaine; coll. et copie photographique Jocelyn Huard de Saint-Romuald).

Expositions
1959, Vancouver, The Vancouver Art Gallery, *Les arts au Canada français*, n°s 45 et 46; 1959, Québec, Parlement, *Exposition d'art religieux*; 1967, Québec, Musée du Québec, *Sculpture traditionnelle du Québec*, n°s 47 et 48.

Bibliographie
Archives de la fabrique Saint-Romuald: *Livre des délibérations*, 1903-1904; DEMERS, *La paroisse de St-Romuald* ..., 1906, p. 310; MORISSET, *Les arts au Canada français*, 1959, p. 28; TRUDEL, *Sculpture traditionnelle du Québec*, 1967, p. 84; BARBEAU, *Louis Jobin statuaire*, 1968, p. 123 (repr.); DÉSY, *Lauréat Vallière* ..., 1983, p. 208 et 234.

Collection
Musée du Québec, Québec (n°s 59.239 et 59.240).

45.
Saint Georges terrassant le dragon, 1909.

Voir reproduction en couleurs, p. 95

Bois recouvert de cuivre doré, 280 × 225 × 115 cm (env.).
Inscriptions (plaque de métal, près du sabot antérieur gauche du cheval): « L. JOBIN » ; (panneaux de bronze, sur le socle): « S *dans un* G » et « Hommage de la paroisse St Georges à son patron A.D. 1912 ».

Au cours de l'année 1908, la fabrique de Saint-Georges-Ouest, en Beauce, prit la décision d'ériger, sur la place de l'église, un monument en l'honneur du saint patron et titulaire de la paroisse. La fabrique confia alors aux architectes Ouellet et Lévesque, de Québec, le soin de préparer les plans et devis du monument. Le 23 novembre 1909, ceux-ci livrèrent les plans au sol et en élévation d'un socle de 3,15 mètres environ (10 ½ pieds), orné de deux panneaux de bronze. Après que plusieurs constructeurs eurent présenté leurs soumissions, l'exécution du piédestal, en pierre de Deschambault, fut finalement confiée à Olivier Jacques pour 1 350 $.

Quant à la statue devant figurer sur le socle, on avait opté pour un groupe équestre, un *saint Georges terrassant le dragon*. Ouellet et Lévesque eurent la charge de trouver le sculpteur québécois capable d'assumer une telle entreprise. Les architectes ne reçurent en fin de compte que deux soumissions provenant de la région de Québec. Henri Angers, du faubourg Saint-Jean, envoya le 12 décembre 1908 la première des propositions. Le sculpteur-modeleur s'engageait à réaliser, en bois recouvert de plomb et doré, le groupe de « St Georges à cheval avec dragon aux pieds » pour la somme de 460 $, plus 50 pour l'installation. La deuxième soumission fut adressée le 11 janvier 1909 par le statuaire de Sainte-Anne-de-Beaupré Louis Jobin :

> Je ferai l'ouvrage pour la somme de cinq cents piastres ($500.00) le tout rendu à la plus proche station, mais non rendu sur les lieux, le transport de la station à l'église non à mes frais. Il me faudra l'aide nécessaire pour le mettre en place, faire une plateforme et une cabane pour abriter le groupe.

Le 14 janvier suivant, Ouellet et Lévesque donnèrent leur avis au curé H.A. Dionne au sujet de ces deux soumissions. Ils favorisaient nettement Jobin :

> Nous avons pu enfin avoir la soumission de M. Jobin pour la statue de St Georges de 6 pieds à cheval sur un cheval de 1200 livres couvert en plomb et doré. M. Jobin ne veut pas se charger du transport de la station à l'église, ni de l'entourage pour le dorer en place. Il dit qu'il faut qu'il soit doré en place car il sera endommagé dans le tranport et dans la pose. M. Angers peut tout préparer chez lui,

Ill. 45a. *Louis Jobin et la statue du* ***saint Georges terrassant le dragon*** *à son atelier de Sainte-Anne-de-Beaupré en 1909.* (Photo anonyme, A.B.S.A.B.).

> l'expédier et le poser à ses frais. J'aurais plus de confiance malgré qu'il demande plus cher, à M. Jobin pour ce genre d'ouvrage. Enfin vous en jugerez vous-même. Il faudra donner la commande au plus tôt possible pour l'avoir à la fin de Juin prochain.

Sur la recommandation des architectes, Jobin l'emporta sur Angers dont la soumission était pourtant la moins élevée. L'expérience et la spécialisation du sculpteur âgé de 65 ans avaient été déterminantes et avaient prévalu sur la formation européenne de son ancien apprenti. En effet, Jobin n'était-il pas à ce moment-là le spécialiste de la statuaire religieuse conçue pour l'extérieur, c'est-à-dire de grand format et recouverte en métal (voir n° 31)? N'était-ce pas lui, d'ailleurs, qui avait réalisé en 1902 le *saint Joseph* et le *saint Jean-Baptiste* de la façade de l'église paroissiale de Saint-Georges?

Le *saint Georges à cheval* fut bel et bien réalisé en bois mais, pour une raison ou une autre, recouvert de cuivre plutôt que de plomb. Prise à l'atelier de Jobin à Sainte-Anne, une photographie de l'époque montre le groupe sculpté avant qu'il ne soit livré à destination justement par la voie ferrée qui apparaît au second plan. Vêtu de son costume des grandes occasions, l'auteur pose avec fierté à côté de son impressionnante statue équestre. Comme la chose avait été précisée dans la soumission, le groupe n'a pas encore reçu son revêtement doré, ce qui nous permet de voir les traces laissées par le martelage du cuivre et les divers joints de soudure de plomb reliant entre elles les feuilles de métal.

Une plaque de bronze posée sur le socle et portant une inscription datée de 1912 laisse penser que le monument fut inauguré cette année-là. Mais comme le rapporta *L'Éclaireur* de Beauce, ce n'est que le 15 juin 1913 que les paroissiens de Saint-Georges-Ouest purent assister à la double bénédiction du monument et du nouveau pont en fer reliant les deux rives de la Chaudière :

> C'est dimanche dernier [...] qu'eut lieu cette émouvante cérémonie chez nos voisins, M. le curé Alfred Dionne procéda aux bénédictions. Une foule immense se pressa sur la place de l'église pour assister à ces fêtes. Pas moins de dix wagons arrivèrent de Lévis avec des invités d'honneur.
>
> [...]
>
> Après les bénédictions il y eut de nombreux discours prononcés .... Le monument qui vient d'être bénit est en bois doré, l'oeuvre du sculpteur Louis Jobin de Ste-Anne de Beaupré. Il a coûté, avec son socle de granit, $ 2,500.

Le groupe sculpté par Jobin représente saint Georges à cheval terrassant un dragon. Il fait donc référence à la fameuse légende. Déclarée apocryphe dès le Ve siècle, cette légende a la saveur d'un conte des Mille et une nuits. Officier dans une légion romaine, saint Georges traversa une ville de la Palestine qui était terrorisée par un dragon et auquel on sacrifiait des animaux et des hommes. Un jour, la fille du roi allait à son tour être dévorée. Le chevalier apparut alors et fonça sur le dragon qu'il transperça de sa lance. Après cette victoire, saint Georges distribua aux pauvres l'argent que lui avait donné le roi en récompense.

C'est donc par la scène la plus fréquente de l'iconographie relative à saint Georges, qui correspond au moment fort de son combat avec le dragon, que Jobin a choisi d'illustrer la légende du saint chevalier. En selle sur un cheval fougueux, le jeune milicien tue de sa lance la bête au sol. Saint Georges est vêtu d'une armure militaire moyenâgeuse : cuirasse et jambières métalliques, cotte de mailles, jupette et solerets à la poulaine. Imberbe et les cheveux bouclés, il est coiffé d'un casque de bataille ou de tournoi dont le cimier est empanaché de plumets. Son cheval, les muscles tendus et les veines gonflées, se cabre au-dessus du dragon renversé sur le dos. La gueule ouverte, le monstre est un mélange hybride de bête immonde et de pantin burlesque. Le dragon est cornu, il a des ailes de chauve-souris et son corps se termine par une longue queue écaillée.

Bien qu'on ne connaisse pas de source iconographique précise au *saint Georges* de Jobin, il est probable que le statuaire, se soit tout de même inspiré d'un modèle, d'une illustration fournie par le commanditaire par exemple. Pour la façade de l'église de Saint-Georges de Windsor (voir nos 32 et 33), Jobin réalisa également une statue pédestre du saint en train d'enfoncer sa lance dans la gueule du dragon (voir fig. 48b). Une petite ébauche du même thème est aussi conservée au Musée du Québec (n° 1).

Comme Damase Potvin l'a écrit à juste titre en 1926, le *saint Georges* est « l'un des plus remarquables monuments sculptés par Louis Jobin [...]. C'est un monument extrêmement compliqué [...] de grandeur naturelle et l'on a peine à croire que tout ait, ici, été taillé à la hache ou au couteau et à la gouge. Et pourtant les moindres détails sont le plus fidèlement observés. »

En effet, le *saint Georges* de 1910 se distingue nettement de l'abondante production de statues religieuses, notamment des Sacré-Coeur, conçus par Jobin en vue de monuments. De fait il s'agit, d'un point de vue à la fois technique et iconographique et aux plans matériel et formel, de l'oeuvre la plus complexe jamais réalisée par le sculpteur durant sa carrière.

À cause du volume et des nombreuses parties en extension du groupe équestre, Jobin a dû recourir à diverses méthodes d'assemblage (voir n° 29). De surcroît, le sculpteur dut résoudre maints problèmes concernant l'équilibre, les vides, le poids et les points d'appui du noyau de bois. Un examen

Ill. 45b. *Vue de la cérémonie de bénédiction du monument à **saint Georges**, le 15 juin 1913.* (Photo Jos. Gagnon, coll. M. Yvon Roy de Saint-Georges-de-Beauce).

radiographique de l'âme en bois a révélé que le statuaire avait utilisé des tiges de fer pour renforcer ses divers soutiens. Il tricha quelque peu sur le cabrage du cheval dont une patte antérieure est au repos alors que l'autre est en mouvement. À partir du procédé du repoussé-estampé (voir n° 31), il recouvrit ensuite de feuilles martelées et soudées entre elles le support de bois. Il incisa une partie de l'armure du saint Georges afin de suggérer les cottes de mailles et il façonna avec le métal uniquement de nombreux éléments de la sculpture: la jupette du personnage, les harnais, les étriers et une partie de la selle du cheval.

La recherche du mouvement, dans cette statue, est extrêmement élaborée. Bien que Jobin ait surtout mis en valeur le côté de la statue où on voit le saint Georges transpercer le dragon, le groupe révèle une foule d'angles intéressants et de points de vue inusités. Dans cette scène de combat, chacun des intervenants participe pleinement à l'action. Les bras levés et les jambes écartées, saint Georges amorce une rotation du corps alors que son cheval, la crinière et la queue au vent, hennit en se cabrant sur ses deux membres postérieurs. Quant au dragon, les pattes agitées et la queue torsadée, il se tord de douleur dans un dernier sursaut.

À n'en pas douter, Jobin a réalisé là un exploit technique qui fait du *saint Georges terrassant le dragon* son oeuvre majeure et un monument tout à fait exceptionnel dans la sculpture du Québec. Il s'agit en fait du premier groupe équestre sculpté par un Québécois et installé en territoire québécois. En 1908, Philippe Hébert réalisa bien, lui aussi, un monument équestre, le *South African War Memorial*, mais ce dernier fut érigé à Calgary. D'autre part, le groupe de Saint-Georges-Ouest en Beauce constitue, à notre connaissance, la seule statue équestre, en Amérique, à avoir été réalisée en bois recouvert de métal. À ce seul titre, le *saint Georges* de Jobin mériterait d'occuper une place de premier plan dans l'histoire de l'art au Canada.

C'est pour toutes ces raisons que, 75 ans après sa réalisation, une action concertée et éclairée fut entreprise afin de sauver le monument menacé de destruction. En effet, la fabrique et la population de Saint-Georges-Ouest, le Musée du Québec, le Centre de conservation du Québec et la direction régionale de Québec du Ministère des Affaires culturelles ont uni leurs efforts pour la restauration, la préservation et la mise en valeur, pour les générations futures, de cette oeuvre unique et remarquable du patrimoine culturel québécois.

Bibliographie

Archives de la fabrique Saint-Georges: *Documents divers*; *Livres de comptes 1895-1930*: 1912 et 1924; *Journal 1909-1920*: 1912 et 1913; *Plans*; « Une glorieuse journée », *L'Éclaireur*, 6, 13 et 19 juin 1913; POTVIN, « Louis Jobin ... », 1926, p. 25 (repr.) et 37; 1927, p. 10 (repr.); 1928, p. 83; VÉZINA et ANGERS, *Histoire de Saint-Georges ...*, 1935, p. 90a (repr.); BARBEAU, « Le Saint-Georges de Louis Jobin », 1945, p. 1 (repr.); 1945, p. 148 (repr.); BARBEAU, « Louis Jobin statuaire », 1945-1946, p. 22 (repr.); « Biographies canadiennes », 1945, p. 3; BARBEAU, *J'ai vu Québec/I Have Seen Quebec*; 1957, n.p. (repr.); *The Arts in Canada*, 1958, p. 45; BARBEAU, *Louis Jobin statuaire*, 1968, p. 117 (repr.); BOLDUC, *Saint-Georges d'hier et d'aujourd'hui*, 1969, p. 45 (repr.); FRIED, *Artists in Wood*, 1970, p. 159 (repr.); « Louis Jobin », 1974, p. 312 (repr.); DUPONT, *Le légendaire de la Beauce*, 1978, p. 55 (repr.); BÉLISLE, *La sculpture navale*..., 1982, p. 327 et 515 (repr.); LÉGARÉ, « Il faut protéger le St-Georges », 1984, p. B-14 (repr.).

Collection

Fabrique Saint-Georges, Saint-Georges-Ouest, Beauce.

46.
La Sainte Famille, 1875.

Voir reproduction en couleurs, p. 96

Bois polychrome, 183,5 × 136,5 × 16 cm.
Inscription (en bas, à droite): « L. Jobin/1875 ».

Le principe du relief sculpté d'inspiration religieuse utilisé comme tableau est encore mal connu par rapport à la destination de l'oeuvre ou à son intégration réelle dans un décor architectural. En plus de l'ensemble du *Calvaire* d'Oka (vers 1775-1776) de François Guernon dit Belleville, on connaît plusieurs tableaux-reliefs qui sont, pour la plupart, le résultat de commandes isolées. Il en est ainsi de la *« Madone des Croisades »* de Sainte-Marie-de-Beauce (XVIIIe siècle), du *Saint Martin partageant son manteau* attribué à Guernon dit Belleville et conservé au Musée du Québec, de *L'Annonciation* à Verchères (début du XIXe siècle) et de *La Vision de sainte Angèle de Mérici* du monastère des ursulines de Québec (1808). À la fin du XIXe siècle, le sculpteur Jean-Baptiste Côté excella dans ce type de relief, laissant une importante production aujourd'hui dispersée dans les collections publiques et privées du Québec et de l'Ontario.

Parmi les rares panneaux sculptés du statuaire Jobin, trois ont été produits à son atelier montréalais: *Le Bon Pasteur* du Musée des beaux-arts du Canada (1870-1875), *L'Apparition de Notre-Dame de Lourdes* de l'église du Sault-au-Récollet (1873) et *La Sainte Famille* du monastère des carmélites de Montréal (1875).

La *Sainte Famille* du Carmel de Montréal constitue certainement l'une des premières oeuvres religieuses majeures de Jobin. Elle est aussi l'une des plus recherchées de toute sa production. Les circonstances exactes de la commande faite à Jobin nous sont malheureusement inconnues bien qu'on sache que l'oeuvre fut originellement destinée à la sacristie de l'église de Saint-Valentin. En 1969, elle fut transférée à la chapelle conventuelle des carmélites.

Comme l'a déjà fait remarquer Jean Trudel, *La Sainte Famille* se rapproche beaucoup plus d'un tableau que d'une sculpture, un tableau sculpté destiné à décorer un mur. Plusieurs aspects militent en faveur du bien-fondé de cette observation, notamment l'aspect pictural de la composition et l'arrière-plan peint plutôt que sculpté.

Ill. 46a. *La Fosse, d'après Lazerges,* ***La Sainte Famille****, deuxième moitié du XIXe siècle; lithographie de la maison L. Turgis de Paris, 66 × 53 cm. Coll. Monastère des augustines de l'Hôtel-Dieu de Québec.* (Photo M.A.C.Q., nég. n° 76.1099(35)19).

L'aspect pictural du relief de Jobin ne surprend guère quand on sait que l'oeuvre est une transposition d'une lithographie imprimée et éditée par la maison L. Turgis de Paris. *La Sainte Famille* du Carmel nous montre simplement que le sculpteur savait non seulement puiser à diverses sources pour la conception de ses oeuvres – on pense entre autres à la *sainte Cécile* (n° 50), au *Neptune* (n° 58) et au *matelot* (n° 56) – mais aussi s'inspirer de l'imagerie religieuse contemporaine (voir, par exemple, n°s 17 et 18).

De nombreuses et légères modifications peuvent donc être relevées dans le relief de Jobin par rapport à la lithographie Turgis. Il y a notamment la pose frontale du corps de l'Enfant. Et l'alignement des trois figures sur un plan horizontal plutôt que légèrement diagonal, ce qui a pour effet de présenter chacun des personnages dans une attitude un peu hiératique et de rendre le groupe presque statique. Les proportions du corps et des membres des trois figures ont été calculées pour être vues à une certaine hauteur. À l'instar du modèle gravé, le tableau montre les personnages dans une composition en X où la tête de l'Enfant Jésus occupe exactement le centre ou la croisée des deux axes inclinés. Cette scène de Jobin manifeste toutefois un souci évident de réalisme et de sobriété.

À compter du milieu du XIXe siècle, la dévotion à la *Sainte Famille* connut un regain de popularité grâce, notamment, à la statuaire en plâtre et à la chromolithographie saint-sulpicienne. Attentif à la sensibilité populaire, il n'est pas étonnant que Jobin se soit inspiré d'un chromo pour composer son relief de *La Sainte Famille*. Le sculpteur ne profita guère plus, cependant, de ce courant dévotionnel puisqu'on ne lui connaît qu'une seule autre *Sainte Famille* (fig. 39), le groupe conservé au Musée de la basilique de Sainte-Anne-de-Beaupré (1920).

Avec le panneau sculpté de *La Sainte Famille*, Jobin réalisait à Montréal son dernier relief d'importance. Il allait désormais se consacrer presque uniquement à la statuaire.

Exposition

1984, Québec, Musée du Québec, *Le Grand Héritage. L'Église catholique et les arts au Québec*, n° 55.

Bibliographie

TRUDEL, « La Sainte Famille ... », 1974-1975, p. 16-19 (repr.); PORTER et TRUDEL, *Le Calvaire d'Oka*, 1974, p. 105; BÉLISLE, *La sculpture navale* ..., 1982, p. 314; *Le Grand Héritage*, 1984, p. 61-63 (repr.); BÉLAND, *Les trente premières années* ..., 1984, p. 81-85, 133-134 (repr.).

Collection

Monastère du Carmel, Montréal.

47.
Autoportrait, 1867.

Voir reproduction en couleurs, p. 97.

Bois polychrome, 47,8 × 37,3 × 6 cm.
Inscription (au revers): « Louis/1867 m ».

Lors de son apprentissage à l'atelier de François-Xavier Berlinguet, Louis Jobin participa quotidiennement aux travaux de son maître. Dès ses débuts en sculpture, il se spécialisa dans l'ébauche et la statuaire, faisant preuve d'une maîtrise précoce dans ces domaines (voir fig. 3 et 4). En plus de ses ouvrages d'apprenti, le jeune homme réalisa pour lui-même, pour son seul plaisir, quelques oeuvres de fantaisie, c'est-à-dire des pièces qui n'avaient pas été commandées par d'autres à des fins précises. À cette catégorie d'oeuvres fantaisistes se rattachent le *coffret* (n° 48) ainsi que le fameux *autoportrait* du Musée national de l'Homme à Ottawa.

L'*autoportrait* de Jobin est d'un grand intérêt documentaire et formel. Il s'agit de l'un des rares reliefs exécutés par le statuaire et, surtout, de sa première oeuvre signée et datée. « Fait dans un miroir », selon ce qu'en a dit Jobin lui-même, donc d'après nature, ce bas-relief polychrome montre l'apprenti-sculpteur à l'âge de 22 ans. L'élève s'est lui-même représenté en buste et de face, sur fond noir et uni. Pour la circonstance, il s'est vêtu de son costume des grandes occasions: veston de couleur sombre, chemise blanche à boutons noirs, noeud papillon. Dans son *autoportrait*, Jobin se perçoit comme un jeune homme encore naïf mais sensible.

Quoique le traitement des vêtements soit un peu schématique, les détails du visage sont rendus avec un certain souci de réalisme: regard transparent, traits justes et précis, coiffure naturelle. La sobriété de cette oeuvre a cependant été quelque peu desservie par un nettoyage trop radical comme le montre une photographie prise par Marius Barbeau en 1947.

Relevant à la fois de l'art populaire et de l'art académique, l'*autoportrait* de Jobin n'est pas sans rappeler les reliefs sculptés aux proues des navires de l'époque. De plus, il offre certaines analogies avec un relief américain daté de 1862, un portrait frontal et en demi-buste représentant le *Général McClellan*. Le bas-relief du Musée national de l'Homme est le premier autoportrait sculpté connu au Québec. L'*autoportrait* peut être considéré comme l'une des oeuvres maîtresses de la période de formation de Jobin.

Ill. 47a. L'***autoportrait*** *avant son nettoyage.* (Photo Marius Barbeau, 1947; M.N.C.O., Coll. Marius-Barbeau, nég. n° 97362).

Bibliographie

BARBEAU, *J'ai vu Québec/I Have Seen Quebec*, 1957, n.p. (repr.); BARBEAU, *Louis Jobin statuaire*, 1968, p. 56-57, 66, 141 (repr.); MCKENDRY, *Folk Art*, 1983, p. 67, 80-81 (repr.); BÉLAND, *Les trente premières années* ..., 1984, p. 37-38, 84 et 120 (repr.).

Collection

Musée national de l'Homme, Ottawa; Musées nationaux du Canada (n° 79-653).

48.
***Coffret au chien couché*,**
1865-1868.

Bois verni, 38 × 27 × 26,5 cm.

Dans les collections publiques ou privées canadiennes, le *coffret au chien couché* s'avère être l'une des cassettes peintes ou sculptées les plus travaillées. Des motifs floraux et végétaux ornent trois des côtés du coffret alors que des roses sculptées en haut-relief agrémentent le panneau principal. De plus, des colonnettes surmontées de têtes de griffon ont été appliquées aux angles du boîtier. Le couvercle constitue enfin un beau morceau en soi, qui est décoré d'un chien couché sur un tertre.

Pourvu d'une serrure, le coffret était de toute évidence destiné à contenir des objets de valeur tels que des bijoux ou des lettres personnelles. Ses usages pouvaient être multiples suivant les intérêts de son propriétaire.

Dans la plupart de ses écrits où est illustré le *coffret au chien couché*, Barbeau indique qu'il aurait été réalisé vers 1890 par Octave Morel lequel, à sa mort, l'aurait laissé à Louis Jobin. Pourtant, d'après les propos de Jobin lui-même recueillis par l'ethnographe, le sculpteur aurait exécuté ce boîtier alors qu'il était apprenti, soit entre 1865 et 1868. Comme l'*autoportrait* (n° 47), cette pièce finement travaillée se rattache aux oeuvres de loisir et de jeunesse du sculpteur.

Bibliographie

BARBEAU, *Quebec Where Ancient France Lingers*, 1936, p. 78 (repr.); BARBEAU, *Québec où survit l'ancienne France*, 1937, p. 83 (repr.); BARBEAU, « Les derniers de nos artisans », 1937, p. 55 (repr.); BARBEAU, « Nos arts populaires », 1940, p. 6 (repr.); BARBEAU, *Maîtres artisans de chez nous*, 1942, p. 206; BARBEAU, « Traditional Arts of Quebec/Arts populaires laurentiens », 1944, p. 16 (repr.); BARBEAU, « Nos animaliers », 1947, p. 20 (repr.); BARBEAU, *J'ai vu Québec/I Have Seen Quebec*, 1957, n.p. (repr.); BARBEAU, *Louis Jobin statuaire*, 1968, p. 109 et 142 (repr.); MCKENDRY, *Folk Art*, 1983, p. 205 et 215 (repr.); BÉLAND, *Les trente premières années...*, 1984, p. 37 et 119 (repr.).

Collection

Musée national de l'Homme, Ottawa; Musées nationaux du Canada (n° 79-728).

49.
Paul Cousin, Louis Jobin et Pierre Gauvin.
***Le char de l'Agriculture*, 1880.**

Voir reproduction en couleurs, p. 98

Bois polychrome, métal et cuir.
H. tot.: 450 cm; larg.: 233 cm; long.: 497 cm. Inscriptions (quatre panneaux du piédestal): « Fête du 24 juin 1880 » / « Les cultivateurs de l'Ancienne-Lorette » / « Honneur à l'agriculture » / « Emparons-nous du sol ».

La procession de la Saint-Jean-Baptiste de 1880 fut l'une des plus imposantes, voire même l'une des plus spectaculaires, du siècle dernier. Lors du célèbre défilé du 24 juin, les quelque 25 chars de procession construits pour l'occasion allaient constituer les éléments les plus pittoresques et les plus populaires de la fête. Sept d'entre eux étaient décorés de personnages sculptés en ronde-bosse. Le sculpteur Louis Jobin assuma en tout ou en partie la confection de quatre voitures de procession, dont les deux qui avaient une ornementation statuaire de caractère nettement profane soit le char de la Société Saint-Jean-Baptiste de Beauport avec une effigie de *Salaberry* (fig. 29 et 30) et celui de l'Agriculture avec une *Cérès*.

C'est sous la surveillance et d'après les plans de l'architecte Paul Cousin qu'a été fabriqué le char de l'Agriculture commandé par la Société Saint-Jean-Baptiste de l'Ancienne-Lorette. La construction elle-même du char fut confiée à Pierre Gauvin, maître-charron de cette paroisse, tandis que les ornements sculptés étaient réalisés par le statuaire Louis Jobin. Au lendemain du fameux défilé, *L'Événement* publia la description suivante de ce char dit allégorique:

Il a la forme d'un char romain renversé. Sur le devant de la voiture est un castor posé sur une quille qui soutient tout le char et qui est garnie de feuilles d'acanthe et d'érable entremêlées. Le corps de la voiture est couleur mauve avec filets lilas. Au premier plan à l'avant se trouve une corbeille de fruits et de légumes sculptés; de chaque côté, une gerbe de blé naturel surmontée d'un faisceau d'instruments aratoires. Au centre sur un tertre, une charrue, et de chaque côté dans le bas du tertre des légumes naturels de toutes sortes. En arrière un piédestal [...], la statue de Cérès, déesse de l'agriculture, en bas du piédestal, deux ruches en paille sur un pied ornementé; de la verdure et des fleurs naturelles entourant le piédestal. Le char était traîné par quatre chevaux.

L'Événement nous apprend donc qu'en plus de la statue de *Cérès* Jobin exécuta la sculpture ornementale de la voiture composée de motifs végétaux et animaliers: les feuilles d'acanthe et d'érable entrelacées tombant en festons sur la quille, la grande urne garnie de fruits et de légumes, le castor emblématique placé au point culminant de la proue. Quant à la statue de *Cérès*, Paul Cousin apporta, dans *Fête nationale des canadiens-français...* (1881), une précision on ne peut plus éclairante sur la source iconographique utilisée par le sculpteur pour concevoir sa figure mythologique. En effet, l'auteur du compte rendu du défilé notait que la statue avait été « exécutée d'après une photographie de la Cérès du Vatican ». Comme dans le cas de la *sainte Cécile* du char des Sociétés musicales (n° 50), Jobin s'était donc inspiré d'un modèle célèbre pour composer sa déesse de l'Agriculture.

Or il est évident que la statue réalisée par Jobin est en réalité une évocation de *Fortuna*, la déesse de l'Abondance. En effet, une oeuvre romaine en marbre conservée au Musée du Vatican représente Fortuna avec une corne d'abondance sur le bras gauche tandis que la *Cérès* du même musée, une déesse effectivement identifiée à l'agriculture, tient un bâton et un plat d'offrandes. On ne sait par quelle méprise ou confusion, Jobin a néanmoins sculpté la *Cérès* avec une corne de fruits et légumes et avec une faucille. Quoi qu'il en soit cette déesse antique constitue, avec l'enseigne du *Neptune* (nº 58), l'une des seules figures mythologiques à avoir été réalisées par le sculpteur. De plus, la *Cérès* de Jobin se rapproche, aux points de vue formel et iconographique, de certaines *Liberty* ou *Columbia* exécutées durant la même période aux États-Unis : pose solennelle et hiératique, polychromie originale voyante, etc. Néanmoins, le char de l'Agriculture est encore l'une des rares voitures de procession du siècle dernier à avoir présenté une thématique proprement allégorique (voir nº 50).

Le char de l'Agriculture aurait été réutilisé plusieurs fois par la suite, notamment aux défilés de la Saint-Jean de 1889, 1892 et 1902. Une pareille réutilisation serait à l'origine de quelques remaniements, le castor déplacé de la poupe à l'urne par exemple, ainsi que des nombreuses couches de peinture qui recouvrent la voiture et la statue.

Le char des agriculteurs nous est parvenu dans un bon état, toujours orné de la déesse antique façonnée par Jobin. Donné au Musée du Québec en 1975 et classé bien culturel l'année suivante, il est le seul char de procession fabriqué au XIXe siècle qui ait été conservé presque intégralement.

Expositions
1976, Montréal, Place Bonaventure, *Hier au Québec. 1875-1915*. 1980, Québec, Voûtes du Palais, *Les fêtes populaires à Québec aux XIXe et XXe siècles*, (Cérès).

Bibliographie
L'Évenement, 25 juin 1880, p. 1 ; *Le Journal de Québec* et *Le Courrier du Canada*, 28 juin 1880, p. 2 ; *L'Opinion publique*, 1er juillet 1880, p. 318 ; CHOUINARD, *Fête nationale des canadiens-français* ..., 1881, p. 489 ; « Char allégorique classé bien culturel », 1976, p. 12 (repr.) ; *Hier au Québec*, 1976, p. 4, 8-9 et 38 (repr.) ; *À la redécouverte de notre fête nationale*, 1980, p. 32-33 (repr.) ; PAULETTE, *Je me souviens*, 1980, p. 22 (repr.) ; BÉLISLE, *La sculpture navale* ..., 1982, p. 509 (repr.).

Collection
Musée du Québec/Musée de la civilisation, Québec (nº 75.285).

Cérès, 1880.

Bois polychrome, 188 × 72 × 48 cm.
Inscription (sur la base) : « Louis Jobin 1880 »

50.
Sainte Cécile, 1880 ou 1885.

Voir reproduction en couleurs, p. 99

Bois polychrome, 200 × 75 × 60 cm.
Inscription (sur la base, à gauche): « L. Jobin/1885 ».

À l'occasion du défilé de la Saint-Jean-Baptiste de 1880 à Québec, Louis Jobin collabora à la réalisation complète ou partielle de quatre voitures de procession. Deux d'entre elles revêtaient un aspect religieux puisque leurs principaux ornements, des statues en pied, représentaient un *saint Barthélémy* dans le cas du char des tanneurs, corroyeurs et mégissiers (fig. 28) et une *sainte Cécile* dans celui du char des Sociétés musicales.

En ce qui concerne le char commandé par les Sociétés musicales, *Le Journal de Québec* notait, dès le 23 mars 1880:

> Ce char allégorique [...] sera sans contredit un des plus beaux chars de cette fête et digne de figurer dans les grandes villes européennes. Sa dimension est de dix pieds de longueur sur cinq de largeur; hauteur, 14 pieds. Au centre, un tertre, orné de 4 bas-reliefs, représentant des instruments de musique, au dessus du tertre, un piédestal ornementé et sculpté [...]. La statue de sainte Cécile reposant sur le piedestal a cinq pieds de haut et est faite d'après le modèle de la sainte Cécile dite Raphael. À chaque angle du char, un pilastre supportant une renommée de 3½ pieds jetant au son de sa trompe [...] les noms de tous les grands compositeurs inscrits sur une banderolle qu'elle tient à la main et qui s'enroule sur le pilastre.
>
> Au début, une lyre de 4 pieds de haut, supportée par deux castors de 3 pieds de haut.

Comme le char de l'Agriculture (n° 49), celui des Sociétés musicales s'avérait être l'une des rares voitures de la Saint-Jean de 1880 à recourir à l'allégorie. Conçus dans le but d'aider à visualiser un concept ou pour exprimer une idée abstraite, les chars dits « allégoriques » présentaient des objets ou des personnages symboliques. Le char de la Musique se rattachait donc à cette catégorie par ses principales composantes décoratives: une statue de la patronne des musiciens, des anges avec trompette et une lyre supportée par deux castors emblématiques.

Le char des Sociétés musicales allait être construit par le maître-menuisier Edmond Patry, d'après les dessins et sous la direction de Paul Cousin, architecte et secrétaire du comité des chars lors de la convention de 1880. Les peintures et décorations furent confiées à Paul-Gaston Masselotte, peintre-décorateur français, alors que les statues et autres

Ill. 50a. ***Le char des Sociétés musicales***, en 1880. Détail d'une illustration d'Henri Julien parue dans ***L'Opinion publique*** *du 8 juillet 1880 (p. 334) et dans le* ***Canadian Illustrated News*** *du 30 juillet 1880 (p.35).* (Photo John R. Porter, université Laval de Québec).

ouvrages sculptés furent l'oeuvre du statuaire Louis Jobin.

Il existe un dessin du char de la Musique fait par Henri Julien et publié dans *L'Opinion publique* et dans le *Canadian Illustrated News*. L'illustration révèle que la *sainte Cécile* de Jobin s'inspire effectivement d'une oeuvre prestigieuse, un tableau peint par Raphaël en 1514 et aujourd'hui conservé à la Pinacoteca Nazionale de Bologne. Suivant le même modèle et attribuée au même sculpteur, une deuxième statue de la sainte, de dimensions moyennes et autrefois polychrome, orne depuis 1884 le choeur de l'église de Saint-Henri-de-Lévis (voir n°s 38-40).

Bien qu'ils ne fassent pas état des circonstances entourant la commande ou l'installation de la statue, Georges Côté et Damase Potvin ont dit que Jobin aurait sculpté, en cette même année 1880, une autre oeuvre représentant la patronne des musiciens. Cette *sainte Cécile* était destinée à couronner la coupole centrale du buffet d'orgue de l'église de Saint-Jean-Baptiste à Québec. Curieusement, *Le Courrier du Canada* du 28 juin 1880 avait rapporté que lors d'une messe solennelle au temple de cette paroisse le « char des Sociétés musicales avait été démonté et les différentes parties [...] exposées [...] dans l'église ». Or la statue du buffet d'orgue, polychrome et grandeur nature, correspond en plusieurs points à la *sainte Cécile* du char illustré par Henri Julien. Comme l'a souligné John R. Porter dans *Le Grand Héritage*, il est donc vraisemblable qu'en 1884, afin de contribuer à l'ornementation de l'église nouvellement reconstruite, les principaux commanditaires du char aient cédé à la fabrique de Saint-Jean-Baptiste la statue de la « grande convention » de 1880. De plus, quelques-uns des commanditaires, dont le choeur de l'église de Saint-Jean-Baptiste, étaient directement rattachés à la paroisse.

Conforme à l'iconographie traditionnelle de la patronne des musiciens, la *sainte Cécile* tient un petit orgue portatif renversé. Le visage tourné vers le ciel, la vierge et martyre écoute, ravie, la musique des anges. Contrairement à l'image tourmentée du *saint Barthélémy* (voir n° 39) exécuté par Jobin pour le même défilé, l'extase de la sainte musicienne donne lieu à un traitement massif et même statique. Paradoxalement, on remarque un mouvement très subtil dans la courbe sinueuse suggérée par la position des pieds, des mains et de la tête.

Exposition
1984, Québec, Musée du Québec, *Le Grand Héritage. L'Église catholique et les arts au Québec*, n° 245.

Bibliographie
Le Journal de Québec, 23 mars 1880; *L'Événement*, 25 juin 1880, p. 2; *Le Courrier du Canada*, 28 juin 1880, p. 2; *L'Opinion publique*, 1er juillet 1880, p. 318; CHOUINARD, *Fête nationale des canadiens-français* ..., 1881, p. 506-507; CÔTÉ, « Le clos de la tour n° 3 », 1926, p. 11; POTVIN, « Louis Jobin ... », 1926, p. 37; 1927, p. 10; 1928, p. 83; *Le Grand Héritage*, 1984, p. 266, 274-275 (repr.)

Collection
Fabrique Saint-Jean-Baptiste, Québec.

51.
Laval, Champlain et Brébeuf

Trois statues de glace.
Place de la basilique.
Carnaval d'hiver de 1894 à Québec.

Photographies anciennes.

Ill. 51a. *Vue de la place de la basilique Notre-Dame de Québec lors du Carnaval d'hiver de 1894 avec les trois statues de glace.* (Photo A.P.C.O., nég. nº PA23628).

Le carnaval d'hiver de Québec de 1894 est, encore de nos jours, considéré comme ayant été l'un des plus remarquables de la province au XIXe siècle. Il attira quelque 20 000 visiteurs, soit l'équivalent du tiers de la population de la ville. Un comité avait été spécialement chargé de dessiner les plans des constructions en neige ou en glace et d'en superviser l'édification dans les endroits stratégiques de la capitale. Parmi ces constructions, il y en eut une série comportant des statues en glace et dont Louis Jobin assuma l'entière réalisation.

Sur le site de l'ancien « Jet d'eau » qui faisait face à la basilique Notre-Dame, Jobin exécuta un ensemble statuaire des plus imposants. Touristes et résidents de la vieille capitale purent admirer à cet endroit une énorme tour conique faite de branches de sapin et au pied de laquelle se dressaient trois statues de glace vive. Disposées en triangle, sur des piédestaux transparents, les trois statues représentaient des personnages illustres de la Nouvelle-France: *Mgr François de Laval*, *Samuel de Champlain* et le *Père Jean de Brébeuf*. Ces monuments en glace remportèrent un immense succès, suscitant l'émerveillement du grand public comme des chroniqueurs de journaux, et constituèrent l'une des grandes attractions du carnaval de 1894. Les uns vantaient « la ressemblance parfaite » des effigies avec les portraits connus des héros; les autres, l'éclat éblouissant et la pureté cristalline du matériau.

Prises selon des angles différents depuis la place de la basilique, quelques photographies de l'époque nous permettent de nous faire une idée de la fascination qu'exercèrent les monuments éphémères de Jobin. L'un de ces clichés, une vue stéréoscopique, a été fait par le photographe américain W. Kilburn, de Littleton au New-Hampshire. C'est dire la publicité que retira le groupe héroïque de Jobin au-delà des frontières et la popularité qui y fut la leur. Aussi, un envoyé spécial du *Sun* de New York, Julian Ralph, signa quelques articles qui contribuèrent à la renommée internationale du sculpteur québécois:

Ill. 51b. *Vue stéréoscopique de la place de la basilique Notre-Dame de Québec prise par le photographe W. Kilburn.* (Copie photographique M.N.C.O., Coll. Marius-Barbeau, nég. n° J-8482E).

Le majestueux fleuve Saint-Laurent [...] a des eaux cristallines et lorsqu'on coupe la glace à sa surface, les blocs ont des reflets d'un vert émeraude. [...] On connaît un homme de talent nommé Jobin qui a soudé des blocs de glace avec de l'eau glacée et sculpté de très belles statues dans ce matériau. Trois d'entre elles se trouvent devant la basilique. [...]. Jobin a donné vie à ces personnages. [...] . Lors du dévoilement des statues de glace, tous ceux qui étaient présents ont été surpris de leur beauté. Même taillées dans le verre, elles n'auraient pas été plus claires et plus brillantes. Ce sont des oeuvres d'art et l'on dit qu'elles constituent d'excellents portraits des personnalités qu'elles représentent. (Cité dans *Québec Winter Carnaval*). *(Traduction).*

Les monuments du carnaval de 1894 devaient faire de Jobin le véritable pionnier de la sculpture sur glace au Québec, le premier à avoir pratiqué cet art à une si grande échelle et avec autant d'ingéniosité.

Bibliographie

FAIRCHILD, *Quebec Winter Carnaval*, 1894, p. XIV, XXIII-XXIV et CIII-CV; *L'Événement*, 24 et 29 janvier 1894, p. 4; *Le Courrier du Canada*, 25 au 29 janvier 1894, p. 4; CÔTÉ, « Le clos de la tour n° 3 ... », 1926, p. 11; POTVIN, « Louis Jobin ... », 1926, p. 37; 1927, p. 27; 1928, p. 91; POTVIN, « En avant le carnaval », 1955, p. 16; FRIED, *Artists in Wood*, 1970, p. 159; BÉLISLE, *La sculpture navale* ..., 1982, p. 316.

52 et 53.
***Frontenac et Jacques Cartier*.**
Statues de glace.
Carnaval d'hiver de 1894 à Québec.

Photographies anciennes.

Ill. 52. *Vue du monument à* ***Frontenac*** *lors du Carnaval d'hiver de 1894 à Québec.* (Photo A.N.Q.Q., nég. n° O3Q-P60-6).

Outre l'ensemble statuaire placé en face de la basilique (n° 51), Jobin avait taillé dans la glace les figures de deux autres héros nationaux: *Jacques Cartier* et *Frontenac*. Ces deux oeuvres éphémères nous sont également connues grâce à des photographies anciennes du carnaval de 1894.

La statue de *Cartier* couronnait un imposant arc de triomphe érigé à la croisée des rues de la Couronne et Saint-Joseph dans le quartier Saint-Roch. Bien que la photographie soit peu révélatrice à ce sujet, l'effigie façonnée par Jobin reprenait la pose du *Jacques Cartier* sculpté une trentaine d'années auparavant par son maître, François-Xavier Berlinguet. Placée au marché Saint-Pierre, la statue de *Frontenac*, quant à elle, surmontait un piédestal construit en branches de sapin et orné de canons de glace. À l'image du bronze réalisé par Philippe Hébert pour la façade du Parlement (1890), le *Frontenac* de cristal esquissait le geste accompagnant la célèbre riposte: « Je vous répondrai par la bouche de mes canons ». Et on voit le gouverneur pointer l'index droit vers l'un des canons. Jobin allait lui-même reprendre le *Frontenac* pour l'une des statues de couronnement qu'il livra au Séminaire de Sherbrooke en 1913 (fig. 37).

Pour fabriquer ses sculptures sur glace, Jobin avait à travailler à l'extérieur dans des conditions très difficiles, c'est-à-dire généralement par temps froid et les mains nues. De plus, le sculpteur avait été obligé de mettre au point de nouvelles techniques appropriées à la taille de la glace et d'inventer des outils adaptés au matériau lui-même. Selon des témoignages de l'époque, Jobin soudait par jets d'eau plusieurs blocs de glace ensemble de manière à produire une masse assez importante pour pouvoir sculpter son sujet. Julian Ralph fit part à ses lecteurs des problèmes qu'avait rencontrés le statuaire:

Le sculpteur Jobin, qui a taillé les statues de glace, a bien failli ne pas les livrer pour le carnaval. Il a demandé qu'on fabriquât de grands piliers de glace en gelant ensemble plusieurs blocs, puis il s'est attelé à sa délicate tâche en plein air, pensant pouvoir ciseler. Lorsque Jobin frappait légèrement, la glace volait en poudre. Lorsqu'il frappait fort et de façon prolongée, elle se fendait dans les directions les plus inattendues. Jobin dut en fait inventer de nouveaux outils, en particulier une sorte de cisailles, pour exécuter son travail. Quelle admirable réussite! Quel réalisme dans ces personnages qui semblent taillés dans le verre! (Cité dans *Quebec Winter Carnival*). *(Traduction)*

Bibliographie

FAIRCHILD, *Quebec Winter Carnival*, 1894, p. XIV-XV, CIII-CIV; *L'Événement*, 24 janvier 1894, p. 4; CÔTÉ, « Le clos de la tour n° 3 ... », 1926, p. 11; POTVIN, « Louis Jobin ... », 1926, p. 37; 1927, p. 27; 1928, p. 91; FRIED, *Artists in Wood*, 1970, p. 159; BÉLISLE, *La sculpture navale* ..., 1982, p. 316.

Ill. 53. *Vue de l'arche de* ***Jacques Cartier*** *lors du Carnaval d'hiver de 1894 à Québec.* (Photo J.-E. Livernois, A.N.Q.Q., nég. n° 79-12-36).

54.
***La Liberté*.**

**Monument en glace.
Carnaval d'hiver de 1896 à Québec.**

Photographies anciennes.

Ill. 54a. *Vue de la rue Saint-Joseph à Québec lors du Carnaval d'hiver de 1896.* (Photo A.N.Q.Q., nég. n° 81-8-7).

Se souvenant de la ferveur populaire suscitée en 1894 par les monuments de Jobin (n°s 51-53), les organisateurs du carnaval de 1896 relancèrent l'expérience mais, cette fois, avec plus d'envergure et de façon plus systématique.

Parmi les constructions les plus originales et les plus spectaculaires auxquelles donnèrent lieu les festivités, il y en eut une qui fut plus particulièrement remarquée par les passants. Il s'agissait d'une statue de *La Liberté éclairant le monde*, un « calembour en glace », installée sur un piédestal en face des grands magasins de J.-B. Laliberté rue Saint-Joseph.

Le monument de *La Liberté* fut l'un des ouvrages sculptés les plus impressionnants des fêtes d'hiver de 1896. Cette masse de glace de plus de 3 000 kilos et de 5 mètres de hauteur avait été sculptée au coût de 150 $ par Louis Jobin. L'oeuvre colossale était une réplique de la fameuse statue de Bartholdi, inaugurée dix ans auparavant dans le port de New York. Aussi, il est certain que Jobin a eu en main une image du célèbre monument pour concevoir ce « calembour » commandé par le commerçant Laliberté. L'oeuvre, monumentale, fut particulièrement mise en valeur durant la période des festivités carnavalesques. En effet, un puissant foyer électrique fixé au bout du bras de la statue projetait des rayons sur toute l'étendue de la rue Saint-Joseph. Des clichés de l'artère commerciale nous permettent aujourd'hui de visualiser cette autre oeuvre éphémère de Jobin.

En vue du carnaval de 1896, Jobin reçut de divers groupes et de particuliers d'autres commandes d'oeuvres en glace. Le sculpteur réalisa un *pompier* pour le poste n° 5 de Saint-Roch, un *saumon* chez E. Durand, rue Saint-Jean, un *raquetteur* pour D. Morgan de la rue Sainte-Anne, un *castor* chez H. Demers, rue Saint-Jean, etc.

Bibliographie

La Semaine commerciale, 17 (p. 17) et 24 (p. 12) janvier 1896; *L'Événement*, 22 et 25 janvier 1896, p. 1; 20 février 1896, p. 3; *Daily Telegraph*, 17 janvier 1896, p. 3; PLAMONDON, « Les grandes heures du carnaval ... », 1955, p. 20; PORTER, « La sculpture ancienne du Québec », 1984, p. 74; BOIVIN-ALLAIRE, *Née Place-Royale*, 1984, p. 218.

Ill. 54b. *Vue du monument de* ***La Liberté*** *lors du Carnaval d'hiver de 1896 à Québec.* (Photo A.N.Q.Q., nég. n° 205.54.6).

55.
Boeuf, vers 1885.

Voir reproduction en couleurs, p. 100

Bois polychrome, 43 × 76 cm.

À la fin du siècle dernier, le marché de l'enseigne peinte ou sculptée devait connaître un essor considérable relié à l'urbanisation et à l'industrialisation, de même qu'à l'immigration. Dans les villes de Montréal et de Québec, les enseignes figuratives rendaient plus facile l'identification des produits ou des services offerts à la clientèle. En plus d'attirer l'attention, elles pouvaient être comprises par les analphabètes comme par les immigrants.

Selon les propos de Jobin recueillis par Marius Barbeau en 1925, le sculpteur s'adonna à la confection d'enseignes commerciales durant une bonne partie de sa carrière. Les motifs des enseignes, en relief ou en ronde-bosse, allaient de simples animaux à des personnages, en pied et grandeur nature, très élaborés (n°s 56 à 58). Si quelques-unes de ces figures humaines ont relativement bien résisté à nos températures, ce n'est cependant pas le cas des enseignes animalières, la plupart disparues ou détruites.

Lors de sa période d'apprentissage chez F.-X. Berlinguet, le premier travail de sculpture que demanda son maître à Louis Jobin fut de tailler un petit *renard*, vraisemblablement pour un marchand de fourrures établi rue du Pont à Québec. À son atelier montréalais, Jobin exécuta un « *mouton pendu* » pour annoncer la boutique d'un tailleur. De retour dans la vieille capitale, le sculpteur reçut, de divers commerçants, des commandes d'enseignes de toutes sortes : des boeufs pour les bouchers, des loups pour les manchonniers, etc. Jobin aurait ainsi réalisé un *loup* pour Alfred Dugal, manufacturier de pelleteries et importateur de chapeaux, installé à la basse ville rue Notre-Dame. On lui attribue également l'exécution d'un *chevreuil* en bois recouvert de plomb pour la façade du commerce de fourrures Donaldson, rue Bank à Ottawa. Il n'est pas exclu non plus que Jobin ait exécuté l'*orignal* grandeur nature qui ornait la façade du commerce de J.-B. Laliberté rue Saint-Joseph à Québec (ill. 54). Malheureusement, aucune de ces enseignes n'a survécu aux ravages du temps et de la mode.

Puisque Jobin a confectionné plusieurs figures animales, il serait tout à fait plausible de penser que le sculpteur ait réalisé l'enseigne du *boeuf* conservée au Royal Ontario Museum. Cette hypothèse est d'autant plus vraisemblable que le superbe relief provient de la région de Québec et qu'il date de la fin du XIXe siècle. Chose certaine, la finesse de cette enseigne alliée à la richesse de la polychromie ne peuvent être attribuées qu'à un artisan expérimenté et talentueux. À tout le moins, ce type d'ouvrages sculptés rend compte des divers problèmes d'attribution et de datation ainsi que de ceux relatifs à l'emplacement original des oeuvres, auxquels sont confrontées les recherches en sculpture profane ancienne au Québec.

Bibliographie

BARBEAU, *Louis Jobin statuaire*, 1968, p. 31 et 101 ; TRUDEL, « Quebec Wood-sculpture and Carving », 1974, p. 52 (repr.); BÉLISLE, *La sculpture navale... », 1982, p. 320 et 509 (repr.).*

Collection

Royal Ontario Museum, Toronto (Canadiana, n° 971.62.3).

56.
Matelot, 1873.

Voir reproduction en couleurs, p. 101

Ill. 56a. ***Marin***. *Photo originale de William Notman déposée au Fonds Marius-Barbeau, A.N.Q.M.* (Copie photographique M.N.C.O., Coll. Marius-Barbeau, nég. n° J-4108).

Bois polychrome, 180 × 60 × 50 cm.
Inscription (sur la base, avant): « JOBIN ».

En plus des animaux traités en relief (nº 55), les enseignes sculptées par Jobin pouvaient représenter des personnages travaillés en ronde-bosse et de grandeur nature. Ainsi, à son atelier de Montréal, Louis Jobin réalisa, à la demande d'un membre du Barreau, la figure d'un *avocat* pour annoncer une étude légale située en face du Palais de justice, rue Notre-Dame. Mais en regard du marché de l'enseigne commerciale, Jobin confectionna surtout des statues de tabaconiste principalement connues par la figure de l'Indien (nº 57). Tout en étant populaire dans une proportion de dix contre un, l'Indien ne constituait pas le seul sujet représenté aux devantures des bureaux de tabac (fig. 6).

D'après ce qu'il en dit lui-même, Jobin sculpta en 1873 un *matelot* devant servir d'enseigne à un marchand de tabac de la métropole. Signée par le sculpteur, l'effigie se trouve aujourd'hui au Musée du Château de Ramezay de Montréal.

Nonobstant les souvenirs de Jobin, l'enseigne du *matelot* n'en soulève pas moins de sérieuses questions quant au destinataire réel de l'oeuvre. Si on la compare à une enseigne américaine, celle d'un *marin* tenant une boîte à priser (coll. New York Historical Society), on constate d'emblée que le *matelot* du Château de Ramezay n'est porteur d'aucun objet associé à l'usage du tabac. De surcroît, il correspond à plusieurs égards à celui de l'enseigne traditionnelle de taverne très en vogue au XIXe siècle dans les villes portuaires de l'est des États-Unis. Il y a d'ailleurs une autre hypothèse voulant que le *matelot* de Jobin ait pendant plusieurs années servi d'enseigne à une taverne pour les marins sise rue des Commissaires, près du fleuve. Enfin, une dernière possibilité, le *matelot*, sans référence à un produit spécifique, aurait été conçu pour annoncer divers commerces : une tabagie, une taverne, voire un fournisseur d'instruments de navigation. Quoi qu'il en soit, il ne fait pas de doute que la statue de Jobin a été utilisée sur la façade d'un immeuble. En effet, un gros anneau de métal est ancré au revers de l'oeuvre par ailleurs peu travaillé.

La statue du *matelot* fut exécutée par Jobin d'après une photographie de l'atelier Notman, à Montréal. Le cliché montre un homme portant d'imposants favoris et vêtu d'un uniforme de marin typique du siècle dernier : chapeau rond à large rebord, pantalon aux jambes évasées, chemise à manches bouffantes, etc. Le sculpteur a réussi à transposer fidèlement, en ronde-bosse et grandeur nature, une source bi-dimensionnelle et de petite échelle. Le tout est d'un réalisme convaincant, les proportions, la position des membres, l'étoffe du costume, à quoi s'ajoute la finition polychrome de l'ensemble. Si, comme certains le prétendent, la fonction ou la destination de l'oeuvre la rattachent à l'art populaire, la facture recherchée et achevée du *matelot* relève en revanche de l'art savant, sinon de l'art académique.

Exposition

1973, Ottawa, Galerie nationale du Canada, *L'art populaire : l'art naïf au Canada*, nº 117.

Bibliographie

CARRIER et LEFEBVRE, *Catalogue du Musée du Château Ramezay*, 1962, p. 16 ; BARBEAU, *Louis Jobin Statuaire*, 1968, p. 101 ; FRIED, *Artists in Wood*, 1970, p. 163 ; HARPER, *L'art populaire : l'art naïf* ..., 1973, p. 124-125 (repr.) ; BÉLISLE, *La sculpture navale* ..., 1982, p. 325 et 514 (repr.) ; BÉLAND, *Les trente premières années* ..., 1984, p. 74-75, 83, 88, 127-128 (repr.).

Collection

Musée du Château de Ramezay, Montréal (nº 36).

57.
Indien, vers 1885.

Voir reproduction en couleurs, p. 102

Bois polychrome, 183,5 × 49 × 43 cm.

La statue de tabaconiste est aujourd'hui considérée comme la plus pittoresque, la plus populaire et la plus variée des enseignes nord-américaines sculptées au cours du siècle dernier. Au milieu du XIXe siècle, l'industrie et le commerce du tabac connurent un essor considérable alors que se répandait l'usage du cigare. L'Indien, premier Américain à cultiver le tabac, devint aussitôt un symbole pour la publicité des tabaconistes. Des années 1850 jusqu'à la fin du siècle, son image devait proliférer dans la plupart des villes du continent. Il n'est pas étonnant que Jobin ait profité de cette vogue lorsqu'il était à New York et à Montréal (fig. 6) aussi bien qu'à son retour dans la vieille capitale. Comme il l'a confié à Victoria Hayward, Jobin a réalisé dans son atelier de Québec quelques indiens dont l'un, vers 1920, était toujours en place à la devanture d'une tabagie de la rue Saint-Jean. Il s'agit de l'enseigne des frères J.E. et J.L. Dussault. Leur boutique était située au 350 rue Saint-Jean, entre la côte Sainte-Geneviève et la rue Sainte-Marie. En 1926, Damase Potvin écrivit ce qui suit concernant cette enseigne:

> Depuis toujours, pourrait-on croire, on voit à la porte de ce magasin un Indien de haute stature peinturluré des couleurs les plus voyantes et fumant, d'une façon stoïque, les regards dans le vague, un énorme calumet de la paix. Nous demandons à M. Dussault s'il peut nous dire depuis quand son sauvage monte ainsi la garde devant son magasin:
> – Depuis bien au-delà de cinquante ans, répond M. Dussault.
> – Et d'où vient cette sculpture?
> – Je ne saurais trop dire: c'est un souvenir de mon vieux père qui a fondé notre maison. Il avait acheté cela d'un homme qui faisait des statues, quelque part sur la rue Claire-Fontaine. Le Sauvage avait été fait pour un Carnaval, à Toronto, mais pour une raison ou pour une autre l'on ne le réclama pas et mon père l'acheta de ce statuaire dont je ne puis me rappeler le nom.
> – N'est-ce pas Louis Jobin?
> – C'est bien cela, Louis Jobin. Vous savez, pas plus tard qu'il y a deux ans, un Américain de passage ici m'a offert 500,00 $ pour mon Sauvage. Il n'est pas à vendre pour aucune somme d'argent.

D'après ce récit, on pourrait croire que l'enseigne grandeur nature correspond au superbe *Indien* conservé au Musée du Québec. D'une part, la tabagie Dussault allait fermer ses portes en 1935 et c'est l'année suivante que le Musée du Québec se porta acquéreur d'un *Indien* de tabaconiste. D'autre part, l'examen de l'oeuvre a révélé que le personnage, à l'origine de couleurs très éclatantes, fumait lui aussi une pipe et qu'il la tenait de la main droite.

Deux tableaux-souvenirs datant de 1897 et de 1911 et où on voit les amis de la maison Dussault nous sont parvenus. On y trouve aussi une photographie de l'*Indien* qui sert de marque de commerce à la tabagie. Le marchand de tabac de la rue Saint-Jean utilisa encore une illustration de l'*Indien* dans un album-souvenir de la paroisse de Saint-Jean-Baptiste publié en 1924. Or il apparaît que l'Indien de Dussault et celui du Musée du Québec sont en réalité deux oeuvres différentes dérivant cependant d'un même modèle. L'*Indien* trapu de Dussault semble plus naturel que l'*Indien* noble et héroïque du Musée du Québec, beaucoup plus idéalisé. Finalement, les deux figures se distinguent l'une de l'autre si on considère quelques détails vestimentaires et éléments de parure.

Un rapport de restauration établi par M. Claude Payer, du Centre de conservation du Québec, devait nous procurer d'heureuses surprises quant à certaines données techniques et matérielles relatives à l'oeuvre.

D'une part, comme maintes statues-enseignes nord-américaines, l'*Indien* présente au milieu de chacune de ses extrémités une importante perforation. Ces deux perforations rendaient possible l'insertion de tiges ou de tuyaux de fer qui lors de l'exécution facilitaient la manutention de la pièce. Ce procédé était particulier aux ateliers newyorkais spécialisés dans la fabrication d'enseignes de tabaconiste à la fin du siècle dernier. Or Jobin s'est justement perfectionné dans la métropole américaine.

D'autre part, dans la cavité de l'extrémité supérieure de la tête, à l'intérieur de la coiffure, on trouva un fragment du panache polychromé avec les couleurs d'origine, en l'occurence un bleu très clair, et de la dorure. Aussi, une analyse détaillée du panache a révélé qu'il y avait plusieurs couches de revêtements (apprêts, peintures, dorures, vernis, etc.). La découverte du fragment, ainsi que l'analyse des couches picturales du panache, confirment donc certaines pratiques, courantes à l'époque, dans la finition des figures de tabaconiste. En effet, comme l'indique le récit de Potvin, l'Indien était habituellement peint de couleurs vives parfois rehaussées de feuilles d'or ou d'argent. De plus, les enseignes extérieures des débits de tabac étaient, en raison de leur exposition aux intempéries, repolychromées à intervalles réguliers. Enfin, comme la plupart des *Indiens* de grand format, la base de cette enseigne avait été munie de roulettes afin que son propriétaire puisse la déplacer, matin et soir, sans trop d'efforts.

L'Indien du Musée du Québec de même que celui des Dussault possédaient jadis un calumet de paix, un attribut peu courant dans la production nord-américaine d'Indiens de tabaconiste. À l'exception de cette pipe, notre *Indien* se rattache toutefois à une catégorie de figures conventionnelles de l'époque qui se caractérisent par leur attitude solennelle, leur pose frontale et statique, et leurs traits idéalisés. Le personnage a généralement un bras levé à hauteur de poitrine et soutenant un pan de vêtement, et une main serrant des feuilles de tabac. Jobin avait réalisé à Montréal une figure de tabaconiste découlant de ce modèle stéréotypé et inspirée de ce qu'il avait vu dans les catalogues des grandes manufactures américaines (fig. 6).

Le souci qu'a eu Jobin de rendre avec soin les proportions et les détails de son *Indien* fait de la figure du Musée du Québec l'une des oeuvres majeures de sa production profane. À ce propos, l'Américain Frederick Fried, un spécialiste de l'enseigne de tabaconiste, écrivait:

Ill. 57a. ***Indien** de la tabagie J.L. et J.E. Dussault de Québec. Oeuvre disparue. Détail d'un tableau-souvenir intitulé «Amis de la maison J.L. Dussault 1911». Coll. Jacques Dussault, Trois-Rivières et Gaston Cloutier, Québec.* (Copie photographique Patrick Altman, Musée du Québec).

> Tout dans cette sculpture, la figure, les vêtements, les traits du visage, et spécialement les mains, témoigne du talent de Jobin. L'enseigne de cette boutique, à la fois simple et très belle, est un exemple de la dignité dont sont empreints ses personnages religieux. *(Traduction)*.

Signalons enfin que le Musée de Shelburne, au Vermont, acquit en 1985 un *Indien* polychrome et grandeur nature qui présente une ressemblance frappante avec ceux du Musée du Québec et de la tabagie Dussault.

Au plus fort de la production, le nombre des enseignes de tabaconiste répandues sur le continent atteignit le chiffre astronomique de 70 000. Au tournant du siècle, l'utilisation de la figure artisanale sculptée alla toutefois diminuant à cause du développement de l'enseigne métallique, de l'apparition de la réclame électrique et de l'adoption de nouveaux règlements municipaux. Quelque 3 000 figures de tabaconiste seulement subsistent aujourd'hui, ce qui fait des Indiens des pièces rares et fort prisées des collectionneurs et des antiquaires.

Expositions

1952, Québec, Musée de la Province, *Exposition rétrospective de l'art au Canada français*, n° 53; 1967, Québec, Musée du Québec, *Sculpture traditionnelle du Québec*, n° 91; 1976, Montréal, Place Bonaventure, *Hier au Québec. 1875-1915*.

Bibliographie

Album-Souvenir ..., 1924, p. 22 (repr.); HAYWARD, «Woodcarving Crowned ...», 1926, p. 25; POTVIN, «Louis Jobin ...», 1926, p. 25; 1927, p. 9; 1928, p. 74; BARBEAU, «Côté, sculpteur sur bois», 1942, p. 3; MORISSET, *Exposition rétrospective* ..., 1952, p. 51; TRUDEL, *Sculpture traditionnelle du Québec*, 1967, p. 154-155 (repr.); FRIED, *Artists in Wood*, 1970, p. 160 (repr.); LESSARD et MARQUIS, *Encyclopédie des antiquités*..., 1971, p. 473 (repr.); *Hier au Québec*, 1976, p. 32 et 38 (repr.); BOIVIN-ALLAIRE, *Née Place royale*, 1984, p. 124.

Collection

Musée du Québec, Québec (n° 36.28).

58.
Neptune, vers 1901.

Bois décapé, 228 × 93,5 × 39 cm.

Située au pied de la côte de la Montagne, l'auberge des marins appelée Neptune Inn avait été ouverte en 1809 par P. Lonnergan. Comme le montre une aquarelle de James Pattison Cockburn datant de 1830, une figure de proue représentant le dieu des mers, armé de son trident, servait d'enseigne sur la façade de l'immeuble. En 1875 le Morning Chronicle Telegraph installa ses bureaux dans l'édifice qui fut alors exhaussé d'un étage et dont on retira l'enseigne sculptée.

En 1901, le bâtiment abrita de nouveau le Neptune Inn, devenu propriété de Jos. Ths. Le Vallée. Le 21 juin de cette année-là, *La Semaine commerciale* fit état de travaux considérables qui avaient été effectués dans l'édifice de la côte de la Montagne. Une illustration publiée en 1908 montre que la façade de l'hôtel a été complètement transformée et qu'une statue de *Neptune* occupait une niche très ouvragée sur la corniche supérieure. En 1944, un incendie ravagea la fameuse auberge des marins de la capitale. L'enseigne sculptée fut récupérée puis donnée par la Ville de Québec au Musée du Québec.

Marius Barbeau rapporte que Louis Jobin aurait réalisé ce *Neptune*, commandé par un dénommé Johnson et d'après un dessin de celui-ci. Une photographie de cette esquisse est d'ailleurs conservée au Fonds Marius-Barbeau des Archives nationales du Québec à Montréal (M.N.C.O., nég. n° J-8482). Or, J.T. Le Vallée se servit de cette illustration pour annoncer son auberge dans *La Semaine commerciale* et ce, dès le 21 juin 1901. Il faut donc en conclure que Jobin a exécuté son enseigne cette année-là, bien qu'on ait toujours cru que l'oeuvre avait été créée à l'atelier de Québec, et que, par conséquent, elle datait d'environ 1885.

Le modèle utilisé par Jobin est un *Neptune* très « canadianisé » par rapport à la figure de proue de l'ancienne auberge. En effet, bien qu'il soit coiffé d'un casque romain et qu'on le reconnaisse à son attribut guerrier, le dieu des mers est ici costumé en simple matelot de l'époque: gilet serré à col rond, manches remontées, pantalon légèrement moulant, bottes hautes. À cet égard l'enseigne du Neptune Inn ne devait-elle pas attirer une clientèle constituée en bonne partie de marins débarquant chaque jour à quelques rues de l'auberge?

Ill. 58a. *Vue du Neptune Inn avec la statue du **Neptune** peinte polychrome placée au sommet de la façade. Photo tirée du **Canadian Trade Review**, 1908, p. 72 H.* (Copie photographique A.V.Q., nég. n° A101/E 1125).

Comme pour le *matelot* de Montréal (n° 56), Jobin demeure fidèle au dessin du Neptune imposé par le commanditaire tout en améliorant la tête du personnage. La facilité de Jobin à rendre en trois dimensions et à grande échelle un modèle bi-dimensionnel et de petit format est une fois de plus démontrée avec cette enseigne : densité variable des diverses étoffes et du cuir, modelé souple des vêtements sur le corps, etc. Notons enfin que le visage émacié à forte barbe est caractéristique de la tête de plusieurs apôtres du sculpteur.

La statue du *Neptune* est l'une des rares oeuvres profanes à avoir été réalisées par Jobin à l'atelier de Sainte-Anne. Outre cette enseigne d'auberge, sa production profane durant cette période se résume à un *mandarin agenouillé* et à quatre personnages historiques : un *Wolfe* en 1901 (n° 59), un buste de *Champlain* en 1908 (fig. 36), un *Frontenac* (fig.37) et un *Lord Elgin* en 1913.

Expositions

1959, Vancouver, The Vancouver Art Gallery, *Les arts au Canada français*, n° 3 ; 1967, Québec, Musée du Québec, *Sculpture traditionnelle du Québec*, n° 92 ; 1974, Montréal, Terre des Hommes, Pavillon du Québec, *Les arts au Québec*, n° 28 ; 1983, Québec, Musée du Québec, *Cinquante années d'acquisitions, 1933-1983*, n° 135.

Bibliographie

HAYWARD, « Jobin the Wood-carver », 1922, p. 116 ; 1922, p. 98 ; POTVIN, « Louis Jobin ... », 1926, p. 37 ; 1927, p. 27 ; 1928, p. 87 ; MORISSET, *Les arts au Canada français*, 1959, p. 22 et 25 ; TRUDEL, *Sculpture traditionnelle du Québec*, 1967, p. 156-157 (repr.) ; *Collections des musées d'État du Québec*, 1967, n° 48 (repr.) ; BARBEAU, *Louis Jobin statuaire*, 1968, p. 100 ; FRIED, *Artists in Wood*, 1970, p. 158-159 (repr.) ; LESSARD et MARQUIS, *Encyclopédie des antiquités ...*, 1971, p. 471 et 473 (repr.) ; *Creative Canada*, 1972, p. 140 ; BÉLISLE, *La sculpture navale ...*, 1982, p. 325 et 513 (repr.) ; *Le Musée du Québec. 500 oeuvres choisies*, 1983, p. 118 (repr.) ; BOIVIN-ALLAIRE, *Née Place royale*, 1984, p. 29.

Collection

Musée du Québec, Québec (n° 45.20).

Ill. 58b. *Annonce du Neptune Inn dans **La Semaine commerciale** du 21 juin 1901, p.11.* (Photo Patrick Altman, Musée du Québec).

59.
Wolfe, 1901.

Voir reproduction en couleurs, p. 103

Bois polychrome, 193 × 111 × 38 cm.
Inscription (sur la base): « GEN'L WOLFE ».

En 1901, Jobin reçut la commande d'une statue du vainqueur de la Bataille des plaines d'Abraham, le général James Wolfe. Le personnage aurait été sculpté au cours de l'été de la même année pour orner la niche du troisième étage d'une maison située au coin des rues Saint-Jean et du Palais à Québec.

Comme son *Neptune* de l'auberge de la côte de la Montagne (n° 58), le *Wolfe* de Jobin avait été commandé pour remplacer une autre effigie, en l'occurence celle du Général exécutée en 1779 par Hyacinthe et Yves Chaulette. En 1898, la vieille statue avait été descendue de sa niche afin d'être restaurée et repeinte. À l'examen, l'oeuvre fut jugée en si mauvais état qu'on songea à la remettre en place sous un verre protecteur. Cependant le coût de l'opération étant à peu près le même que celui de la confection d'une réplique en bois, on opta pour la seconde solution. C'est alors qu'on fit appel aux services du statuaire de Sainte-Anne qui venait selon toute vraisemblance de terminer son enseigne pour le Neptune Inn.

En 1925, Jobin confia à Barbeau qu'on lui avait fait parvenir un billot de pin donné par John Sharples, un marchand de bois installé à l'Anse-au-Foulon. Il lui dit encore qu'on lui avait fourni un modèle pour réaliser sa sculpture. Il est à toute fin pratique établi que ce modèle s'inspirait d'un dessin fait à Québec par Hervey Smith et diffusé par une gravure de Richard Houston vers 1760. En effet, à l'instar du bronze de Philippe Hébert sur la façade du Parlement (1894), le *Wolfe* de Jobin est représenté dans une pose de commandement. La représentation est en cela conforme à l'image traditionnelle du héros de la Conquête, à cette exception près que Jobin a ajouté, à la ceinture du personnage, deux pistolets et une épée.

En dépit de sa représentation conventionnelle, le *Wolfe* de Jobin témoigne d'une grande habileté au plan de la composition générale, dans le rendu du mouvement du corps et des membres, et dans le dessin des détails de la redingote et des accessoires (armes, tricorne, manches de dentelle, etc.). Le sculpteur s'est même appliqué à rendre le profil légendaire du fameux général. Les qualités plastiques de la sculpture ne sont d'ailleurs pas sans rappeler celles du *Salaberry* de la Saint-Jean-Baptiste de 1880, également sculpté par Jobin (fig. 30).

Ill. 59a. *Vue de l'intersection des rues Saint-Jean et du Palais à Québec avec le **Wolfe** à la façade d'une maison.* (Photo A.P.C.O., nég. n° PA 24126).

Ill. 59b. ***Major Général James Wolfe***. *Gravure de Richard Houston d'après un dessin d'Hervey Smith reproduite dans **The Grand Magazine** en 1760.* (Photo A.P.C.O., nég. C3445).

Appliqué à la façade d'un immeuble, le *Wolfe* de Jobin ne peut toutefois pas être considéré comme une enseigne à l'encontre de la dénomination utilisée dans les études sur cette sculpture. L'effigie n'annonçait pas un commerce comme tel. Elle était tout simplement la sculpture décorative d'un édifice situé à un emplacement stratégique de la ville. Et cela répondait à une tradition historique. Néanmoins, la signification du *Wolfe* devait aller au-delà de celle d'une simple image pittoresque puisque, en 1964, le propriétaire de l'édifice reçut des menaces: on mettrait le feu à l'édifice s'il ne faisait pas disparaître la statue. Le *Wolfe* fut alors descendu de sa niche et remisé avant d'être légué au Musée Royal 22e Régiment de Québec.

Bibliographie

A.V.Q., Série travaux publics, procès-verbaux, comité des chemins, *séance 8 mai 1901*, *requête John Jones*; *lettre de John Jones*, 26 juin 1901; HAYWARD, « Jobin the Woodcarver », 1922, p. 116-117; 1922, p. 98; HAYWARD, « Woodcarving ... », 1926, p. 25; POTVIN, « Louis Jobin ... », 1926, p. 37; 1927, p. 27; POTVIN, « L'auteur de cette statue de Wolfe ... », 1953, p. 76; BOILARD, « Le Musée de la Citadelle ... », 1964, p. 3 (repr.); « Le général Wolfe est-il disparu ... », 1964, p. 10; TRUDEL, « La disparition du Wolfe ... », 1964, p. 3 (repr.); BARBEAU, *Louis Jobin statuaire*, 1968, p. 31; TRUDEL, « À propos de la statue ... », 1970, p. 36 (repr.); FRIED, *Artists in Wood*, 1970, p. 158; BÉLISLE, *La sculpture navale* ..., 1982, p. 316; BOIVIN-ALLAIRE, *Née Place royale*, 1984, p. 130.

Collection

Le Musée Royal 22e Régiment, La Citadelle, Québec.

INDEX DES SUJETS

par Lise Drolet

INDEX DES NOMS PROPRES

par Lise Drolet

LISTE DES EXPOSITIONS

1927, *Canadian Folk-Song and Handicraft Festival*, Château Frontenac, Québec.

1928, *Canadian Folk-Song and Handicraft Festival*, Château Frontenac, Québec.

1935, *Exhibition of Traditional Arts of French Canada*, The Art Gallery of Toronto, Toronto. Catalogue.

1938, *A Century of Canadian Art*, The Tate Gallery, Londres. Catalogue.

1941, *Arts of Old Quebec*, Art Association, Montréal.

1943, Windsor.

1946, *The Arts of French Canada 1613-1870*, The Detroit Institute of Arts, Detroit (Michigan). (Exposition présentée aussi à Cleveland, Albany, Montréal, Ottawa et Québec). Catalogue par R.H. Hubbard et Marius Barbeau.

1952, *Exposition rétrospective de l'art au Canada français*, Musée de la Province, Québec. Catalogue par Gérard Morisset.

1959, *Les arts au Canada français/The Arts in French Canada*, The Vancouver Art Gallery, Vancouver, B.C. Catalogue par Gérard Morisset.

1959, *Exposition d'art religieux en l'honneur de Mgr François de Montmorency Laval*, Café du Parlement, Québec.

1963, *Recent Accessions Exhibition*, Galerie Nationale du Canada, Ottawa.

1965, *Trésors de Québec/Treasures from Quebec*, Galerie Nationale du Canada, Ottawa et Musée du Québec, Québec. Catalogue par J.R. Harper et R.H. Hubbard.

1967, *Sculpture traditionnelle du Québec*, Musée du Québec, Québec. Catalogue par Jean Trudel.

1973-1974, *L'art populaire: l'art naïf au Canada/People's Art: Naive art in Canada*, Galerie Nationale du Canada, Ottawa. (Exposition présentée aussi à Toronto et Vancouver). Catalogue par J.R. Harper.

1976, *Hier au Québec. 1875-1915*, Place Bonaventure, Montréal. Catalogue par Michel Martin.

1980, *Les fêtes populaires à Québec aux XIXe et XXe siècles*, Voûtes du Palais, Québec.

1980, *Coup d'oeil sur la sculpture au Québec*, Musée du Saguenay-Lac-Saint-Jean, Chicoutimi.

1982, *Saint Joseph dans notre tradition*, Musée de l'Oratoire Saint-Joseph, Montréal.

1983, *Les arts au Québec*, Terre des Hommes, pavillon du Québec, Montréal.

1983, *Le Musée du Québec 1933-1983, Cinquante années d'acquisitions*, Musée du Québec, Québec. Catalogue en collaboration.

1984, *Le Grand Héritage. L'Église catholique et les arts au Québec*, Musée du Québec, Québec. Catalogue en collaboration.

BIBLIOGRAPHIE
des ouvrages et articles cités.

ABELL, Walter, « The Arts of French Canada », *Magazine of Art*, vol. 40, n° 2 (février 1947), p. 46-50.

À la découverte de notre fête nationale, Québec, Corporation des Fêtes du 24 juin, 1980, 48 p.

Album-souvenir à l'occasion du 75e anniversaire de la bénédiction de la première église de Saint-Jean-Baptiste de Québec, 1849-1924, 54 p.

ANDERSON, Jean-Ritchie, « Jobin the Wood-Carver », *The Family Herald and Weekly Star*, 4 avril 1928, Magazine Section, p. 1.

The Arts in Canada, Ottawa, Queen's Printer, 1958, 120 p.

AYRE, Robert, « Native Arts of Quebec Come into their Own at Summer Exhibition », *The Standard*, 19 juillet 1941.

BAILLARGEON, Samuel, *Votre visite au Sanctuaire de Sainte-Anne-de-Beaupré*, Sainte-Anne-de-Beaupré, Secrétariat des pèlerinages, 1978, 196 p.

BAILLARGEON, Samuel, « Un maître-sculpteur qui travaillait à Sainte-Anne-de-Beaupré », *Revue Sainte-Anne-de-Beaupré*, vol. 109, n° 9 (novembre 1981), p. 413-414.

BARBEAU, Marius. Pour avoir de plus amples informations sur les nombreux titres de Marius Barbeau sur l'art québécois en général et sur Louis Jobin en particulier, voir BÉLAND, Mario, *Marius Barbeau et l'art au Québec* ....

BARBEAU, Marius, « Temples in Arcadia, Quebec Renaissance », *The American Magazine of Art*, vol. XXV, n° 6 (décembre 1932), p. 343-350.

BARBEAU, Marius, « Laurentian Wood Carvers », *Antiques*, vol. XXVI, n° 1 (juillet 1934), p. 14-16.

BARBEAU, Marius, « Laurentian Wood Carvers », *The Canadian Geographical Journal*, vol. XI, n° 4 (octobre 1935), p. 181-190.

BARBEAU, Marius, « Wood-Carvers of Early Canada », *The Sunday Sun*, 23 novembre 1935, p. 31.

BARBEAU, Marius, *Quebec Where Ancient France Lingers*, Québec, Librairie Garneau, Toronto, The Macmillan Company of Canada Limited, 1936, 173 p.

BARBEAU, Marius, « Two Master Carvers of Ancient Quebec », *The Dalhousie Review*, vol. XVI, n° 3 (octobre 1936), p. 287-292.

BARBEAU, Marius, *Québec où survit l'ancienne France*, Québec, Librairie Garneau Limitée, 1937, 176 p.

BARBEAU, Marius, « Les derniers de nos artisans », *La Presse*, 20 février 1937, p. 55.

BARBEAU, Marius, « Nos arts populaires », *Revue du Québec industriel*, vol. IV, n° 3 (1940), p. 3-7.

BARBEAU, Marius, *Maîtres-artisans de chez nous*, Montréal, Éditions du Zodiaque, 1942, 220 p.

BARBEAU, Marius, « Côté, sculpteur sur bois », *Mémoires de la Société royale du Canada*, troisième série (1942), tome XXXVI, section I, p. 3-11.

BARBEAU, Marius et Rina Lasnier, *Madones canadiennes*, Montréal, Éditions Beauchemin, 1944, 289 p.

BARBEAU, Marius, « Traditional Arts of Quebec. Arts populaires laurentiens », *Canadian Review of Music and Art*, vol. III, nos 9-10 (octobre-novembre 1944), p. 16-17.

BARBEAU, Marius, « Le Saint-Georges de Louis Jobin », *20e siècle*, vol. III, n° 6 (février 1945), p. 148.

BARBEAU, Marius, « Le Saint-Georges de Louis Jobin », *Le Progrès de Saint-Georges*, 14 mars 1945, p. 1.

BARBEAU, Marius, « Nos animaliers », *20e siècle*, vol. V, n° 6 (février 1947), p. 20-21 et 24.

BARBEAU, Marius, *I Have Seen Quebec*, Toronto, The Macmillan Company of Canada Limited, 1957, non paginé.

BARBEAU, Marius, *J'ai vu Québec*, Québec, Librairie Garneau Ltée, 1957, non paginé.

BARBEAU, Marius, sur Louis Jobin, le lecteur consultera surtout le volume *Louis Jobin, statuaire*, 1968, ainsi que les articles parus dans les *Mémoires de la Société royale du Canada*.

BARBEAU, Marius, « Un grand artisan: Louis Jobin », *La Presse*, 26 août 1933, p. 45 et 52.

BARBEAU, Marius, « Le dernier de nos grands artisans, Louis Jobin », *Mémoires de la Société royale du Canada*, troisième série (1933), tome XXVII, section 1, p. 33-48.

BARBEAU, Marius, « Le dernier de nos grands artisans », *Au coeur de Québec*, Montréal, Éditions du Zodiaque, 1934, p. 149-180 (Collection du Zodiaque 35).

BARBEAU, Marius, « Medieval Wood-Carver in Laurentians », *Family Herald and Weekly Star*, 2 mai 1934, p. 22-23.

BARBEAU, Marius, « Louis Jobin (1845-1928) », *Canadian Portraits*, R.G. Riddell éd., Toronto, Oxford University Press, 1940, p. 100-106.

BARBEAU, Marius, « Québec's Master Wood-Carver: Louis Jobin, 'the Mediaeval' Craftsman », *The Standard*, 1er novembre 1941, p. 9.

BARBEAU, Marius, « Louis Jobin Link with Renaissance. French Canadian, a Master Carver », *The Vancouver Daily Province*, 10 janvier 1942, p. 6.

(BARBEAU, Marius), « French Canadian Artist Is Link with Renaissance », *Kirkland Lake North News*, 23 janvier 1942.

BARBEAU, Marius, « Louis Jobin, statuaire (1845-1928) », *Mémoires de la Société royale du Canada*, troisième série (1945), tome XXXIX, section I, p. 1-18.

BARBEAU, Marius, « Louis Jobin, statuaire », *L'Almanach du Peuple*, 74e année (1943), p. 204-210.

BARBEAU, Marius, « Louis Jobin, statuaire », *Le Progrès de Saint-Georges*, 18 octobre 1944, p. 6.

BARBEAU, Marius, « Louis Jobin, statuaire », *La Revue moderne*, 26e année, n° 8 (décembre 1944), p. 15 et 26.

BARBEAU, Marius, « Louis Jobin, statuaire », *Le Soleil*, 10 juin 1945, suppl. p. 7.

BARBEAU, Marius, « Louis Jobin, an Old Wood Carver of Saints of the Beaupré Coast » et « Louis Jobin, statuaire », *Canadian Review of Music and Art*, vol. IV, nos 1-6 (décembre 1945 – janvier 1946), p. 20-24.

BARBEAU, Marius, « Louis Jobin, statuaire », *20e siècle*, vol. IV, n° 11 (juillet 1946), p. 2-3.

BARBEAU, Marius, « Louis Jobin, statuaire », *Folklore*, Montréal, Barbeau, 1965, p. 171-180.

BARBEAU, Marius, *Louis Jobin statuaire*, Montréal, Librairie Beauchemin limitée, 1968, 148 p.

BÉCHARD, A., *Histoire de la paroisse de Saint-Augustin (Portneuf)*, Québec, Imprimerie Brousseau, 1885, 390 p.

BÉLAND, Mario, *Les trente premières années du sculpteur Louis Jobin (1845-1928). Formation et premier atelier*, Mémoire de maîtrise présenté à l'université Laval de Québec, 1984, 140 p.

BÉLAND, Mario, *Marius Barbeau et l'art au Québec : bibliographie analytique et thématique*, sous la dir. de John R. Porter, Québec, CELAT, 1985, 139 p. (Coll. « Outils de recherche du CELAT », université Laval).

BÉLAND, Mario, *Louis Jobin (1845-1928) statuaire : du cap Trinité au Lac-Bouchette*, n° spécial de *Saguenayensia*, vol. 28, n° 2 (avril-juin 1986).

BÉLAND, Mario, « L'apport du sculpteur Louis Jobin (1845-1928) aux grandes festivités de la fin du XIXe siècle, à Québec », *Questions d'art québécois. Douze études sur des oeuvres religieuses et profanes des XVIIIe, XIXe et XXe siècles*, sous la dir. de John R. Porter, Québec, CELAT, 1986 (Coll. « Cahiers du CELAT », université Laval).

BÉLANGER, Mgr Léon, *L'église de L'Islet 1768-1968*, L'Islet, Conseil de la Fabrique, 1968, 115 p.

BÉLISLE, Jean, *La sculpture navale dans la vallée du Saint-Laurent du XVIIe au XIXe siècle*, thèse de doctorat présentée à l'École pratique des Hautes Études Paris, 1982, 531 p.

BERGERON, Paul-A., *À l'ombre du clocher. Histoire de la paroisse de Sainte-Perpétue (Nicolet)*, Montréal, Les éditions de l'atelier, 1960, 195 p.

« Biographies canadiennes. Louis Jobin (1845-1928) », *Le Droit*, 13 février 1945, p. 3.

BOILARD, Paul, « Le Musée de la Citadelle conserve la statue de Wolfe datant de l'année 1898 et non celle de l'année 1775 », *Le Soleil*, 29 février 1964, p. 7.

BOIVIN-ALLAIRE, Émilia, *Née Place Royale*, Léméac, 1984, 227 p.

BOLDUC, Roger, *Saint-Georges d'hier et d'aujourd'hui*, Saint-Georges-de-Beauce, 1969, 170 p.

BOUCHARD, Léonard, *Saint-Ferréol-les-neiges, son historique*, Saint-Ferréol, 1971, 253 p.

CARRIER, Louis et Jean-Jacques LEFEBVRE, *Catalogue du Musée du Château de Ramezay de Montréal*, Montréal, Société d'archéologie et de numismatique de Montréal, 1962, 175 p.

« Char allégorique classé bien culturel », *Le Devoir*, 7 décembre 1976, p. 12.

CHOUINARD, H.-J.-J.-B., *Fête nationale des Canadiens-français à Québec en 1880*, Québec, Imprimerie A. Côté et Cie, 1881, 2 vol.

Collections des musées d'État du Québec, Québec, ministère des Affaires culturelles, 1977.

CÔTÉ, Georges, « Le clos de la tour No 3. Réminiscences inédites », *L'Événement*, 29 mai 1926, p. 16 ; 12 juin 1926, p. 3 et 16 ; 24 juin 1926, p. 11.

CÔTÉ, Georges, *La vieille église de Saint-Charles-Borromée sur Rivière Boyer (comté de Bellechasse) en 1928*, Québec, Action sociale, 1929.

Creative Canada, University of Toronto Press, 1972, vol. 2, 205 p.

DEMERS, Benjamin, *La paroisse de St-Romuald d'Etchemin avant et depuis son érection*, Québec, J.-A.K. Laflamme, 1906, 316 p.

DÉSY, Léopold, *Lauréat Vallière et l'École de sculpture de Saint-Romuald 1852-1973*, Les Éditions La Liberté, 1983, 274 p.

The Detroit Institute of Arts, *The Arts in French Canada 1613-1870*, Detroit, The Detroit Institute of Arts, 1946, 52 p.

« Dons au Musée national », *Le Droit*, 12 septembre 1963, p. 9.

DUPONT, Jean-Claude, *Le légendaire de la Beauce*, Léméac, 1978, 197 p.

EAST, Charles, « Saint-Augustin de Portneuf. À l'occasion du 125e anniversaire de l'érection de l'église paroissiale », *L'Action catholique*, 8 septembre 1934, p. 5.

FAIRCHILD, G.-M., *A Short Account of the Quebec Winter Carnival holden in 1894*, Frank Carrel-Quebec Daily Telegraph, 1894, CXL p.

FRIED, Frederick, *Artists in Wood*, New York, Clarkson N. Potter, Inc., 1970, 297 p.

GAGNÉ, Lucien et Jean-Pierre ASSELIN, *Sainte-Anne-de-Beaupré. Trois cents ans de pèlerinage*, Sainte-Anne-de-Beaupré, Secrétariat des pèlerinages, 1971, 88 p.

Galerie nationale du Canada, *A Century of Canadian Art*, London, The Tate Gallery, 1938, 36 p.

« Le général Wolfe est-il disparu pour toujours? », *L'Événement*, 14 février 1964, p. 10.

GINGRAS, Henri, *Saint-Casimir (Portneuf) de la Seigneurie des Grondines*, Saint-Romuald, Les Éditions Etchemin, 1974, 308 p.

Le Grand Héritage. L'église catholique et les arts au Québec, Québec, Musée du Québec, 1984, 369 p.

HARPER, J. Russel. *People's art : Naive Art in Canada. L'art populaire : l'art naïf au Canada*, Ottawa, Galerie nationale du Canada, 1973, 164 p.

HAYWARD, Victoria, « Jobin, The Wood-Carver », *The Canadian Magazine*, vol. LX, n° 2 (décembre 1922), p. 91-100. Article repris partiellement dans « M. Jobin », *Romantic Canada*, Toronto, The Macmillan Company, 1922, p. 111-119.

HAYWARD, Victoria, « Woodcarving Crowned as a Canadian Art », *The Toronto Star Weekly*, 19 juin 1926, p. 25.

Hier au Québec, 1875-1915, Québec, ministère des Affaires culturelles, Musée du Québec, 1976, 40 p.

HUBBARD, R.-H., *L'évolution de l'art au Canada*, Ottawa, Galerie nationale du Canada, 1963, 137 p.

HUBBARD, R.-H., « Master Carvers of French Canada Part 2 », *Connoisseur*, n° 171 (mai 1969), p. 57-61.

LEFEBVRE, Eugène, *Le Guide du Pèlerin*, Sainte-Anne-de-Beaupré, Secrétariat des pèlerinages, 1974.

LÉGARÉ, Jacques, « Il faut protéger le St-Georges », *L'Éclaireur-Progrès*, 28 novembre 1984, p. B14.

LEMAY, J. Armand et Robert MERCIER, *Esquisse de Saint-Henri de la seigneurie de Lauzon*, Ottawa, Robert Mercier, 1979, 570 p.

LESSARD, Michel et Huguette Marquis, *Encyclopédie des antiquités du Québec*, Montréal, Éditions de l'Homme, 1971, 526 p.

« Louis Jobin », *Revue Sainte-Anne-de-Beaupré*, vol. 102, n° 7 (juillet-août 1974), p. 312-313.

MARQUIS, C.-E., « Louis Jobin », *Mon clocher*, vol. 21, n°s 1 (septembre 1968) et 8 (octobre 1968).

MCKENDRY, Blake, *Folk Art. Primitive and Naive Art in Canada*, Toronto, Methuen, 1983.

MOISAN, Clément et al., *Centenaire Ste-Anastasie Lyster 1875-1975*, 1975, 320 p.

MORISSET, Gérard, « Madones canadiennes d'autrefois », *La Patrie*, 14 mai 1950, p. 26, 35 et 37.

MORISSET, Gérard, *Exposition rétrospective de l'art au Canada français*, Québec, Secrétariat de la Province, 1952, 118 p.

MORISSET, Gérard, *The Arts in French Canada. Les arts au Canada français*, Vancouver, The Vancouver Art Gallery, 1959, 96 p.

MORISSET, Gérard, « Madones canadiennes », *La Revue française de l'élite européenne*, n° 241 (mars-avril 1971), p. 11-16.

MORISSET, Gérard, *Le Cap-Santé, ses églises et son trésor*, Montréal, Musée des beaux-arts de Montréal, réédition critique, 1980, 401 p.

Le Musée du Québec. Oeuvres choisies, Québec, ministère des Affaires culturelles, 1978, 151 p.

Le Musée du Québec. 500 oeuvres choisies, Québec, Musée du Québec, 1983, 378 p.

PAULETTE, Claude, *Je me souviens depuis 1834*, Léméac, 1980, 102 p.

PLAMONDON, Aimé, « Les grandes heures du Carnaval de 1894 », *Concorde*, vol. VI, n° 1 (janvier 1955), p. 20-22.

PORTER, John R. et Léopold DÉSY, *Calvaires et croix de chemins du Québec*, Montréal, Hurtubise HMH Ltée, 1973, 145 p. (Coll. « Ethnologie québécoise »).

PORTER, John R. et Jean TRUDEL, *Le Calvaire d'Oka*, Ottawa, Galerie nationale du Canada, 1974, 125 p.

PORTER, John R., « La sculpture ancienne du Québec et la question de l'art populaire », *Questions d'art populaire*, sous la dir. de John R. Porter, Québec, CELAT, 1984, p. 49-76 (Coll. « Cahiers du CELAT », université Laval).

POTVIN, Damase, « Louis Jobin, un humble artiste du terroir dont l'oeuvre féconde est quasi inconnue », *La Presse*, 27 novembre 1926, p. 25 et 37. Article repris partiellement ou intégralement sous les trois titres suivants : « Louis Jobin, un humble artiste du terroir », *La forêt et la ferme*, vol. II, n° 1 (janvier 1927), p. 7-10 et 27 ; *Les Ilets – Jérémie. Louis Jobin sculpteur sur bois*, Québec, Éditions du terroir, 1928, p. 63-93 ; « Louis Jobin », *Les oubliés*, Québec, Poulin, (s.d.), p. 87-99.

POTVIN, Damase, « L'auteur de cette statue de Wolfe qui orne l'entrée des bureaux du CPR à Québec », *La Patrie*, 23 août 1953, p. 58.

POTVIN, Damase, « En avant le carnaval ! », *Concorde*, vol. VI, n° 1 (janvier 1955), p. 15-16.

ROY, Guy-André et Andrée RUEL, *Le patrimoine religieux de l'Île d'Orléans*, Québec, ministère des Affaires culturelles, 1982, 313 p. (Coll. « Les cahiers du patrimoine », n° 16).

THIBAULT, Claude et André JUNEAU, *Trésors des communautés religieuses de la ville de Québec*, Québec, ministère des Affaires culturelles, 1973, 200 p.

TRUDEL, Clément, « La disparition de Wolfe : un mystère », *L'Événement*, 15 février 1964, p. 3.

TRUDEL, Jean, *Sculpture traditionnelle du Québec*, Québec, ministère des Affaires culturelles, 1967, 168 p.

TRUDEL, Jean, « À propos de la statue de Wolfe », *Vie des Arts*, n° 59 (été 1970), p. 34-37, 76-78.

TRUDEL, Jean, « Quebec Sculpture and Carving », *The Book of Canadian Antiques*, P.B. Webster ed., New York, McGraw-Hill Book Company, 1974, 352 p.

TRUDEL, Jean, « La Sainte Famille de Louis Jobin », *Vie des Arts*, vol. XIX, n° 77 (hiver 1974-1975), p. 16-19.

VÉZINA, Robert et P. ANGERS, *Histoire de Saint-Georges de Beauce*, Saint-Georges de Beauce, 1935, 191 p.

CRÉDITS PHOTOGRAPHIQUES (CATALOGUE)

I.	Musée du Québec, Patrick Altman
II-IV.	Musée McCord, université McGill, Montréal
VIII-IX.	Musée du Québec, Patrick Altman
XI-XV.	Musée du Québec, Patrick Altman
XVI.	Parcs Canada, région du Québec, Gestion des collections
XVII-XVIII.	Musée du Québec, Patrick Altman
XIX-XXII.	Parcs Canada, région du Québec, Gestion des collections
XXIII-XXIX.	Musée du Québec, Patrick Altman
XXX.	Parcs Canada, région du Québec, Gestion des collections
XXXI-XLIX.	Musée du Québec, Patrick Altman
1-5.	Musée du Québec, Patrick Altman
6.	Musée McCord, université McGill, Montréal
7-11.	Musée du Québec, Patrick Altman
12.	Ministère des Affaires culturelles, Québec; Guy-André Roy
13.	Ensemble, Musée du Québec, Patrick Altman; détail, John R. Porter
14-17.	Musée du Québec, Patrick Altman
18.	Musée des beaux-arts du Canada, Ottawa
19-24.	Musée du Québec, Patrick Altman
25.	Parcs Canada, région du Québec, Gestion des collections
26-45.	Musée du Québec, Patrick Altman
46.	Musée du Québec, Jean-Guy Kérouac
47-49.	Musée du Québec, Patrick Altman
50.	Musée du Québec, Jean-Guy Kérouac
55.	Royal Ontario Museum, Toronto
56-59.	Musée du Québec, Patrick Altman

Imprimé au Québec, Canada – Printed in Québec, Canada

Louis Jobin